돈의 규칙

이메일 vegabooks@naver.com   **홈페이지** www.vegabooks.co.kr
블로그 http://blog.naver.com/vegabooks
인스타그램 @vegabooks   **페이스북** @VegaBooksCo

돈은 당신의 명령을 기다린다

돈의 규칙

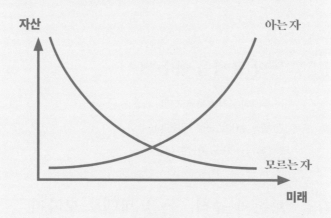

신민철(처리형) 지음

"부자들이 알려주지 않는, 단 하나의 비밀"

규칙을 알면 지배하고, 모르면 지배당한다!

베가북스
VegaBooks

차례

PART
09 **이것만은 알고 가자!**

PART
10 **닫기**

PART

1

열기

**THE RULES
OF MONEY**

돈을 지배하는 5가지 규칙

나는 하루 종일 돈에 대해 생각한다. 그 생각의 결실을 이 책에 담았으며, 더불어 이 책이 여러분이 가진 돈과 투자에 대한 기존의 관념들을 완전히 바꾸어놓을 것임을 확신한다. 그만큼 기존의 상식들과 다른 개념을 담고 있다는 뜻이다. 이 책은 95%의 사람들이 태어나서 죽을 때까지 결코 깨닫지 못하는 돈의 본질을 철저하게 분석한 책이다.

집필하는 내내 '최대한 읽기 쉬운 책을 만들자'라는 생각으로 글을 썼다. 이 책을 보게 될 '평범한 누군가'가 책의 내용을 이해할 수 없다면 책을 쓴 의미가 상실되기 때문이다. 물론 내용에 따라서는 조금 생소하거나 어려운 부분이 있을 수 있지만, 이해하지 못할 정도로 힘든 부분은 없을 거라 생각한다. 혹시 그런 부분이 보인다면 잠

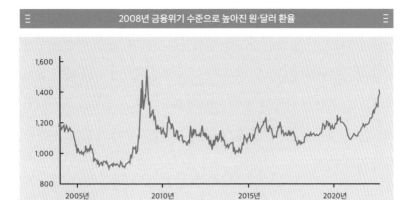

출처 : 구글

시 페이지를 돌려 앞의 내용을 한 번 더 읽고, 그래도 이해가 안 된다면 잠깐 책장을 덮고 생각하는 시간을 가지길 바란다. 그 과정에서 생각이 숙성되고, 숙성된 생각으로 다시 책을 본다면 어렵게 느껴졌던 부분이 이해되기 시작할 것이다.

개인적으로는 이 책을 3번 이상 읽어보기를 권한다. 그때마다 새로운 내용이 '나 여기 있었어'하며 튀어나올지도 모르기 때문이다. 그리고 여러 번의 정독 끝에 얻어지는 지식이야말로 여러분에게 정말 필요했던 지식일 확률이 높다.

불과 몇 년 전까지 내 수입은 실수령액 기준 월 300만 원이 조금 넘는 정도에 불과했다. 정규직 기준으로 내 또래(당시 30대 중후반)에서 평균이거나 평균을 약간 웃도는 정도였을 것이다. 내 집 마련은 언감생심이고 전셋집 하나라도 있는 걸 감사하게 여기며 살던 나의 삶이 극적으로 변하기 시작한 것은 2014년부터였다. 그전까지 취미처럼 해오던 돈 공부를 본격적으로 하기 시작하면서부터 빠르게 돈이 모이기 시작했다.

지금 생각하면 그때 돈이 없었던 건 당연했다. 공부를 잘하려면 지식이 있어야 하고, 운동을 잘하려면 좋은 운동 스킬이 필요한 것처럼 돈을 벌기 위해서는 돈을 배우고, 능숙하게 다루는 기술이 있어야 한다. 돈에 대해 아는 것이 부족하니 돈이 부족한 삶을 사는 건 당연했다. 그리고 돈이 부족한 삶을 사는 사람은 나 혼자만이 아니었다. 돈에 눈을 뜨고 나서 주위를 살펴보니, 나와 비슷한 대부분의 사람들이 돈에 관한 제대로 된 교육을 받지 못하고 돈이 부족한 채로 살아가고 있었다. 그래서 이 책을 쓰기로 마음먹었다. 돈을 벌려면 돈을 제대로 알아야 한다. 돈의 본질을 알고 올바르게 다루는 기술을 익힌다면 돈은 저절로 불어날 것이다. 이 간단한 원리를 최대한 넓게 전파해서 많은 사람의 삶이 이전보다 더 나아지도록 만들고 싶다.

물론 '돈을 알아야 한다'고 말은 해도 조금 막막한 것이 사실이다. 대체 돈의 어떤 것을 알아야 하는 걸까? 이 세상에 존재하는 모든 것에는 그것을 존재하도록 만드는 법칙이 존재한다. 우리는 그런 법칙들의 모음을 '규칙(Rule)'이라고 부른다. 그리고 당연히 돈에도 규칙이 존재한다. 그 규칙을 배우고 이해한다면 돈을 벌고 그 규모를 늘릴 수 있다. 자전거 타는 법을 배우면 자전거를 탈 수 있게 되는 것과 같은 이치다. 여기엔 어떤 특별함이 필요하지 않다. 그 누구라도, 가능하다.

사람들이 가장 많이 오해하는 것 중 하나가 돈이 '한정되어 있다'라는 인식이다. 이 개념은 완전히 틀렸다. 사람들이 그렇게 생각하는 이유는 돈을 숫자로만 여기기 때문이다. 돈을 숫자로 보게 되면 당연히 한정된 범위 내에서 '나눠 갖는 것'으로 여기게 된다. '무한'이라는 숫자는 상상하기 어렵다. 그러나 돈은 숫자가 아니다. 이 책을 읽고 나면 이해하게 될 것이다. 또한 돈이 한정된 수량을 나눠 갖는 것이 아니란 것도 알게 될 것이다. 한정된 것이 아니라면 결국 누구나 돈을 가질 수 있다는 얘기가 된다. 그것도 원하는 만큼 얼마든지 말이다. 다만 그러기 위해서는 규칙을 알아야 한다. 이 세상 모든 일에는 규칙이 있다. 자연에도 규칙이 있으며, 국가 간에도 규칙이 있고, 인간관계에도 규칙이 있으며, 하물며 게임 한 판을 해도 규칙을 알아야 한다. 그 모든 것에 있어 늘 승리하고 지배하는 쪽은 규칙을 잘 알고 이용하는 쪽이며, 늘 패배하고 지배당하는 쪽은 규칙을 모르는 쪽이다. 바꿔 말하면 규칙을 알면 지배하고 모르면 지배당한다는 뜻이다. 따라서 돈을 마음껏 다루고 싶다면 돈의 규칙을 알아야 한다. 규칙을 알면 명령을 내릴 수 있다. 반대로 규칙을 모르면 돈의 명령을 받는 신세가 된다. 돈은 어디에나 존재하기에 명령을 내릴줄 알게 되면 돈을 빠르게 만들어 내고, 모으고, 커지게 할 수 있다.

돈의 '5가지 규칙'은 다음과 같다.

· 보존의 규칙 - 돈을 제대로 모아라

· 증폭의 규칙 - 돈을 눈덩이처럼 굴려라

· 관리의 규칙 - 돈의 위험을 관리하라

· 분류의 규칙 - 돈을 나누어 보관하라

· 전환의 규칙 - 돈이 생기면 그냥 사라

아직은 무슨 말인지 이해가 잘 되지 않을 것이다. 하지만 이 책을 모두 읽게 될 때쯤에는 비로소 모든 내용이 이해될 것이며, 돈의 규칙을 마스터하게 될 것이다.

앞서 말했듯 불과 몇 년 전까지만 하더라도 나는 풍요로움과는 거리가 있는 삶을 살고 있었다. 평생 하기 싫은 일을 억지로 하며, 평범하게 살다 죽는 삶이 되리라 생각하고 있었다. 하지만 끊임없이 공부하고 경험하고 실패하고 다시 일어나는 과정에서 내 삶에 점진적인 변화가 찾아왔다. 마이너스 통장 신세에 매일 신용카드 대금 걱정을 하며 살던 삶이 한 달에 수천만 원에서 1억 원이 넘는 돈을 버는 삶으로 바뀌었다. 생활비의 수십 배의 자산을 만들어 경제적 자유를 이루고, 원하는 일을 하는 '꿈꾸던 삶'을 살게 된 것이다.

지금 나는 하고 싶은 일을, 하고 싶은 때에, 하고 싶은 사람과 하며 살고 있다. 그리고 이렇게 되기까지는 그리 오랜 시간이 필요하지 않았다. 계산해보니 삶을 극적으로 변화시키는 데 대략 5년 정도의 시간밖에 걸리지 않았다. 뭔가 특별한 것이 있었기에 가능했던 일일까? 절대 그렇지 않다. 수년 전까지 대한민국 평균 스펙을 가진 평범한 직장인에 불과했던 내가 해낸 일이기에 이 책을 손에 쥔 이상 그누구라도 가능할 일이다. 그리고 그 '누구라도'에는 당연히 '당신'도 포함된다.

물론 5년 만에 가난했던 사람이 부자가 된다는 얘기는 아니다. 5년이면 내 삶을 지배하는 돈의 시스템을 완전히 개편하고, 부자가 되기 위한 가속 페달을 밟고 있는 체제로의 전환이 가능하다는 얘기다. 이후로는 시간이 해결해줄 것이다. 개인의 노력과 현재 자산 상태에 따라 그 시간은 천차만별이겠지만 확실한 건 돈이 불어나는 시스템을 확립해 놓으면 그다음부터는 순풍에 돛 단듯 빠르게 나아 갈 수 있다. 방법을 알고 실천할 수 있는 상태를 만들어 놓으면 이후 부터는 구르는 바위처럼 알아서 잘 굴러가게 된다는 것이다. 가속도 가 붙으면 그만큼 노력은 줄어든다. 돈은 한 번 들어오기 시작하면 폭풍우처럼 몰아치기 때문에 불어나는 속도를 미리 걱정할 필요는 없다. 오로지 돈의 규칙을 알고, 돈에게 명령을 내릴 수 있는 사람이 되는 것에만 집중하면 된다.

나는 여러분의 삶이 돈과 시간에 쫓기지 않는, 풍요로운 삶이 되 기를 원한다. 그리고 내가 해냈던 것처럼 여러분도 돈과 시간의 빈곤 에서 탈출하기를 바란다. 부는 누군가가 독점해서는 결코 안 되는 것 이다. 이는 우리 모두가 풍요로워져야 하는 까닭이기도 하다. 이 책 을 끝까지 읽고 나면 누구나 그 방법을 알게 될 것이며, 돈과 시간의 압박에서 벗어나는 데 생각보다 그리 오랜 시간이 걸리지 않는다는 것 역시 알게 될 것이다. 늙어 죽기 직전에 풍요로운 것은 아무 의미 가 없다. 바로 지금 이 순간부터 그렇게 되어야 하며, 이 책에는 그 방 법들이 적혀 있다.

THE
RULES
OF
MONEY

PART

2

돈의 규칙을
아는가?

THE RULES
OF MONEY

투자의 규칙이 바뀌고 있다

2022년부터 2023년에 걸쳐 미국이 금리를 인상하면서 달러 환율이 강해지는 이른바 '킹달러'의 시대가 열렸다. 물론 여러분이 이 책을 2023년보다 훨씬 뒤에 접하더라도 문제될 건 없다. 이 책은 특정 시기에만 통용되는 얘기를 하는 게 아니기 때문이다. 현대 자본주의가 붕괴되지 않는 한 언제 읽어도 상관이 없을 것이고, 2100년에 보더라도 여전히 동일한 '규칙'이 적용될 것이다.

미국의 중앙은행인 연방준비제도(이후 연준으로 표기)가 2022년 3월부터 금리를 폭발적으로 올리기 시작하며 달러는 유례없는 강세를 맞이한다. 원화의 대 달러 환율은 1,400원을 돌파하여 2008년 금융위기 이후 최고 수준으로 높아지기도 했다.

이러한 현상은 전부 미국이 급속도로 금리를 올리며 발생했다. 미국의 물가는 2020년 코로나19 팬데믹 당시 뿌린 막대한 유동성의 후폭풍으로 1년 만에 10% 가까이나 치솟았고, 연준은 이런 엄청난 인플레이션을 잠재우기 위해 빠른 속도로 금리를 올렸다. 2022년 3월부터 금리를 올리기 시작해 고작 9개월 만에 금리가 4%P 상승했다. 다급한 달러의 유동성 흡수로 인해 시중에서 달러의 몸값은 폭등했고, 그 결과 '킹달러'의 시대가 도래한 것이다.

하지만 4% 정도를 넘나드는 기준금리는 역사적으로 볼 때 결코 높은 수준이 아니다. 금리는 달러의 금태환을 정지한 1971년 이후 급격하게 오른 물가를 잠재우기 위해 1980년대 초 20%까지 치솟았던 것을 제외하면 꾸준히 하락해 왔다. 금리가 이렇게 계속 하락한 이유는 뒤에서 차차 설명하겠다.

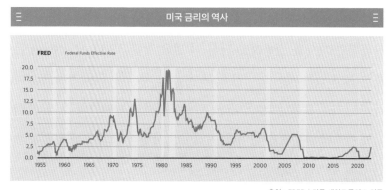

미국 금리의 역사

출처 : FRED | 미국 세인트루이스 연준

2022년을 기점으로 한 금리 사이클은 약 5%P를 전후로 끝날 거라 예상된다. 이 수치는 그동안의 역사에 비추어보면 그다지 높은 금리가 아니다. 나는 이번 금리 사이클이 끝나면 킹달러의 시대가 가고 '저금리 고물가'의 시대가 올 거라 생각한다. 이 과정을 이해하기 위해서는 먼저 '경제'의 개념과 기본적인 지식을 알 필요가 있다.

'돈'이 무엇일까? 돈은 기본적으로 내가 원하는 것을 살 수 있게 해주는 구매력이다. 따라서 돈을 번다는 건 구매력을 얻는다는 뜻이다. 내가 얻은 구매력은 다른 누군가가 지불한 구매력이며, 이렇게 서로 구매력을 주고받는 행위를 넓은 의미에서 경제라고 부른다. 이런 경제활동이 활발하게 일어나는 곳이 바로 시장이다.

이 과정에서 돈은 기본적으로 사람과 사람 사이의 거래를 통해 움직인다. 어느 특정 시장이나 자산이 돈을 가지고 있는 것이 아니다. 어떤 기업의 주가가 크게 떨어지면 '하룻밤 사이 **억 증발' 같은 자극적인 기사를 접하지만 사실 이 말은 잘못되었다. 그 주식이 돈을 머금고 있는 것이 아니기 때문이다. 그 주식이 돈을 가지고 있다가 어딘가로 토해낸 게 아니라 그저 구매자와 판매자의 호가, 그러니까 가격이 바뀌었을 뿐이다. 가격이란 사회적 합의에 불과하며, 개인 간의 구매력 교환이 곧 경제인 것이다.

문제는 이 경제의 주체인 인간이 욕망의 동물이라는 것이다. 인간은 늘 자기가 가진 것 이상을 원하며, 만약 미래의 부를 미리 사용할 수만 있다면 언제든 그럴 용의가 있다. 따라서 사람들은 항상 당장 가진 것이 없어도 먼저 구매하기를 원했고, 그런 사람들에게 돈을 빌려주고 이자를 받아 이득을 얻고자 하는 사람들이 생겨났다. 그렇게 은행과 신용이라는 개념이 탄생하게 되었다.

그렇다면 이 개념과 함께 경제가 확장되는 모습을 살펴보자. 은행은 돈을 빌려 쓰고자 하는 사람이 있으면 그 사람의 재무 상태를 파악한 뒤, 갚을 능력이 되거나 적절한 담보가 있을 때 돈을 빌려준다. 그럼 돈을 빌린 사람은 무엇을 할까? 당연히 소비를 할 것이다. 미래의 부를 미리 사용하기 위해 돈을 빌린 것이기 때문이다. 그렇게 돈을 빌린 사람이 소비를 끝내면 그 돈에 담긴 구매력은 누군가에게 이전되고, 이전받은 사람 역시 또 다른 곳에 돈을 쓸 테니 그 구매력이 또다시 누군가에게 이전된다.

예컨대 1만 원을 가진 사람이 1,000원을 빌려서 1만 1,000원을 소비하면, 그걸 받은 사람은 1만 1,000원을 가지고 1,100원을 빌려서 1만 2,100원을 소비한다. 다시 이걸 받은 사람은 1만 2,100원을 가지고 1,210원을 빌려서 1만 3,310원을 소비할 것이다. 이 과정이 무한히 반복되며 사회 전체의 신용의 양이 점진적으로 증가하게 되는 것이다.

　이처럼 인간은 욕망의 동물이기 때문에 가능한 한 지금 버는 것
보다 많은 지출을 원한다. 자연 상태에서 사회의 총지출이 생산량을
넘어서게 되면 이는 곧 부채 증가의 원인으로 이어진다. 생산량을 압
도할 만큼 부채가 증가하면, 결국 가지고 있는 자산으로는 부채를 담
보하지 못하는 시기가 올 것이다. 그럴 땐 아무도 돈을 빌려주려 하
지 않으며 은행은 부채 상환을 요구하게 된다. 이것이 경제 확장기의
종말이다.

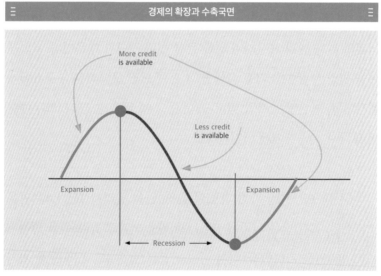

출처 : getmoneyrich

이 순환의 문제는 부채를 갚을 능력이 없는 사람이 생겨난다는 점에 있다. 본인의 능력보다 지나치게 많은 돈을 빌렸기에 소비할 능력을 상실하게 되고, 결국 자산을 팔아 부채를 갚아나가야 하는 것이다. 이것은 두 가지 측면에서 경제를 위축시킨다.

첫째, 소비가 불가능하니 다른 사람에게 돈을 지급할 수 없게 된다. 구매력의 이전이 더 이상 발생하지 않는다는 것이다. 이렇게 되면 다른 사람들 역시 돈을 얻지 못하니 그들 또한 구매력을 잃게 되고 경제 확장단계에서 일어났던 상황과 정반대의 일이 벌어지게 된다. 1만 3,310원을 소비할 수 있었던 사람은 빌린 1,210원을 갚고 1만 2,100원만 소비할 것이며, 1만 2,100원을 소비할 수 있었던 사람은 1,100원을 갚고 1만 1,000원만 소비할 것이다. 이렇게 사회 전반적으로 신용이 감소하며 경제가 수축한다.

둘째, 부채를 갚지 못한 사람들이 담보로 잡혔던 자산을 팔아 부채를 갚게 된다. 이 과정에서 나온 대량의 매도 물량에 의해 자산의 가격이 하락하고, 자산의 가격이 하락하면 정상적으로 자산을 가지고 있던 사람들의 평가금액도 함께 하락해 담보 능력이 줄어들게 된다. 따라서 다른 사람들 역시 돈을 빌릴 수 없게 되고, 이 또한 경제를 수축시키는 원인이 되는 것이다.

이렇게 경제가 한번 수축의 과정을 밟기 시작하면 도미노처럼 연쇄적으로 구매력이 상실되며 끝없는 악순환이 시작된다. 이런 상황에서는 누군가 나서서 인위적으로 흐름을 바꿔야 하는데 이때 등장하는 것이 바로 중앙은행이다. 중앙은행이 악순환의 고리를 끊는 방법은 간단하다. 사람들에게 돈을 공급하는 것이다. 돈이 공급되면 사람들은 구매력을 얻고 구매력을 얻으면 다시 돈을 사용할 능력이 생긴다. 그들이 사용한 구매력은 신용에 힘입어 더 큰 구매력이 되고 그게 또다시 누군가에게 돌아간다. 경제의 확장국면에서 보았던 상황으로 되돌아가는 것이다.

그렇다면 중앙은행이 할 수 있는 가장 쉬운 돈의 공급 방법은 무엇일까? 바로 '금리인하'다. 이것을 이해하기 위해서는 우선 금리가 무엇인지에 대해 알아야 한다. 금리란 '다른 사람의 돈을 사용하기 위해 지급하는 비용'이다. 따라서 금리가 낮아지면 다른 사람의 돈을 사용하는 비용이 줄어들어 돈을 빌리기가 쉬워지고, 사람들은 이전보다 더 많은 돈을 빌리게 될 것이다. 이렇게 되면 자연스럽게 중앙은행이 원했던 통화 공급의 효과가 발생하며 경제 수축이라는 악순환의 고리가 끊어지고 흐름이 바뀌게 되는 것이다.

이제 모든 일이 잘 풀릴 것처럼 보이지만 현실은 그렇지 않다. 인간의 욕망이 또 다른 문제를 불러일으키기 때문이다. 인간은 상황이 조금이라도 호전되면 미래의 부를 다시 앞당겨 사용하려 하고, 상태가 완전히 호전되기도 전에 신용을 사용하고 부채를 늘려 지불 능력을 또다시 상실한다. 마치 알코올 중독자가 간이 나빠져 잠시 술을 끊었지만, 상태가 좀 좋아졌다 싶으면 완전히 회복되는 것을 기다리지 않고 다시 술을 마시기 시작하는 것과 비슷한 이치다. 이게 반복되면 결국 간경화로까지 이어지는데, 이것과 비슷하게 우리의 경제 또한 총부채가 걷잡을 수 없이 증가하게 되는 것이다.

금리가 오르고, 충분히 오르기 전에 다시 내리는 과정이 반복되다 보면 금리는 점점 0을 향해 내려간다. 그러다 어느 순간 더는 내릴 수 없는 지경에 이른다. 낭떠러지를 등지고 조금씩 뒤로 물러나다 보면 결국 더 물러날 곳이 없게 되는 것처럼 말이다. 이렇게 금리를 더 내릴 곳이 없는 '제로금리'에 도달한 결과가 바로 2008년 금융위기다. 금리가 0에 도달해 더 내릴 수 없지만, 경제를 살리기 위해서 돈을 뿌려야 하는 아이러니한 상황이 발생했다.

이때 등장한 개념이 바로 '양적완화'다. 2008년 금융위기 당시 미국의 연준이 국채와 회사채를 직접 사들이면서 돈을 뿌린 것이다. 연준은 이 양적완화를 통해 약 4년간 2조 달러의 돈을 공급했다. 그렇게 심폐소생술을 통해 겨우 되살아난 경제는 2020년, 코로나19 팬데믹이라는 예기치 못한 상황을 또 한 번 맞닥뜨리게 된다. 이로 인해 경제가 마비될 위기에 놓이자 연준은 또다시 금리를 0으로 내리고 양적완화를 실시했다(정확히는 0%~0.25%P).

여기서 한 가지 문제가 발생한다. 위기를 극복해도 총부채는 점차 늘어난다고 말했는데, 2008년에 제로금리에 도달하고 양적완화를 시도해 살아났던 경제가 다시금 위기에 빠지면서 그때보다 더 많은 돈을 필요로 하게 된 것이다. 그로 인해 2020년에는 2년이라는 짧은 시간 동안 4조 달러가 넘는 돈을 뿌리게 된다. 2008년 경제위기 때는 4년간 2조 달러를 뿌렸는데, 2020년 코로나19 팬데믹에는 2년간 4조 달러, 그러니까 2배의 돈을 뿌린 것이고, 그 기간까지 고려하면 실질적인 돈의 공급 속도는 2배가 아니라 4배에 달했다.

이렇게 공급된 막대한 양의 돈에 의해, 생각지도 못한(실은 미국 중앙은행 빼고는 누구나 다 알고 있었던) 엄청난 인플레이션이 발생한다. 물가가 1년 만에 10% 가까이 치솟았고 물가의 급등으로 화폐의 가치가 급격하게 떨어졌다. 이는 서민들에게 치명적인 일이었고, 이 현상이 더 심해지게 되면 사회 붕괴로까지 이어질 수 있기에 중앙은행은 금리를 높여 인플레이션을 막아야만 했다. 미국은 이러한 과정들을 배경으로 금리를 올리게 되었다.

그러나 여기서 또 다른 문제가 발생한다. 금리의 지나친 상승은 어떤 결과를 초래할까? 금리는 다른 사람의 돈을 사용하기 위해 지급하는 비용인데, 이 비용이 증가하니 돈을 빌리기가 어려워지고 사람들의 지급능력 또한 줄어들게 된다. 앞서 설명한 경기수축의 악순환이 이렇게 시작되는 것이다. 금리를 급격하게 올리면 올릴수록 이 악순환이 심해지고, 이게 더 나빠지면 경기수축을 넘어 완전히 그로기 상태에 몰리는 '경기침체'로 이어지게 된다. 이것이 2022년에서 2023년에 걸쳐 일어난 현상이다.

그렇다면 앞으로는 어떤 상황이 펼쳐질까? 어렵지 않게 짐작해 볼 수 있다. 0%~5% 사이를 맴도는 저금리 상황이 지속될 것이며, 점점 더 늘어나는 통화량으로 인해 인플레이션은 계속해서 높게 유지되는 상황이 올 것이다. 이유는 간단하다. 금리를 지나치게 올리면 경기가 급속도로 나빠지기 때문에 특정 시점에서 금리를 낮춰야만 하는데, 금리가 전반적으로 낮은 상황에 머무르다 보니 빠르게 제로금리에 도달해버리기 때문이다. 그렇게 되면 또다시 양적완화를 통해 돈을 강제로 공급해야 하고, 이것은 다시 극심한 인플레이션을 초래하게 된다. 이른바 '저금리 고물가'가 완전한 디폴트 값이 되는 '뉴노멀'의 시대가 열리는 것이다.

나는 지금부터 여러분에게 이러한 시대 흐름을 완벽하게 이용할 수 있는 돈의 규칙에 대해 이야기하고자 한다. 그리고 앞으로 하는 이야기들을 공부하다 보면 자본주의 시스템의 구조를 깊이 이해하게 되고, 이를 통해 돈의 규칙을 마스터하게 될 것이다. 생각보다 어렵지 않을 것이다. 왜냐하면 부자들은 이미 모두 이 규칙을 이용하고 있기 때문이다. 우리는 단지 그 규칙을 몰라서 당하고 있었던 것뿐이다. 규칙만 안다면 돈은 당신의 명령을 따르게 되어 있다.

제2장

돈을 알아야 돈을 지배한다

'투자는 변동성이 너무 심해서 정신적으로 견디기가 힘들어요. 어떻게 해야 하나요?'

투자에 대해 설명하다 보면 가장 많이 듣는 질문 중 하나가 '변동성을 어떻게 견디나요?'이다. 주식이나 암호화폐 같은 자산은 그날그날의 변동성이 너무 크기 때문에 계좌에 있던 돈이 불과 몇 시간 만에 크게 바뀔 수 있고, 이로 인해 투자자들이 힘들어하는 건 당연하다. 그렇다면 왜 투자는 변동성이 심할까? 이 질문에 제대로 된 대답을 하기 위해 가장 먼저 알아야 할 중요한 개념이 하나 있다 (매우 중요하니 반드시 집중해서 읽길 바란다).

당신은 돈이 무엇이라고 생각하는가? 내 지갑 안에 있는 1만 원짜리, 5만 원짜리 지폐가 진짜 돈일까? 안타깝게도 우리가 지금껏 돈이라 알고 살아온 그것들은 사실 진짜 '돈'이 아니다. 그저 종이로 만들어진 아주 잠깐 돈을 흉내 내는 역할을 하는 물건일 뿐이다. 이 말을 이해하기 위해서는 돈이라는 말의 의미를 먼저 파악할 필요가 있다.

이 돈이라는 말에는 '내가 원하는 것과 교환할 수 있는 능력'이 담겨 있다. 어떠한 것이든 본질을 알기 위해서는 가장 원시적인 형태를 살펴보면 되는데, 돈의 가장 원시적 형태는 '물물교환'이다. 이때 거래의 대상이 되는 것들은 내가 생산해낸 어떤 의미 있는 물건이나 서비스가 될 것이다. 내가 목수라면 나무 작살을 만들어 어부가 잡은 물고기와 교환할 것이다. 그런데 이런 물물교환은 굉장히 단순하고 직관적이면서도 큰 단점이 존재한다.

1) 내가 원하는 것과 상대방이 원하는 것이 정확히 맞아떨어져야 한다. 나는 생선을 원하는데 상대방이 과일을 가지고 있다면 그 거래는 성사되기 어렵다.

2) 내가 원하는 것과 상대방이 원하는 것의 규모 또한 맞아떨어져야 한다. 나는 집을 원하는데 상대방이 돌망치를 원한다면 집을 사기 위해 돌망치 1만 개는 있어야 할 것이다.

3) 상품의 시간적 요소도 굉장히 중요하다. 생선이나 과일은 오래 보관해봐야 며칠을 넘기기 어렵다.

4) 공간의 제약 역시 존재한다. 조건이 맞는 두 사람이 같은 공간에서 만나야 거래를 성사시킬 수 있다.

이러한 단점들 때문에 인류의 생산성은 아주 오랜 기간 크게 증대되기 어려운 구조로 유지되었다. 각자의 분야에서, 각자의 능력에 따라 분업하는 게 가장 좋은 생산 효율을 가지지만, 물물교환 시대에는 위에서 말한 여러 한계 때문에 어느 정도의 자급자족이 필수였다. 이러한 구조는 집단 전체의 생산성을 끌어내렸고, 결국 인류는 물물교환의 구조적 한계를 극복하기 위해 돈이라는 획기적인 발명품을 만들어낸다. 돈의 발명으로 물물교환의 모든 단점이 사라지면서 인류 전체의 생산성은 극적으로 증가했다. 돈은 각자 생산해낸 재화를 물물교환의 구조적 한계에 구속받지 않고, 쉽고 편리하게 교환할 수 있게 해주었다.

돈의 개념을 다른 식으로 좀 더 설명하자면, 내가 만들어낸 재화를 돈으로 교환하는 순간 나의 시간과 노력으로 만든 생산성의 결정체가 에너지로 변환되어 돈이라고 하는 배터리에 저장되는 것이다. 그리고 그 배터리는 언제든 필요한 곳에 사용할 수 있어 그때그때 필요로 하는 다른 재화로 바꿀 수도 있다. 돈은 시대별로 그 형태를 달리하며 꾸준히 발전해 왔다. 소금이나 조개껍데기, 유리구슬 등 돈의 역할을 대신하는 많은 것들이 나타나고 또 사라졌지만, 그 긴 시간과 형태에도 돈이 가지는 가장 중요한 의미는 언제나 하나였다.

'내가 원하는 것을 교환할 수 있는 능력'

줄여서, '구매력'

이것은 물물교환 시대부터 단 한 번도 변한 적 없는 돈이 지닌 가장 순수한 의미다. 나의 시간과 노력을 에너지로 변환하여 어딘가에 저장해두는 것. 그래서 보관이 쉽고 휴대가 편리하며 필요한 때에 필요한 것으로 얼마든 바꿀 수 있게 해주는 존재. 그게 바로 돈이며, 돈의 구매력이 곧 돈의 본질인 것이다. 우리가 지금까지 돈으로 여겨 왔던 1만 원, 5만 원짜리 지폐는 결국 '진짜 돈'이 아니다. 50년 전이라면 1만 원으로 아주 많은 것들을 살 수 있었겠지만, 지금은 냉면 한 그릇 정도밖에 사 먹지 못한다. 앞에 적힌 숫자가 1이건 10이건 뒤에 적힌 0이 1개이건 10개이건 그런 표기는 하나도 중요하지 않다. 핵심은 '그걸로 얼마나 많은 재화를 교환할 수 있는가' 하는 구매력이다.

그러므로 우리는 돈을 '교환 가능한 힘'의 관점으로 봐야 한다.

이 말을 강조하는 이유는 사람들이 돈을 떠올릴 때 10만 원이나 100만 원 같이 화폐 단위로 돈을 정의하는 것에 완전히 세뇌되어 있기 때문이다. 평생을 그게 돈이라고 배우면서 자라왔고 실제로 그렇게 사용해왔기 때문에 어쩔 수는 없지만, 돈에 대한 잘못된 믿음은 종교를 넘어설 정도로 깊이 굳어져 있다. 지구는 네모이고 그 끝엔 무한히 추락하는 폭포가 있을 거라 믿었던 옛 유럽인들처럼 1,000만 원이나 1억 원, 10억 원 같이 숫자로 표기되는 개념에 사로잡혀 그 너머에 존재하는 깊은 의미를 깨닫지 못하는 것이다.

우리가 힘이나 에너지를 떠올릴 때 숫자에 대입하여 생각하지 않는다. 눈에 보이지 않는 어떤 무형의 형태를 떠올린다는 것이다. 하지만 돈을 떠올려보라고 하면 누구나 숫자부터 떠올리게 된다. 돈이 힘이고 에너지라면 돈 역시 내가 하고 싶은 것을 하게 해주는 무형의 능력으로 생각해야지, 숫자라는 개념으로 바라볼 필요는 없다. 물론 돈은 숫자로 정확하게 측정할 수 있는 특성이 있지만, 이렇게 숫자로 표현되는 돈의 특성이 '심리적 오류'와 '잘못된 판단'이라는 '함정'으로 사람들을 빠뜨린다.

지금부터 나는 이 책을 통해 여러분의 사고를 가두는 '세뇌'를 타파하고자 한다. 이 책을 모두 읽고 나면 돈의 본질적인 실체와 돈을 이용하는 방법을 알게 될 것이다. 대부분의 사람들은 자본주의 시스템 안에서 눈뜬장님으로 살아간다.

영화 〈매트릭스〉 속의 사람들은 현실을 구현한 가상세계를 살아
간다. 육체는 인큐베이터 안에 있지만 가상세계 매트릭스가 뇌와 연
결되어 개개인에게 가상세계를 제공하는 것이다. 영화 속 주인공 네
오는 가상세계에서 벗어나 현실로 돌아올 수 있는 '빨간 약'을 먹고
가상세계로부터 빠져나온다.

우리의 현실을 매트릭스에 비유하자면 세종대왕(1만 원권), 신사

영화 〈매트릭스〉의 한 장면

▲ 주인공 네오가 가상세계를 벗어나 진짜 세계에서 깨어나고 있다.

임당(5만 원권)을 진짜 돈으로 알고 있던 기존의 세계가 가상세계이고, 돈의 규칙을 깨달아 돈에게 마음껏 명령을 내리며, 자본주의를 꼭대기에서 바라볼 수 있는 광활한 시야를 얻게 된 이후의 세계가 진짜 세계가 될 것이다.

제3장

열심히 모아도 가난한 이유

먹고 싶은 것, 사고 싶은 것을 참고 열심히 저축하며 통장 잔액을 늘려가는 재미를 느껴 본 적이 있는가? 한때 '1억 원 모으기' 같은 프로젝트가 유행했던 적이 있다. 하지만 막상 돈을 모아본 사람들은 열심히 돈을 모으고 있음에도 점점 더 가난해지고, 부자들과의 격차가 오히려 더 벌어지고 있다는 생각을 한 번쯤 해봤을 것이다.

부동산 불패 신화로 유명한 대한민국에서는 언제나 월급이 오르는 속도보다 집값 오르는 속도가 더 빠르다는 말이 있다. 내 집 마련을 꿈꾸며 힘들게 돈을 모으던 사람들은 돈이 모이는 속도보다 집값 오르는 속도가 훨씬 빠른 것을 보며 상대적 박탈감을 느끼기도 했을 것이다. 도대체 뭐가 문제인 걸까? 열심히 일해서 번 돈을 허리띠 졸라매고 꼬박꼬박 저축하는데도, 왜 부자가 되기는커녕 점점 더 가난해지는 것일까?

이유는 간단하다. 저축하는 사람들 대부분이 돈의 진짜 의미가 숫자가 아닌 구매력이라는 사실을 알지 못하기 때문이다. 본인들이 열심히 모으던 숫자가 실은 진짜 돈이 아니라는 것도 모르고, 열심히 모으고 있었기 때문이다. 돈이 아닌 것을 돈이라 여기고 모으고 있었으니 부자의 꿈에서 멀어지는 건 당연한 일일지도 모른다.

다시 한번 말하지만, 통장에 숫자가 쌓인다고 부자가 되는 게 아니다. 구매력이 쌓여야 부자가 되는 것이다. 통장의 숫자가 아무리 불어나도 실제 구매력이 줄어들고 있다면, 점점 더 가난해지고 있는 것과 같다. 이게 바로 사람들이 아무리 열심히 저축해도 부자가 될 수 없는 진짜 이유다.

글로벌 패권국이자 세계 경제의 중심지로, 가장 많은 돈이 몰려드는 미국의 화폐인 달러는 전 세계 금융거래와 무역거래의 표준인 기축통화의 지위를 가지고 있다. 그렇기에 달러의 화폐가치는 곧 전 세계 통화의 화폐가치를 좌지우지한다. 달러의 가치가 낮아지면 수출 경쟁을 의식한 국가의 화폐가치가 달러의 움직임에 따라 동반 하락하는 모습도 볼 수 있다. 그렇다면 세계의 기축통화이자 패권화폐인 달러의 현재 가치는 어느 정도일까?

출처 : FRED | 미국 세인트루이스 연준

위 그림에서 1960년 이후 달러의 발행량을 볼 수 있으며, 거의 한 순간도 멈추지 않고 계속 화폐를 발행한 것을 알 수 있다. 그림의 우측 상단을 보면 2020년 이후 화폐의 발행량이 급격하게 증가한 것이 명확하게 보인다. 바로 이 기간을 좀 더 자세히 살펴보자.

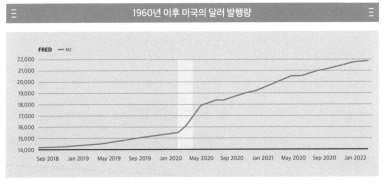

출처 : FRED | 미국 세인트루이스 연준

그래프 가운데 청색 세로줄 부분이 2020년 2월 코로나19 팬데믹이 시작된 시기이고, 2022년 2월까지 꾸준히 달러를 과도하게 공급하며 양적완화를 시행한 것을 알 수 있다. 이 기간에 미국은 정확히 41%의 통화를 새로 발행했다. 이게 어떤 의미를 갖는지, 그 심각성을 느끼지 못한 분들을 위해 조금 더 쉽게 설명해보겠다.

기존에 발행된 달러: 100장

2년간 새로 발행한 달러: 41장

현재 발행된 총 달러: 141장

100년이 넘는 기간 동안 발행되어 온 모든 달러의 41%에 해당하는 엄청난 양의 달러가 겨우 2년여에 걸쳐 새로 발행되어 시장에 투입되었다는 얘기다. 여러분이 아주 작은 마을에 살고 있고, 이 마을에서 생수 하나의 가격이 1,000원이라고 가정해 보자. 만약 생수의 공급과 수요가 같다고 할 때 돈의 양이 2배로 늘어나면 생수의 가격은 얼마가 될까? 거의 바로 2,000원으로 오를 것이다. 이게 인플레이션이다.

앞의 이야기로 돌아가 기존에 발행된 달러가 100장 있었는데 41장이 추가되었다면 100달러였던 물건의 가격은 141달러가 될 것이다. 화폐가치가 하락하며 물가가 오르기 때문이다. 물론 우리가 사는 현실은 화폐가 100장밖에 없는 작은 마을이 아니며 다양한 관계들이 얽히고설켜 있는 초대형 마을이다. 그렇기에 화폐를 41% 추가 발행했다고 해서 물가가 바로 41% 상승하지는 않으며, 여러 가지 변수가 작용하기 때문에 실제로 물가가 오르는 데에는 어느 정도의 시간차가 있다. 그 시기가 얼마나 더 빨리, 얼마나 더 늦게 찾아오느냐의 차이일 뿐, 발행된 새 화폐만큼 화폐가치는 결국 하락하게 되어 있다.

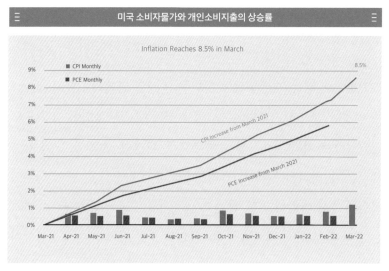

출처 : CRFB

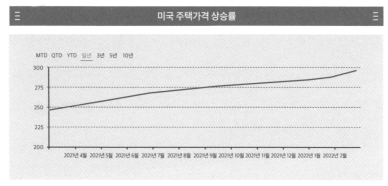

출처 : 구글

미국의 양적완화가 종료되었던 2022년 2월 기준으로 소비자물
가와 생산자물가의 평균은 1년 만에 10% 정도 상승했으며 부동산
시장은 1년 만에 20%, 미국 주식시장의 대표지수인 S&P500은 1년
만에 23% 상승했다.

앞에서 설명했듯 이 데이터들은 모두 화폐가치의 끊임없는 하락을 의미한다. '아~ 그렇구나' 하고 쉽게 넘길 문제가 아니다. 화폐가치가 하락하고 있다는 건 우리가 가지고 있는 돈의 구매력이 하락하고 있다는 뜻이기 때문이다. 열심히 일해서 죽자사자 모아둔 돈이 실시간으로 녹아내리는 것이다.

'밑 빠진 독에 물 붓기'라는 속담처럼, 가치를 저장할 수 없는 수단에 각고의 노력을 기울여 뭔가를 저장해 봐야 모두 헛수고이다. 뜨거운 철판 위에 얼음을 쌓는 것과 다르지 않다. 심지어 이 철판의 온도는 시간이 지날수록 더 빠르게 뜨거워지고 있다. 우리가 얼음을 쌓는 속도는, 얼음이 녹는 속도를 점점 더 추월하기 어려워질 것이다.

바로 이러한 점이 우리가 열심히 저축해도 점점 더 가난해질 수밖에 없는 이유다. 우리가 그동안 돈이라고 알고 있던 것들은 구매력 저장의 기능을 완전히 상실했기에, 뜨겁게 달궈진 불판 위에 얼음을 쌓는 의미 없는 행동을 이제는 그만둬야 한다.

'통장에 찍힌 숫자가 불어나는 게 아니라 구매력이 불어나야 한다.'

THE
RULES
OF
MONEY

PART

3

보존의 규칙

돈을 제대로 모아라

THE RULES
OF MONEY

제1장

당신의 돈이 녹고 있다

'저축(貯蓄)'

저축이란 단어는 쌓을 저, 모을 축이라는 두 한자로 이루어진 단어다. 일반적으로 재산을 모은다는 의미로 많이 사용되며, 저축은 보통 은행의 예금이나 적금통장에 돈을 넣어두는 것을 뜻한다. 저축하는 이유는 간단하다. 말 그대로 돈을 모으기 위해서다. 안전한 은행 계좌에 돈을 넣어두고 부를 점진적으로 늘려가기 위한 행위이며, 앞서 돈이 곧 구매력이라고 말했으니 결과적으로 저축은 미래의 구매력을 늘리기 위한 행위인 것이다.

그런데 우리가 일반적으로 저축이라고 알고 있는 것에는 한 가지 큰 결점이 있다. 시간이 갈수록 구매력이 늘어나기는커녕 오히려 줄어든다는 점이다. 미국의 물가가 1년 만에 평균 10% 정도 상승했다고 언급했는데, 대한민국도 예외가 아니다.

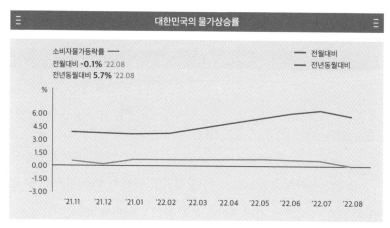

대한민국의 물가상승률

소비자물가등락률 ——
전월대비 **-0.1%** '22.08
전년동월대비 **5.7%** '22.08

—— 전월대비
—— 전년동월대비

출처 : 네이버

2022년 9월 적금금리

평균금리   금리 등록일 : 2022.09.07

정기적금			
6개월	12개월	24개월	36개월
2.27%	2.88%	2.99%	3.06%

출처 : 소비자포털

2022년 3분기 우리나라의 소비자물가는 5.7% 상승했고, 12개월 만기 적금의 평균 금리는 약 2.9%였다. 물가는 5.7% 상승했는데 이자율은 2.9%에 불과했다. 이것이 갖는 의미는 뭘까? 예컨대 100만 원을 적금에 넣었을 때 1년 후에 받을 수 있는 원금과 이자가 102만

9,000원이라면 1년 전 100만 원이었던 물건의 가격은 105만 7,000원이 되어 있다는 것이다. 1년 전에 100만 원으로 살 수 있었던 물건이 1년 후에는 적금의 이자까지 포함해도 살 수 없게 된 셈이다.

	현재	1년 후
물건 A	100만 원	105만 7,000원
적금	100만 원	102만 9,000원

물가상승률과 적금의 차이

이자가 물가상승률보다 낮아 실질적인 금리가 마이너스가 된 이런 현상을 마이너스 실질금리라고 부른다. 또한 이 예시는 고작 1년간의 차이를 나타낸 것에 불과하다. 우리가 적금을 들 때 항상 듣는 말이 있다.

'복리를 불려나가야 한다.'

그렇다면 반대로도 한번 생각해보면 어떨까? 당연히 마이너스 금리에도 복리가 적용된다. 작은 차이가 시간이 흐를수록 더 심각한 구매력의 감소를 불러온다. 믿기 힘들다면 아래의 표를 보기 바란다.

	적금	물건 A (사고 싶은 것)
현재	100만 원	100만 원
1년 후	102만 9,000원	105만 7,000원
2년 후	105만 9,000원	111만 7,000원
3년 후	108만 9,000원	118만 1,000원
4년 후	112만 1,000원	124만 8,000원
5년 후	115만 4,000원	131만 9,000원
6년 후	118만 7,000원	139만 5,000원
7년 후	122만 2,000원	147만 4,000원
8년 후	125만 7,000원	155만 8,000원
9년 후	129만 3,000원	164만 7,000원
10년 후	133만 1,000원	174만 1,000원

처음 1년 동안 2만 8,000원 차이였던 적금과 물건 A의 가치는 10년이 지나면서 41만 원까지 벌어진다. 이걸 구매력으로 환산하면 첫 1년 동안의 구매력은 2.7% 감소했지만 10년 후에는 24%까지 감소하는 걸 확인할 수 있다.

문제는 여기서 끝나지 않는다. 우리가 물가상승의 척도로 흔히 사용하는 소비자물가는 물건의 가격 상승률을 제대로 나타내지 못한다. 실제 물가는 공식적으로 발표되는 소비자물가보다 더 많이 상승한다(자세한 내용은 뒤에서 다루겠다). 이런 점까지 고려한다면 은행에 있는 돈의 구매력이 시간이 갈수록 더 빠르게 감소한다는 사실을 알게 될 것이다.

구매력을 오히려 감소시키는 행위인 저축. 이것을 저축이라고 볼 수 있을까? 이처럼 예금이나 적금 등과 같은, 우리가 일반적으로 저축이라 여겼던 것들은 실제로는 저축이 아니다. 저축은 내가 모으는 대상이 제대로 된 돈(구매력)의 역할을 할 때만 저축이며, 구매력의 저장 수단으로서 제대로 기능하지 못한다면, 그것을 저축이라고 말할 수 없다.

제2장

부자가 더 부자가 되는 이유

집값과 주식이 폭등하면서 갑자기 유행을 타기 시작한 단어가 있다. 자산의 가치가 순식간에 오르면서, 은행에 적금만 들어오던 순진한 사람들이 하루아침에 거지로 전락했다는 뜻의 신조어 '벼락거지'다. 그러나 벼락거지가 정말로 한순간에 벼락처럼 생겨났을 거라고 생각하면 오산이다. 그 누구도 한순간에 가난해지지 않았다. 자산 없이 현금만 열심히 모으던 사람이 갈수록 가난해지는 현상은 이미 오래전부터 계속되어왔다. 다만 사람들이 피부로 느끼지 못했을 뿐이다.

물을 끓인다고 해서 물의 온도가 갑자기 100도가 되는 것은 아니다. 서서히 온도가 높아지다 끓는점을 넘어서는 순간부터 끓기 시작한다. 어떠한 현상이 표면화되기 이전에는 이미 그 일이 상당 부분 진행되어 있는 경우가 많다. 표면화되기 전에는 느끼지 못하다 임계점을 넘어서야 비로소 알게 되는 것이다. '벼락거지' 현상도 바로 그런 경우라고 할 수 있다. 다음은 부자들과 평범한 사람들의 빈부 격차를 나타내는 표다.

출처 : the DEFENDER

표에서 알 수 있듯 부자들은 시간이 갈수록 점점 더 부자가 되지만 가난한 사람들은 점점 더 가난에서 벗어나기 어려워진다. 시간이 흐를수록 빈부의 격차가 벌어지는 것이다. 표에서 집계된 가난한 사람들의 재산은 대부분 현금이다. 열심히 돈을 벌어 지출한 후 남은 돈을 성실하게 저축하지만, 그 저축은 인플레이션에 의해 녹아내린다. 반면 부자들은 돈이 생기는 대로 부동산이나 주식, 채권, 금, 암호화폐와 같은 시간이 갈수록 가치가 올라가는 자산을 사들인다.

인플레이션이 일어나 화폐가치가 하락하면 이러한 자산의 가치는 더욱 상승한다. 결국 부자는 더 많은 돈을 벌고 그렇게 번 돈을 이용해 계속 자산을 불려나가지만, 가난한 사람들이 가진 얼마 안 되는 현금의 가치는 눈 녹듯 사라진다.

빈부 격차가 벌어지는 이 같은 현상은 이미 수십 년 전부터 꾸준히 진행되어 왔다. 표면적으로 드러나지 않았기에 제대로 감지하기가 쉽지 않았을 뿐이다. 그러던 것이 어느 순간 임계점을 넘었고, 돈에 별 관심이 없던 사람들마저 무언가 잘못되었다는 것을 느낄 만큼 한순간에 수면 위로 급부상한 것이다. 90도까지 서서히 온도를 올려왔던 물이 강력해진 화력에 의해 순식간에 끓어오른 셈이다.

과정이 어떻든 결과적으로 돈을 잘 모르던 많은 평범한 사람들이 큰 피해를 보게 되었다. '먹고 싶은 것을 참고, 사고 싶은 것을 아끼며 겨우겨우 1억 원을 모았는데, 집값이 3억 원이 올라 살 수 없게 되었다' 같은 얘기를 많이 들었을 것이다. 자산 가격의 상승으로 자산을 가지고 있는 사람과 그렇지 못한 사람들의 격차는 더욱 벌어졌고, 아무것도 모르고 저축만 열심히 해왔던 사람들에게 심한 상대적 박탈감을 안겨주었다.

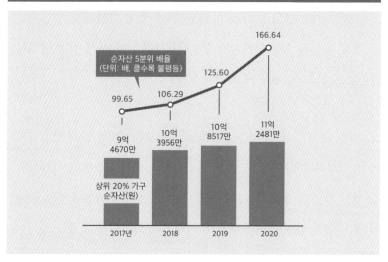

자료 : 통계청국가시스템   출처 : 중앙일보

한국의 자산 규모 상위 20%와 하위 20%의 평균 순자산 차이는 2017년 100배에서 2020년 167배까지 뛸 정도로 그 격차가 점점 더 벌어지고 있다. 앞으로는 어떨까? 지금까지의 형세가 갑자기 뒤바뀌어 빈부 격차가 줄어들 수도 있을까? 가능성은 매우 희박하다. 화폐가치는 계속해서 떨어지고 자산가격은 계속해서 상승하기에, 부자들은 그 돈으로 새로운 자산을 사들여 계속해서 부를 늘려갈 것이기 때문이다. 이러한 상황에서 부자가 되고 싶은 사람이라면 지금부터라도 당장 무언가를 해야 한다.

제3장

치킨값에 숨겨진 인플레이션

2022년 중반 미국의 소비자물가는 1년 만에 8.5% 상승했다. 소비자물가란 일반 가정에서 생활을 영위하기 위해 구매하는 상품과 서비스의 가격변동을 측정하는 지수로, 총소비지출 중에서 지출 비중이 큰 수백 개 품목의 가격변동을 측정한 지표다. 그렇기에 이 지표가 1년 만에 8.5% 정확히는 7.8% 상승했다는 것은 미국 가정이 평균적으로 구매하는 상품과 서비스의 가격이 1년 만에 8.5%가 올랐고, 동시에 내가 가진 화폐의 구매력이 그만큼 감소했다는 얘기다.

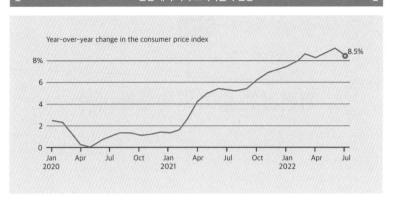

Year-over-year change in the consumer price index

8.5%

출처 : CNBC

그럼 우리나라의 경우는 어떨까? 위에서 살펴봤듯 우리나라는 같은 기간 전년 대비 소비자물가 5.7% 상승했다. 미국에 비하면 그나마 낮은 편이지만, 한국의 물가 역시 크게 상승했음을 알 수 있다.

그런데 양국의 소비자물가 변화를 보면 무언가 이상한 점을 찾을 수 있다. '왜 한국의 물가가 미국의 물가보다 훨씬 적게 올랐지? 한국 물가가 미국 물가보다 안정적인가?' 이런 생각을 했다면 정확히 짚었다. 실제로 물가상승률은 국가마다 판이하다. 각국의 화폐가치가 달라서 그럴 거라고 당연하게 여길 수 있지만, 미국보다 한국의 물가가 덜 올랐다는 것은 좀처럼 이해하기 힘들 것이다. '원화의 가치가 달러보다 적게 떨어졌다는 건데 그렇다면 원화가 달러보다 훨썬 가치 있는 화폐인 걸까?' 이렇게 생각하는 사람도 있겠지만, 결코 그렇지는 않다. 한국과 미국의 물가지수가 이렇게 차이 나는 이유는 소비자물가를 산정하기 위한 조사 대상과 통계 반영의 기준이 다르기 때문이다.

예컨대 미국의 경우 주거비용이 소비자물가의 32%를 차지하지만, 한국은 9%에 불과하다. 다시 말해 미국은 주거비용이 오르면 소비자물가가 큰 폭으로 상승하는데, 한국은 주거비용이 올라도 그 정도가 훨씬 덜하다는 것이다. 실제로 주거비용이 20% 상승할 경우 미국의 소비자물가는 6.4% 상승하지만, 한국은 1.9%밖에 상승하지 않는다.

그럼에도 주거비용은 일반 가정생활에 가장 큰 영향을 미치는 요소다. 치킨 가격이 오르는 것과는 비교할 수 없을 만큼 중요한 문제이지만 한국에서는 주거비용이 올라도 소비자물가에 크게 반영되지 않는다.

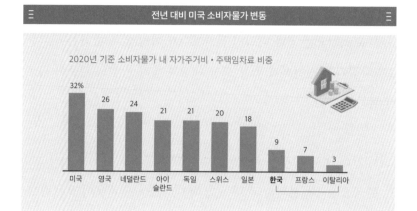

2020년 기준 소비자물가 내 자가주거비 · 주택임차료 비중

출처 : 연합뉴스, 한국은행

또한 우리나라의 경우 자가주거비가 소비자물가의 조사 대상에서 빠져 있다. 자가주거비란 자기 소유의 주택에 살면서 발생하는 모든 비용을 말한다. 이는 내가 이 집에 직접 살지 않고 다른 사람에게 임대했을 경우 기대할 수 있는 임대수익부터, 집을 살 때 돈을 빌렸다면 그 차입금에 대한 이자 지출, 그 외 주택의 감가상각비와 세금을 포함한다.

이 자가주거비는 주택가격 상승에 큰 영향을 받는데, 주택가격이 크게 오를 때 자가주거비를 소비자물가에 포함하는 미국의 물가는 많이 오르는 반면 한국은 주택가격 상승이 물가상승에 반영되지 않으므로 물가의 큰 변화가 없다. 이 외에도 한국에만 있는 독특한 제도인 전세와 전세연장제도 또한 주택가격과 주거비용이 정비례하지 않는 특수한 상황을 만들어낸다.

이런 점들 때문에 한국이 미국과 비교했을 때 물가가 덜 오른 것처럼 보일 수 있다. 하지만 이는 어디까지나 통계상의 허점 또는 양국 통계 관행의 차이에 불과하며 실제 물가는 전혀 그렇지 않다. 물가는 통계의 오류를 통해 얼마든 사실과 달라질 수 있기에, 절대적 지표로 삼아서는 안 된다.

집계 방법의 차이 이외에도 통계의 허점을 이용하여 물가 수치를 의도적으로 통제하는 것이 어느 정도 가능하다. '설마 그렇게까지 하겠어'라고 생각할 수 있지만, 실제로 대부분의 국가가 물가를 집계할 때 이런 통계의 허점을 이용하고 있다. 그리고 그 방법은 생각보다 간단하다.

여러분이 즐겨 가는 치킨집이 있고, 매주 금요일 퇴근길에 '치맥'을 하는 것으로 한 주간의 스트레스를 풀고 있다고 생각해보자. 그런데 물가가 오르면서 이 단골 치킨집은 가격을 2,000원 올렸고, 그 옆에 있는 다른 치킨집은 가격을 올리지 않았다면 여러분은 단골 치킨집에서 계속 치킨을 살 것인가? 아니면 비슷한 치킨을 만들고 가격을 올리지 않은 옆 가게에서 치킨을 살 것인가? 아무리 가격이 올라도 단골 치킨집을 고집한다면 계속 그곳에서 사 먹겠지만, 아마도 대부분의 사람들은 옆 가게에서 사 먹는 것을 고려할 것이다. 이 얘기를 한 이유는 바로 여기 소비자물가의 허점이 있기 때문이다.

풀어 설명하면 이렇다. 여러분의 단골 치킨집이 가격을 올렸다면 가격을 올리지 않은 치킨집의 가격을 반영하고, 자장면의 가격이 올랐다면 짬뽕 가격을 반영하는 식으로 물가를 교묘하게 조작하는 것이다. 또 어떤 업종의 가격을 조사할 때, 해당 업종 전체에서 원자재 가격 상승 등의 이유로 동시에 가격을 올렸다면 업종을 아예 바꿔버릴 수도 있다. 이렇게 되면 체감물가와 다르게 통계상에서는 물가가 오르지 않는 마법 같은 일이 벌어진다.

이처럼 통계는 얼마든 조작하고 편집할 수 있다. 실제로 대부분의 국가가 소비자물가를 조금이라도 낮게 보고하기 위해 갖은 노력을 기울이고 있다. 그래야 물가는 안정적이며 화폐가치는 잘 보전되고 있다고 발표할 수 있기 때문이다. 더불어 물가가 지나치게 오르면 국민의 불만이 커지고 정부에 대한 신뢰도가 떨어지기에 선거에서도 불리해진다.

이러한 이유로 소비자물가는 가능한 한 낮게 보고되도록 의도적인 조정을 거치고 있다는 사실을 알아야 한다. 그동안 우리가 물가의 절대적 지표로 알고 있던 소비자물가는 사실 현실의 물가상승률을 제대로 반영하지 못한다는 것을 깨달아야 실제 화폐가치가 어떻게 움직이는지 파악할 수 있다. 하루빨리 단꿈의 안락함에서 눈을 떠야 한다. 우리는 녹아내리는 빙판에 서 있으며 그 빙판은 예상보다 훨씬 빠르게 녹고 있다. 하지만 대부분의 사람들은 자신이 서 있는 빙판이 녹고 있다는 사실조차 인지하지 못한다.

제4장

돈을 가만히 두면 안 되는 이유

물가는 얼마든 조작되고 편집될 수 있기에, 우리는 최대한 낮게 보고되는 물가상승률을 접하고 있다. 이 때문에 물가가 크게 올랐다는 생각 자체를 못 한 채로 열심히 일하고 저축하고 부자가 되길 꿈꾼다. 그러나 현실에서는 우리가 저축하는 속도에 비해 너무 빠른 속도로 가격이 오른다.

버스를 놓쳤을 때 아무리 빠르게 쫓아가도 그 버스를 따라잡기는 어렵다. 마찬가지로 물가보다 느리게 상승하는 우리의 소득으로는 아무리 열심히 노력해봐야 원하는 만큼의 부를 손에 넣기가 어렵다. 그렇다면 대체 화폐가치의 하락 속도는 어떻게 파악해야 할까? 물가가 편집된 통계라 믿을 수 없다면 우리는 과연 어떤 지표로 현금이 녹는 속도를 측정해야 할까? 여기에 대한 답을 하기 전 유명한 격언을 하나 인용하겠다.

'뿌린 대로 거둔다.'

이만큼 명확한 진리가 또 있을까? 세상에 존재하는 모든 사물과 실재하는 행위들은 인과관계로 이루어진다. 인과란 원인과 결과이며 작용이 있으면 반작용이 발생하고, 투입이 있으면 산출이 이루어진다는 뜻이다. 화폐도 마찬가지다. 화폐를 발행하면 화폐가치는 돈을 발행한 만큼 희석될 것이다(정확하게는 GDP 성장치를 빼야 한다). 이번 장의 앞부분에서 설명한 것처럼 미국의 화폐 발행량은 1960년 이후 73배나 증가했으며, 이를 바탕으로 단순하게 계산하면 60년 동안 화폐가치는 98.7% 하락했다. 60년 전 1만 원짜리 물건이 지금은 73만 원이 된 것이다.

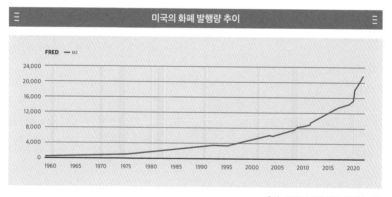

출처 : FRED | 미국 세인트루이스 연준

여기에 진실이 숨겨져 있다. 물가나 금리, 경기 같은 복잡하고 어려운 지표는 모두 무시해도 좋다. 현대의 자본주의 체제는 너무 복잡하고 변화무쌍해서 우리의 눈과 귀를 속일 수 있는 요소들이 넘쳐난다. 그래서 우리가 화폐가치의 하락을 느낄 수 없도록 다양한 방법으로 조작하고 속일 수 있는 것이다. 또한 세계 경제 규모가 수백조 달러에 이르는 터라, 화폐 발행 후 오른 물가를 소비자가 체감하는 데까지는 오랜 시간이 걸린다. 규모가 큰 만큼 전파속도에 지연이 발생하기 때문이다.

하지만 아무리 규모가 크고, 다양한 완충장치가 있다 하더라도 결국 뿌린 대로 거두는 것이 자연의 섭리이다. 모든 혼선을 제거하고 순수하게 얼마큼의 달러가 새로 발행되었는지 살펴보면 화폐가치가 얼마나 희석됐는지 분명하게 파악할 수 있다. 이렇게 알아본 화폐가치는 60년간 98% 이상이 사라졌다. 미국이 이 정도면 다른 나라는 말할 것도 없을 것이다. 이것이 통계의 이면에 가려진 진짜 현실이다.

그러면 여기서 한 가지 더 생각해야 할 것이 있다. '미국은 왜 계속해서 새 달러를 발행할까?, 이제라도 정신을 차리고 달러 발행량을 줄여야 하지 않을까?' 안타깝게도 그런 일은 일어나지 않을 것이다. 미국이 달러 발행을 멈출 수 없는 데에는 나름의 이유가 존재한다.

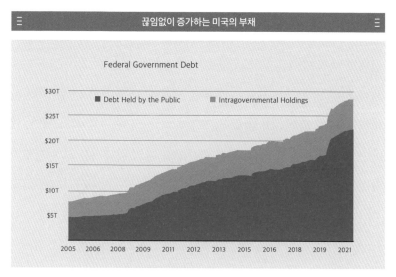

끊임없이 증가하는 미국의 부채

Federal Government Debt

■ Debt Held by the Public   ■ Intragovernmental Holdings

출처 : 위키피디아

미국은 계속해서 화폐를 발행하지 않으면 부채를 감당할 수 없다. 현재 미국 경제가 부채로 돌아가고 있기 때문이다. 이는 미국뿐만 아니라 모든 현대 자본주의 국가가 가진 공통된 문제이다. 2023년 미국 재무부의 부채는 30조 달러를 돌파했다. 기존 부채 한도는 23조 달러였지만 임시허가를 통해 23조 달러 이상의 부채를 용인하다 2021년 의회의 승인을 통해 31조 4,000억 달러까지 그 한도를 늘렸다. 그렇다면 미국은 이 많은 부채를 어떻게 갚으려고 돈을 계속 빌리는 것일까? 답은 의외로 간단하다.

'갚을 생각이 없다.'

그렇다. 미국은 이 부채를 청산할 생각이 없다. 지금까지 미국이 선택한 해결 방법은 새로운 빚으로 기존의 빚을 갚는 것이었다. 기존 부채의 만기가 오면 새로운 부채를 발행해서 갚아왔고 지금까지는 아무 문제도 일어나지 않았다. 그런데 이 방법에는 문제가 있다. 빚에는 이자가 붙기 마련이고, 기존 부채를 갚기 위해서는 그 이자까지 갚아야 하기에 점점 더 많은 돈을 필요로 한다는 점이다.

만약 1만 원의 빚이 있는데 만기 이자를 2% 지급하기로 했다면 갚을 때는 1만 200원으로 갚아야 한다. 개인이 아니라 국가도 부채 상환을 위해 빚을 내면 이전의 빚보다 더 큰 규모의 빚을 내야 한다. 때문에 미국은 달러 발행을 절대로 멈출 수 없다. 발행을 멈추는 순간 빚을 갚을 수 없고, 모든 경제가 무너지기 때문이다.

그럼 대체 왜 이런 상황이 일어나도록 모두 방관하고 있었을까? 이유는 두말할 것도 없이 인간의 탐욕 때문이다. 누누이 말하지만, 인간은 가능하다면 자신이 사용할 수 있는 돈보다 더 많은 돈을 쓰려고 한다. 그리고 현대 자본주의는 '신용'을 통해 그러한 꿈을 실현하기에 너무나 좋은 세상을 만들었다. 당장 돈이 없더라도 신용카드만 있으면 누구나 할부로 물건을 살 수 있다. 통장 잔액이 100만 원밖에 없더라도 500만 원짜리 물건을 사거나, 은행에 갈 필요도 없이 인터넷 뱅킹만으로도 손쉽게 대출을 받을 수 있는 것이다. 담보나 서류 없이, 신용과 개인정보 제공 동의만으로 5분 내에 대출을 해주는 곳도 더러 있다.

이렇게 미래의 부를 앞당겨 사용하려는 본성은 개인뿐만이 아니라 기업이나 국가도 마찬가지다. 모든 경제 객체들이 끊임없이 미래의 부를 끌어와 미리 사용하고 있으며 이런 탐욕이 존재하는 한 부채 규모는 계속 거대해질 수밖에 없다. 때로는 지나치게 비대해진 부채를 견딜 수 없어 이 구조가 무너지는 경우도 발생하는데 이것을 '거품 붕괴'라고 한다.

탐욕으로 쌓은 거품이 붕괴해도 근본적으로 탐욕의 본성은 바뀌지 않는다. 몇 달에서 몇 년 정도의 침체기를 겪고 경제가 회복되면 억눌렸던 본성이 다시 고개를 든다. 결국 몇 해 지나지 않아 다시 부채가 쌓이게 되고, 이 악순환이 반복된다. 화폐가치의 하락을 피할 수 없는 이유다.

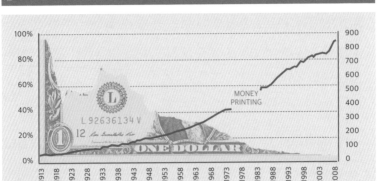

출처 : 미국 노동통계국

이 표는 지난 100년간의 미국 달러의 역사다. 100년 동안 미국은 끊임없이 달러를 찍어냈고 그에 반비례하며 달러의 가치는 계속 하락해 왔다. 결국 현재 달러 가치는 100년 전과 비교해 99.9% 하락하는 결과를 맞이했다. 그렇다면 다가올 미래에는 어떻게 될까? 미국이 각성하고 돈 찍어내기를 멈추거나, 달러가 화폐가치를 회복하고 100년 동안 잃어버린 99.9%의 가치를 되찾을 수 있을까? 아마도 100년 후에는 되려 현재 가치보다 99.9% 더 하락해 있을 것이다. 만약 여러분이 피땀 흘려 모은 돈을 은행에 넣어두고 손주들에게 유산으로 물려준다면, 훗날 손주들이 은퇴해서 노후자금으로 그 유산을 사용하려고 할 즈음에는 유산으로 남긴 돈의 구매력이 한여름의 얼음처럼 다 녹아 사라진 뒤일 것이다.

제5장

문제는 치킨값이 아니야!

　지금까지 화폐의 가치가 얼마나 빨리 하락하는지, 그리고 그 실체를 어떻게 파악할 수 있는지 설명했다. 그러나 진짜 문제는 지금부터다. 앞서 말했던 것보다 더 심각한 문제가 남아 있는데, 그 문제를 살펴보기에 앞서 지금까지의 내용을 잠깐 정리해보자. 달러는 지난 수십 년간 연평균 8%씩 증가했다. 이로 인해 실질적인 화폐의 구매력은 연평균 7.5%씩 하락했고, 팬데믹이 시작된 2020년 2월 이후 양적완화가 진행된 2년간은 41%의 달러가 새롭게 발행되며 이때 달러의 구매력이 30% 폭락했다. 앞에서 살펴본 바와 같이 달러의 실질 구매력 감소는 이미 미국이 발표하는 소비자 물가상승 수치를 훨씬 뛰어넘었다. 물론 이게 끝이 아니다.

연월	실거래 가격지수	전월 대비 상승률	전년 말 대비 상승률	전년 동기 대비 상승률
2022.02	139.8	-0.12%	-0.60%	12.26%
2022.01	139.9	-0.48%	-0.48%	14.58%
2021.12	140.6	-0.90%	18.11%	18.11%
2021.11	141.9	-0.28%	19.19%	22.23%
2021.10	142.3	1.12%	19.52%	25.31%
2021.09	140.7	1.90%	18.20%	25.37%
2021.08	138.1	2.27%	16.00%	23.90%
2021.07	135.0	2.05%	13.43%	22.65%

출처 : 한국부동산원

화폐에 이어 주택 또한 큰 변동을 겪었다. 양적완화가 종료된 2022년 3월, 소비자물가지수는 8.5%가 올랐지만 같은 시기 미국의 주택가격지수는 거의 20%가 올랐다. 한국도 마찬가지였다. 2022년 2월 한국의 소비자물가지수는 3.7% 올랐지만, 주택가격은 12%가 넘게 올랐다. 앞에서 말한 대로 각종 통계는 물가상승이 가능한 한 적게 보이도록 '주무른' 수치이기에 물가상승이 적게 표시된 것은 이해가 되지만, 주택가격이 물가 대비 이렇게까지 많이 올랐다는 것은 이해하기 힘들지도 모른다.

미국의 대표적인 주가지수인 S&P500은 2022년 5월 기준 팬데믹 발생 당시와 비교하여 1년 반 만에 무려 107%까지 상승했다(양적완화가 진행된 시점을 기준으로 설명한 것을 고려해주길 바란다).

주식이나 부동산 같은 자산의 가격이 물가상승률보다도 훨씬 더 많이 오른 것은 결코 우연이 아니다. 기본적으로 자산시장은 물가상 승률보다 더 크게 오르는 성질을 가지고 있기 때문이다. 왜 이런 일이 발생하는지 알아보자.

나는 치킨을 좋아해서 일주일에 한 번씩은 치킨을 먹는다. 치킨은 칼로리가 높고 살찌기 쉬운 음식 중 하나인데, 이는 우리의 몸이 불필요한 '잉여칼로리'를 지방으로 저장하기 때문이다. 자산시장에서 일어나는 현상도 이와 비슷하다. 미국 연준이 일상생활을 지탱하기 위해 많은 돈을 공급했지만, 그 돈이 과연 당장 필요한 것일까?

앞에서도 설명했지만 새로운 돈을 많이 공급해도 물가는 바로 오르지 않는다(치킨을 먹었다고 즉시 살이 찌지는 않는 것과 마찬가지다). 따라서 막대한 양의 현금이 풀렸다고 해서 일상 경제 시장에서 당장 그만큼의 돈이 늘어나는 것은 아니다. 돈이 풀려도 일상 경제가 당장 그만큼의 돈을 필요로 하지 않으면 '잉여자금'이 발생하는 것이다.

그렇다면 이 잉여자금은 어디로 갈까? 결국 이 잉여자금은 자산 시장으로 흘러 들어간다. 양적완화를 통해 처음 민간에 돈이 공급되면 음식이나 의류 같은 각종 소비재에 사용되지만, 그런 식의 소비는 한계효용을 맞아 점차 줄어들게 된다. 따라서 잉여자금이 생겨야 비로소 사람들은 주식이나 코인 같은 투자를 생각하게 되고 그렇게 자산시장으로 잉여자금이 흘러 들어간다. 우리 몸이 잉여칼로리를 지방으로 저장하듯 자산시장은 잉여자금을 저장하게 되고, 돈이 많이 풀릴수록 자산의 가격이 물가보다 훨씬 더 빠르게 오르게 되는 것이다.

이런 현상은 집값 오르는 속도가 치킨값 오르는 속도보다 빨라지기에, 또한 여러분이 사고자 하는 것들의 가격이 저축한 돈의 은행 이자보다 빨리 오르기에 문제가 될 것이다. '치킨값 오르는 정도야 열심히 벌면 어떻게든 해결할 수 있어!'라고 생각하시는 분들이라면 별 상관이 없겠지만, 집을 사고 싶어 하는 분들에게는 심각한 문제가 될 것이다. 아무리 노력해도 자산 가격이 상승하는 속도를 따라잡을 수 없을 테니 말이다.

제6장

금리인상 시기에는
돈을 저축해도 될까?

2022년 2월, 코로나19 팬데믹으로 2년간 계속되던 미국의 양적 완화가 끝나고 미국 중앙은행이 금리를 올리기 시작하면서 달러의 가치가 급속도로 상승했다. 통화의 가치는 상대적인데 EU나 중국,

출처 : 마켓워치

일본 같은 나라들보다 미국이 훨씬 더 공격적으로 금리를 올리면서 달러 가치가 상승하며, 세계 주요 6개국의 통화와 달러의 가치를 비교한 달러 인덱스는 미국이 금리를 올리고 1년도 안 되어 10%나 올랐다.

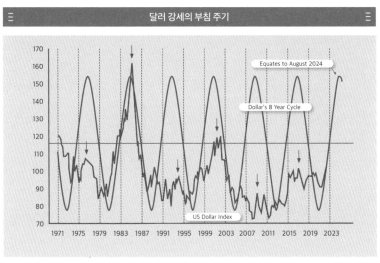

출처 : 스톡차트

달러는 통상적으로 8년의 주기를 가지는데, 평균 4년의 강세와 4년의 약세를 보여왔다. 과거 미국은 2019년 중반부터 금리를 내리기 시작했고, 이는 달러의 강세 사이클상 정확히 약세로 돌아설 타이밍이었다. 2020년 코로나19 팬데믹이 터지면서 전 세계가 제로금리에 가깝게 금리를 내렸고, 이후 막대하게 쏟아낸 통화로 달러가 일시적으로 약세에 빠지지만 팬데믹이 소강상태에 접어들고 미국이 금리

인상을 하며 달러 가치가 급격하게 상승했다. 이후 달러는 다시 새로운 강세 사이클로 접어들었다. 또한 달러의 가치가 상승하게 되면 다른 나라들도 환율방어가 필요하기에 어느 정도는 통화가치의 균형을 맞출 수밖에 없고, 전반적으로 화폐가 강세를 보이는 시기가 올 것이다.

이쯤에서 이런 의문이 생길 수도 있다. '화폐의 가치가 사라지고 있어서 달러나 원화 같은 화폐 저축은 구매력을 잃는 행위라고 설명했는데, 2022년처럼 금리 인상으로 화폐가 강세를 보일 때는 화폐로 저축해도 괜찮지 않나요?'

결론은, 괜찮지 않다.

저축은 단기적인 사용을 위해 모아두는 것이 아니다. 하다못해 단기예금이나 단기 적금도 최소 갱신 단위가 1년은 된다. 저축은 미래의 구매력을 위해 긴 시간 동안 구매력을 축적하는 것을 말하며, 단기적으로 생각해선 안 되고 장기적인 관점에서 바라봐야 한다. 반면 달러를 주축으로 한 통화의 강세는 단기적으로는 기껏해야 수년간의 사이클을 반복하며 부침을 거듭하지만, 장기적으로는 100%의 확률로 끊임없이 그 가치를 잃어가고 있음을 계속해서 설명했다.

따라서 장기적인 관점으로 구매력을 모으기 위해 저축할 때는 단기적인 통화가치의 상승은 신경 쓸 필요가 없다. 애당초 단기적인 목적으로 모으는 구매력이 아니기 때문이다. 장기적인 목적으로 모으는 구매력이라는 기조에 맞게 장기적 추세로 봐야 한다. 화폐가치는 긴 세월 동안 끊임없이 증발해 왔고, 앞으로도 그럴 것이다. 인류 역사 속 모든 화폐에서 똑같이 가치의 소멸이 이루어졌기 때문이다. 일시적인 화폐가치의 상승에 속아서는 안 되겠다.

제7장

투자를 해야 하는 이유

이제 우리는 돈의 진짜 의미가 구매력에 있다는 것을 알았다. 그리고 우리가 지금껏 돈이라고 알고 있던 것들이 실제로는 돈이 아니며, 저축이라 알고 있던 개념은 구매력을 모으는 수단이 될 수 없다는 것을 살펴봤다. 여기까지 이해했다면 자연스럽게 다음 질문으로 이어질 것이다.

'그렇다면 내 소중한 구매력을 지키기 위해 무엇을 해야 하나?'

이 의문이 생기지 않았다면 지금까지 설명한 내용에 전혀 공감하지 못한 게 된다. 이것은 자본주의 사회를 살아가는 모든 이들에게 가장 중요한 질문이기 때문이다.

정리하자면, 돈이란 내가 무언가를 생산하는 데 들인 노력을 휴대 가능한 형태로 치환함과 동시에 원하는 것과 교환할 수 있는 구매력을 담고 있는 일종의 배터리인 것이다. 이렇게 소중한 자원을 줄줄 새 나가도록 내버려 둘 수는 없지 않은가! 우리는 우리의 노력으로 얻어낸 정당한 자원을 장기적으로 보존할 수 있는 제대로 된 저축을 해야만 한다.

그렇다면 이제 진짜 저축이 무엇인지에 대해 알아보자. 우리의 자산을 보호하고 구매력을 늘릴 수 있는 '진짜 저축'의 수단은 바로 '투자'다. 이 이야기를 제대로 설명하기에 앞서 투자라는 말의 정의부터 다시 살펴보도록 하자. 나는 투자를 다음과 같이 정의하고 있다.

'투자란 눈앞의 작은 이익을, 미래의 더 큰 이익으로 되돌려받기 위해 희생하는 것'

이 말을 쉽게 이해하기 위해 모든 것이 단순했던 원시 시대를 배경으로 설명하겠다. 철수와 영호라고 하는 두 원시인이 같은 마을에 살고 있다고 가정하자. 철수와 영호는 비슷한 사냥 실력을 갖추고 있어서 하루에 8시간 사냥을 하면 4마리의 토끼를 잡을 수 있다. 그리고 이 토끼의 수량은 한 가족이 충분히 먹을 수 있을 만큼의 양식이었기에 3마리는 먹고 나머지 1마리는 다른 필요한 물건들과 교환할 수 있었다. 철수는 당장 풍족한 것을 좋아하기 때문에 매일 8시간씩 열심히 창을 들고 토끼 사냥에 나서 4마리의 토끼를 잡아 왔다. 반면 영호는 창으로 토끼를 잡는 것이 비효율적이라는 생각을 했고, 활을 이용하면 토끼를 훨씬 수월하게 잡을 수 있다는 정보를 얻었다.

하지만 당장 활을 쓰는 것에는 문제가 있었다. 이 활이라는 도구는 사용방법이 어려워서 익숙해지는 데까지 오랜 연습이 필요했기 때문이다. 영호는 활을 익혀두는 것이 장기적으로 사냥에 훨씬 유리하겠다는 판단과 함께 사냥 시간을 6시간으로 줄이고 나머지 2시간은 활을 연습하는 데 사용했다. 사냥 시간이 8시간에서 6시간으로 줄어들었기 때문에 영호는 하루에 토끼를 3마리밖에 잡지 못했다. 더구나 이 토끼의 양은 하루의 식사량을 간신히 충족해서 필요한 것이 있어도 교환하기가 어려웠고, 덕분에 옆집 철수보다 늘 빈곤하게 지내야 했다.

반년의 시간이 지나고 영호는 드디어 활을 제 몸처럼 능숙하게 다루게 되었다. 먼 거리에 있는 토끼를 향해 10발을 쏘면 5발은 명중시켰다. 이때부터 영호의 사냥 효율은 대폭 증가해 1시간에 1마리의 토끼를 잡을 수 있었고, 이제 영호는 하루 4시간만 사냥해도 옆집 철수가 8시간 사냥할 때와 같은 수의 토끼를 잡을 수 있게 됐다.

그러나 영호는 여기서 만족하지 않았다. 하루 4시간을 투자해 딱 4마리의 토끼만 잡으면서 남은 4시간을 다른 데 활용하기로 마음먹었다. 철수보다 뛰어난 사냥 효율을 가지고서도 살림살이는 철수네와 큰 차이가 나지 않는 시간이 계속되었지만, 영호는 꿋꿋하게 여유로워진 시간을 활용해서 미래를 위한 투자를 시작했다. 남는 4시간을 이용해 자기 체형에 딱 맞는 활을 직접 만들기 시작한 것이다.

또 반년이 흘러 영호는 드디어 자신에게 딱 맞는 활을 완성해냈다. 10발 중 5발 정도에 지나지 않았던 명중률은 비약적으로 상승해 10발을 쏘면 대부분 명중시킬 수 있게 되었다. 덕분에 영호의 사냥 효율은 더 올라가, 이제 2시간에 4마리의 토끼를 잡게 되었다. 이러한 노력의 결실로 영호는 하루에 2시간만 사냥해도 옆집 철수가 8시간 내내 사냥한 것과 같은 성과를 낼 수 있게 된 것이다.

이 이야기처럼 투자는 당장 눈앞의 작은 이익을 포기하고 미래의 훨씬 큰 이익을 추구하는 행위다. 저축도 근본적으로는 이와 같다. 저축도 현재의 소비를 포기하고 미래에 구매력을 증가시키는 행위이기 때문이다. 돈이 돈이 아니게 되면서 우리의 저축이 더는 저축이 아니게 됐지만, 올바른 방법으로 하는 저축과 투자는 서로 비슷한 맥락을 가지고 있다.

'구매력을 보전할 수 있는 올바른 대상을 찾아 그걸 장기간 모아 가는 것'

당장 사용 가능한 구매력을 사용하지 않고, 미래에 더 큰 구매력 을 획득하기 위해 모아가는 행위. 이것이 곧 진정한 투자요, 진정한 저축인 것이다.

철수의 현황

철수	2시간	2시간	2시간	2시간
현재	🐰	🐰	🐰	🐰
반년후	🐰	🐰	🐰	🐰
일년후	🐰	🐰	🐰	🐰

영호의 현황

영호	2시간	2시간	2시간	2시간
현재	🐰	🐰	🐰	🏹
반년후	🐰🐰	🐰🐰	🏹	🏹
일년후	🐰🐰🐰	자유	자유	자유

제8장

돈을 자산으로 전환하라

그러면 이제 현금을 쌓아두는 것이 저축이 아니고, 투자가 진짜 저축이란 것까지는 알았다. 지금부터는 투자란 무엇을 사는 일이고, 어떤 것을 저축해야 진짜 저축이 되는지에 대해 알아보자. 저축이 구매력을 점진적으로 증가시키는 행위라고 앞서 말했고, 그렇다면 시간이 흘러도 구매력을 상실하지 않는 견고한 대상을 찾아 모아야 진짜 저축이 될 것이다. 어떤 것을 모아야 견고하게 내 구매력을 지킬 수 있을까?

화폐가치의 하락은 곧 물가의 상승이기 때문에 기본적으로는 돈을 주고 사야 하는 모든 것의 가격이 다 같이 오른다. 이 말은 집이나 주식, 금, 코인과 같은 '금융자산'과 '상품', 즉 '자산'의 가격이 함께 오른다는 얘기다(금융자산과 상품을 통틀어서 자산이라고 표현했는데, 자산의 정확한 정의는 책의 뒷부분에서 자세히 다루겠다). 앞서 통화의 과잉 공급이 발생하면 자산의 가격은 물가보다 더 빨리 오른다는 사실을 말했으니 답은 이미 나왔다. 화폐가치는 99.9% 하락했고 앞으로도 계속해서 하락한다면, 화폐를 주고 사야 하는 자산의 가격은 100%의 확률로 오를 것이다.

다음 표는 100년간의 달러 가치의 하락과 달러로 표시되는 자산의 가격 상승을 나타낸 표이다. 물가가 오르면 자산의 가격도 그에 맞춰 오르기에 두 선이 정확하게 반비례하는 것을 볼 수 있다. 작용과 반작용처럼 무조건 발생하는 현상이다.

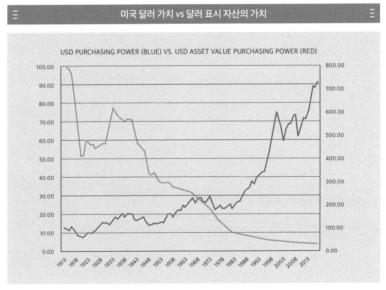

미국 달러 가치 vs 달러 표시 자산의 가치

USD PURCHASING POWER (BLUE) VS. USD ASSET VALUE PURCHASING POWER (RED)

출처 : www.investing.com

이제 우리는 무엇으로 저축을 해야 할지, 어떤 대상을 모아야 힘들게 벌어놓은 구매력을 잃지 않고 점진적으로 증가시켜 갈 수 있는가에 대한 답을 알고 있다.

'자산을 모아야 한다'

자산은 화폐가치의 하락보다 빠른 속도로 가격이 상승하기 때문에 오히려 시간이 지날수록 구매력이 증가한다. 기름지고 양지바른 땅에 씨앗을 심으면 무럭무럭 자라나 열매를 맺듯, 자산은 열심히 모아두면 스스로 더 커지는 성질을 가지고 있다. 그래서 시간이 흐를수록 내 구매력을 키워주고 나를 더 부자로 만들어주는 것이다. 부를 모으고 싶다면 현금이 아니라 자산을 모아야 한다.

그런데 아무 자산이나 산다고 해서 구매력을 지킬 수 있을까? 자산을 살 때 사람들은 이 자산을 내가 산 가격으로 되팔 수 있을지를 항상 고민할 것이다. 시간이 지나도 여전히 현재의 가치로 인정받을 수 있는가에 대한 확신이 없기 때문이다. 앞에서 화폐가치의 하락으로 자산의 가격은 꾸준히 오를 거라 말했지만 그렇다고 모든 자산의 가격이 계속 오른다는 얘기는 아니다. 시간이 갈수록 가격이 계속 오르는 자산이 있는가 하면 그렇지 못한 자산도 분명 존재한다. 어떤 차이가 있을까?

얼마 전 서울의 어느 냉면집 냉면 가격이 1만 원을 넘었다는 뉴스를 접했다. 화폐가치가 하락하고 물가가 오르면서 대표적인 서민 음식인 냉면의 가격도 폭등한 것이다. 한국인이 가장 사랑하는 배달 음식인 치킨도 한 마리에 2만 원이 넘어간다는 걱정 섞인 목소리가 나오기 시작했다. 물가상승의 여파를 피할 수 없던 것이다. 한국인이 가장 좋아하는 음식 중 하나인 삼겹살도 마찬가지다. 돼지고기의 가격이 상승하며 삼겹살의 가격이 크게 올랐다고 한다. 그럼 이렇게 오른 가격은 앞으로 어떻게 될까? 오르면 올랐지 떨어지지는 않을 것이다. 물가는 앞으로 계속 올라가기만 할 테니 말이다.

그렇다면 이 시점에서 한 번쯤 이유를 생각해보자. 왜 냉면은 다시 5천 원대로 되돌아가지 않으며, 치킨은 1만 원대로 되돌아가지 않을까? 라는 질문에 화폐가치가 하락하니 물가가 오른다! 라고 답할 수 있다면 지금까지 말한 내용을 훌륭히 따라오고 있다. 화폐가치가 하락하면 그 화폐를 주고 사야 하는 치킨과 냉면의 가격은 오르게 되고 이것이 물가상승의 핵심이다.

그러나 알아두어야 할 것이 있다. 화폐가치의 하락으로 치킨과 냉면의 가격이 앞으로도 계속 오른다고 하는 것은 정확히는 반은 맞고 반은 틀린 얘기다. 아무리 생각해도 100% 맞는 얘기 같은데 왜 반은 틀린 것일까. 화폐가치가 하락하고 물가가 상승하니 10년 후 냉면과 치킨과 삼겹살(줄여서 '냉치삼')의 가격도 오른다고 한 데에는 중요한 대전제가 하나 빠져 있다.

'10년 후에도 사람들이 냉치삼을 좋아해야만 가격이 오른다.'

이것이 가격이 오르는 데 필요한 대전제다. 아무리 화폐가치가 하락하고 물가가 상승해도 사람들이 원하지 않는다면 가격은 오르지 않는다. 사람들의 관심에서 멀어지면 가격은 오히려 하락하고 만다. 가격이 오르기 위해선 반드시 그에 걸맞은 수요가 동반되어야만 한다는 뜻이다.

모든 것의 가격은 결국 수요와 공급의 원칙에 의해 정해진다. 공급보다 수요가 많으면 가격이 오르고, 공급보다 수요가 적으면 가격이 내려간다. 만약 공급과 수요가 비슷하다면 화폐가치가 가격을 결정하는 요소가 될 것이다. 공급과 수요가 비슷한 지점에서 가격이 형성되는데, 값을 지급하기 위해 필요한 화폐의 가치가 하락하면 가격이 오르게 된다. 이것이 지금 우리가 겪고 있는 물가상승의 실체다.

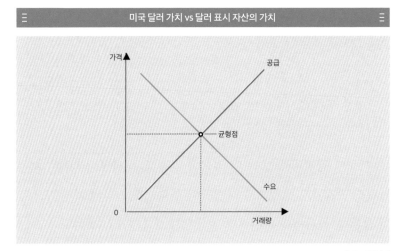

출처 : 매일경제

그러나 아무리 화폐가치가 하락하더라도 수요가 감소한다면 가격은 오르지 않는다. 냉치삼은 어떨까? 냉치삼을 좋아하는 많은 사람이 10년 후에 갑자기 그것들을 좋아하지 않게 될까? 그런 일이 일어날 확률은 지극히 낮을 것이다. 10년 후에도 사람들은 여전히 냉치삼을 원할 것이고, 계속해서 수요도 존재할 것이다. 정리하자면 10년 후의 냉치삼 가격이 지금의 냉치삼 가격보다 비쌀 것이고, 이렇게 예상할 수 있는 이유는 2가지로 요약할 수 있다.

1) 화폐가치가 하락하면서 물가가 상승한다

2) 시간이 흘러도 수요가 유지된다

그럼 이 전제를 자산에 대입해보자. 냉치삼과 마찬가지로 시간이 흘러도 사람들이 원하고 좋아하는, 꾸준히 수요가 존재하는 자산이 계속 상승할 수 있다. 인기가 사라진 상품처럼 수요가 사라진다면 그 자산의 가격을 유지할 수 없기에, 우리는 시간이 흘러도 사람들이 원하는 자산을 사야 한다.

정리하자면 저축이란 구매력을 계속 모아가는 행위이며, 구매력을 제대로 모으기 위해선 시간이 흘러도 '구매력이 감소하지 않는 자산'을 모아야 한다. 아무 자산이나 산다고 해서 구매력이 보장되지는 않기 때문에 시간이 흘러도 사람들이 여전히 원하는 '장기적으로 수요가 유지되는 자산'을 사야 한다는 것이다.

결론: 냉치삼과 같은 자산을 사라!

제9장

냉치삼의 법칙

내가 운영하는 유튜브 채널 〈멘탈이 전부다〉에서 지금까지 말한 내용을 기반으로 시간이 흘러도 사람들이 여전히 좋다고 생각할 만한, 장기적으로 가치 있는 자산을 계속 모아가라고 설명하다 보면 많이 달리는 댓글이 있다.

'저 같은 일반인이 장기적으로 가치 있는 자산이 뭔지 구별할 수 있나요?'
'개미는 그런 자산을 알아내는 게 불가능해요'

틀린 얘기는 아니다. 장기적으로 가치가 유지되면서 시간이 흘러도 사람들이 원하는 좋은 자산을 알아내고 구분하는 것은 결코 쉬운 일이 아니다. 이 작업이 쉽다면 이 세상에 투자로 실패하는 사람은 아무도 없을 테니 말이다. 하지만 반드시 알아야 할 진실이 하나 있다.

우리가 투자로 돈을 벌 수 있는 이유는 아이러니하게도 대부분의 사람들이 좋은 자산을 구별해 내지 못하기 때문이다. 모두가 능숙하게 구별한다면 아무도 돈을 벌지 못할 것이다. 자산의 진짜 가치와 시장에서 거래되는 가격의 괴리는 결국 정보력에서 나온다. 시간이 흘러도 인정받을 수 있는 자산이 뭔지 아는 사람은 그걸 모르는 사람들이 헐값에 파는 좋은 자산을 매수할 것이다. 그리고 시간이 흘러 모두가 그 자산의 가치를 깨달을 즈음이면 크게 오른 가치로 큰 차익을 거둘 것이다. 결과적으로 가치를 모르는 사람에게서 가치를 아는 사람에게로 돈이 이동한 것이다. 어떤 자산이 좋은 자산인지 구분하는 능력을 키우는 일, 이것이 투자 공부의 핵심이다.

하지만 사람들은 일반적으로 투자를 공부한다고 하면 어떤 주식이나 코인을 사야 하는지, 또 언제 사서 언제 파는 것이 좋은지, 어떻게 해야 이득을 극대화할 수 있는지 등의 기술적인 부분에 먼저 관심을 가진다. 아마도 단기간에 성과를 볼 수 있고, 공부 내용이 직관적이기 때문일 것이다. 반면, 좋은 자산이란 무엇이고 그걸 찾아내고 구별하는 방법이 무엇인지에 대해서는 등한시하는 경우가 많다. 공부 내용이 추상적이고, 배운다고 해도 즉각적인 효과를 보기는 어렵기 때문이다.

그럼에도 모든 학습에는 기본을 빼놓을 수 없다. 자본주의 시스템 아래에서 투자하고자 한다면, 게임의 규칙이 되는 자본주의 시스템을 공부하는 것을 최우선으로 해야 한다. 기본적인 규칙을 모르는 상태로 게임을 해봐야 백전백패일 것이며, 다른 모든 공부 역시 무의미해질 게 뻔하다. 여행을 떠날 때 목적지와 반대로 이동한다면 속도는 더 이상 중요하지 않다. 방향 자체가 틀렸기 때문이다. 마찬가지로 투자도 정확한 방향 설정이 중요하다. 매매 타이밍 같은 세부적인 내용은 기본을 충분히 익힌 후에 고민해도 늦지 않다.

결국 우리가 고민해야 할 것은 '어떤 자산을 사야 하는가?'이다. 그 답은 이미 앞에서 충분히 전달했다. 냉치삼의 가격이 10년 후에도 내리지 않는 이유는 사람들이 계속 원하는 대상이기 때문이다. 이와 마찬가지로 10년이 지나도 사람들이 계속 원하는 자산이라면 가격은 계속 상승할 것이다. 따라서 답은 아래와 같다.

'사람들이 계속 원하는 자산을 사라.'

이것이 바로 냉치삼의 법칙이다. 그렇다면 시간이 흘러도 사람들이 원할 만한 자산에는 어떤 것들이 있을까? 모든 이가 공감하는

'완벽한 정답'은 없겠지만, 상상력을 조금만 발휘해 보면 어느 정도 유추해 낼 수 있다.

10년 후에도 냉치삼이 각광받는 이유는 뭘까? 우선 맛있고, 먹는 즐거움이 있기 때문이다. 어떤 존재가 사람들에게 즐거움을 준다면 그것은 가치 있다고 말할 수 있다. 이처럼 사람들은 자신에게 즐거움을 주는 무언가를 끊임없이 원한다. 이걸 자산에도 적용해보자. 사람들은 쓸모가 있거나 어려움을 해결해주거나 기쁨을 주는 대상을 원하기 때문에, 자산 역시 그런 자산이라면 사람들이 원하는 자산이 된다.

서울의 아파트 가격은 단기적인 등락은 있었지만 건국 이래 끊임없는 상승세를 보이고 있다. 어떻게 그럴 수 있을까? 서울은 대한민국의 수도로 수많은 사람들의 거주지와 직장, 각종 문화시설과 편의시설이 집중되어 있다. 따라서 언제나 수요가 많으며, 수요가 많은 장소는 매력적인 가치를 제공한다. 그리고 사람들은 그 가치를 얻기 위해 값을 치를 용의가 얼마든 있다. 그렇게 수요와 지급의 용의가 있는 사람의 수가 유지되면서 화폐가치가 계속 하락한다면 어떻게 될까? 당연히 사람들이 치러야 하는 돈의 액수는 점점 늘어나게 되고, 결과적으로 가격이 계속 올라가게 된다.

그렇다면 서울의 아파트 가격은 대체 언제쯤 내려갈까? 경기가 나빠지면? 거품이 터지면? 틀린 얘기는 아니지만 이는 단기적인 시각에서 볼 때만 유효하다. 경기가 나빠지고 거품이 터지면 분명 가격이 내려갈 가능성이 있다. 하지만 그 이후엔? 경기는 돌고 돈다. 다시 호경기가 올 것이고, 터졌던 거품도 다시 차오를 것이다. 이런 부침에 부침을 거듭하며 서울의 아파트 가격은 끊임없이 올랐다. 그건 앞으로도 마찬가지다. 그럼 언제쯤 진정한 의미에서의 가격 상승이 멈출까?

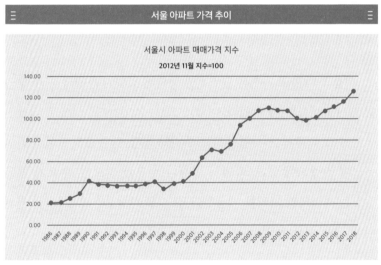

서울 아파트 가격 추이

서울시 아파트 매매가격 지수

2012년 11월 지수=100

출처 : 중앙일보, 통계청

답은 간단하다. 사람들이 더는 서울의 아파트를 원하지 않을 때,

사람들에게 더는 가치를 느끼지 못하게 될 때 상승을 멈출 것이다. 수도권과 지방의 차이가 사라져 서울에 사는 것이 별다른 이득을 제공하지 못하거나, 일자리의 고갈로 지방으로 향하는 사람들이 압도적으로 많아진다면 서울은 더 이상 수도로서 특별한 가치를 제공하지 못하게 될 것이다. 만약 이 같은 상황이 발생한다면 서울의 아파트 가격은 상승하지 않을 것이며, 더는 사람들이 원하는 자산이라고 볼 수 없을 것이다. 그러나 대한민국 국민이라면, 그런 일이 일어나지 않을 거라는 것에 동의할 것이다. 그렇게 서울의 아파트는 시간이 흘러도 사람들의 수요가 있는 자산이 된 것이다(가격이 계속 오르는 자산의 원리를 설명했을 뿐, 서울 아파트를 사라고 말하는 것이 아니니 오해 없으시길).

이번에는 역사상 가장 유서 깊은 자산 중 하나인 금을 생각해보자. 금은 사람들에게 어떤 가치를 제공하기에 수 세기에 걸쳐 사람들이 가장 원하는 자산 중 하나가 되었을까? 금은 고대부터 지금까지 수많은 대륙과 문명, 국가에서 가장 가치 있는 통화 수단으로 인정받아 왔다. 금은 물이나 공기에 의해 부식되지 않아 오랜 기간 안전하게 보관할 수 있으며, 원하는 크기로 쉽게 제련할 수 있어 다양한 통화의 크기에 모두 대응할 수 있다.

하지만 금이 화폐의 왕으로 군림하며 긴 세월을 보낼 수 있었던 결정적인 요인은 바로 희소성이다. 매장량이 한정되어 있어 쉽게 손에 넣을 수 없다는 점이 금을 왕좌에 올려놓은 것이다. 금은 은이나 구리 같은 다른 광물에 비해 상당히 희소하며, 그만큼 생산에도 많은 비용이 들어간다. 또한 높은 생산비용이 높은 희소성을 추가로 보장해주었다. 이러한 조건으로 금은 인류 역사에서 가장 긴 시간 동안 최고의 화폐라는 권좌를 유지할 수 있었다. 그리고 금의 권위는 현재까지도 변하지 않았다. 지금은 명목화폐의 시대이기에 더 이상 금이 지급용 통화로 사용되지는 않지만, 최종결제수단(가치를 인정받기 위해 다른 대상을 담보로 할 필요 없이 그 자체로서 돈으로 인정되는 수단)으로 여전히 사람들의 갈망 대상으로 존재하고 있다.

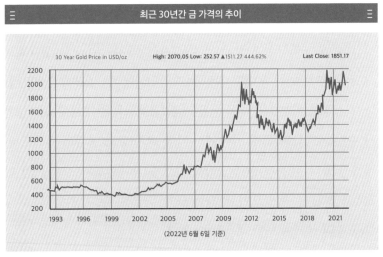

최근 30년간 금 가격의 추이

30 Year Gold Price in USD/oz　　　High: 2070.05 Low: 252.57 ▲1511.27 444.62%　　　Last Close: 1851.17

(2022년 6월 6일 기준)

출처 : GOLDPRICE

한 가지만 더 살펴보자. 사람들에게 가장 친숙한 주식은 어떨까? 주식은 '기업에 대한 분할된 소유권'이다. 주식이 1억 주 발행되었다면, 주식 한 주는 해당 기업의 소유권 1억분의 1에 해당한다. 따라서 주식을 소유한다는 것은 그 기업의 소유권 일부를 갖는 것과 같다. 주식이 기업의 소유권이라면 기업의 가치가 곧 주식의 가치가 된다. 가치가 1억 달러인 기업이 주식 1억 주를 발행했다고 가정하면 이 기업의 주식 1주의 가치는 1달러가 된다. 그리고 기업의 가치는 그 기업이 만들어 낼 수 있는 수입, 그러니까 '현금창출능력'에 달려 있다.

여기서 한 발짝 더 나아가 생각해보자. 기업의 현금창출능력은 어떻게 정해질까? 그것은 그 기업이 사람들에게 제공하고 있는 가치가 어느 정도인지에 따라 달라진다. 애플은 아이폰으로 스마트폰이라는 개념을 제시해 인류의 삶을 바꿔놓았다. 뿐만 아니라 애플리케이션 생태계를 통해 지금도 많은 사람들의 삶에 즐거움과 편의성을 제공하고 있다. 애플이 세계에서 가장 큰 시가총액을 가질 수 있는 이유는 사람들에게 가장 큰 가치를 제공하고 있기 때문일 것이다. 사람들에게 10번째로 큰 가치를 제공하고 있는 기업은 10번째로 가치가 큰 기업이 될 것이며, 따라서 어떤 기업의 주식이 미래에도 그 가치를 인정받기 위해서는 미래에도 여전히 사람들에게 가치를 제공하고 있어야만 한다. 바로 이것이 10년 후에도 사람들이 원하는 주식인지 아닌지를 판단하는 기준이 된다.

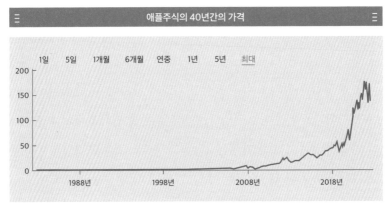

애플주식의 40년간의 가격

1일   5일   1개월   6개월   연중   1년   5년   <u>최대</u>

출처 : 구글

　이처럼 시간이 흘러도 수요가 있는 자산이란 시간이 흘러도 사람들이 '원하는' 자산이며, 시간이 흘러도 사람들이 원하는 자산이란 시간이 흘러도 사람들에게 '가치를 제공하는' 자산이다. 여러분이 이미 가지고 있거나 마음에 두고 있는 자산의 가치를 판단하기 위해서는 이 질문을 항상 머릿속에 떠올리길 바란다.

　'냉치삼처럼 시간이 흘러도 여전히 사람들이 원할까?'

THE
RULES
OF
MONEY

PART

4

증폭의 규칙

돈을 눈덩이처럼 굴려라

THE RULES
OF MONEY

제1장

복리라는 마법

먼 옛날, 인도에 한 소녀가 살았다. 어느 날 그 소녀는 왕국에서 주최한 행사에 참가해 멋진 춤을 선보였다. 소녀의 춤은 왕을 기쁘게 했고, 기분이 좋아진 왕은 소녀에게 이렇게 말했다.

"원하는 것이 있다면 말하거라, 내 들어주겠노라."

"폐하, 저에게 쌀 한 톨만 내어주십시오."

"쌀 한 톨? 겨우 한 톨 말이냐?"

"네, 첫째 날에는 한 톨로 충분합니다. 그리고 30일 동안 매일 전날 주신 쌀의 2배를 주실 수 있으신지요?"

"오호라, 그럼 첫째 날에는 한 톨, 둘째 날에는 두 톨, 셋째 날에는 네 톨, 넷째 날에는 여덟 톨, 이렇게 말이냐?"

"네, 폐하. 맞습니다. 그렇게 30일 동안만 주시면 됩니다."

소녀의 부탁이 별거 아니라 생각한 왕은 오히려 한심하다는 표정을 지으며 말했다.

"네가 그것만 받겠다 하면 못 들어줄 것은 없다만, 그렇게 적은 양의 쌀을 받아가서 무슨 의미가 있다는 말이냐? 차라리 한 번에 열 가마쯤 받아가는 게 어떻겠느냐?

그러자 소녀는 단호히 고개를 가로저으며 말했다.

"아닙니다. 전날 주신 쌀의 2배씩 30일 동안 받는 것으로 충분합니다."

왕은 기껏 주려던 상이 너무 별 볼 일 없는 것 같아 내키진 않았지만, 소녀가 워낙 단호하게 요청을 했기에 그 부탁을 들어주기로 약속했다. 그리고 바로 쌀 한 톨을 상으로 내주었다. 다음날은 투 톨, 그 다음날은 네 톨의 쌀을 받았다. 9일째 되던 날, 소녀는 쌀 256톨을 받았다. 그날까지 소녀가 받은 쌀은 모두 합쳐 500톨이 조금 넘었는데 움켜쥐면 한 주먹 정도밖에 되지 않는 양이었다. 그걸 본 왕은 이렇게 생각했다.

'약속한 기간의 3분의 1이 지났는데 그동안 받아간 쌀이 한 주

먹 정도밖에 되지 않는다. 참으로 어리석은 아이구나.'

다시 나흘이 지나, 13일째 되는 날 소녀는 4,096톨의 쌀을 받았는데 겨우 한 그릇 정도 되는 양이었다. 16일째 되는 날에는 3만 2,768톨의 쌀을 받았는데 드디어 한 자루 정도 되는 양의 쌀을 받아가게 되었다. 왕은 그걸 보고 나서야 비로소 소녀가 받아가는 양이 결코 적지 않다는 걸 알아챘다. 하지만 여전히 소녀가 앞으로 받아갈 쌀의 양이 그렇게 대단할 거라고 생각하지는 못했다. 약속한 날의 반이 더 지났는데도 이제야 쌀 한 자루를 받아갔기에, 앞으로 남은 14일 동안 가져가 봐야 얼마나 더 가져갈 수 있겠냐는 생각을 한 것이다.

21일째가 되어 소녀는 무려 100만 톨이 넘는 쌀(104만 8,576톨)을 받게 되었는데 이제는 자루로는 모자라 큰 광주리에 담아야 할 정도로 양이 불어났다. 24일째 되는 날에는 800만 톨이 넘는 쌀(838만 8,680톨)을 받게 되었고, 큰 광주리 8개를 채울 만큼 양이 불어났다. 약속 기한을 3일 앞둔 28일째 되던 날, 소녀는 드디어 1억 톨이 넘는 쌀(1억 3,421만 7,728톨)을 받게 되었고 이 엄청난 양의 쌀을 운반하기 위해 황소 60마리가 필요했다. 그리고 대망의 30일째에는 무려 5억 톨이 넘는 어마어마한 양의 쌀(5억 3,687만 912톨)을 받게 되었고, 이걸 모두 운반하기 위해 256마리의 코끼리가 동원되었다.

*30일간의 소녀가 받은 쌀의 양 (단위: 톨)

1일째 : 1

2일째 : 2

3일째 : 4

4일째 : 8

5일째 : 16

6일째 : 32

7일째 : 64

8일째 : 128

9일째 : 256

10일째 : 512

11일째 : 1,024

12일째 : 2,048

13일째 : 4,096

14일째 : 8,192

15일째 : 1만 6,384

16일째 : 3만 2,768

17일째 : 6만 5,536

18일째 : 13만 1,072

19일째 : 26만 2,114

20일째 : 52만 4,288

21일째 : 104만 8,576

22일째 : 209만 7,152

23일째 : 419만 4,304

24일째 : 838만 8,608

25일째 : 1,677만 7,216

26일째 : 3,355만 4,432

27일째 : 6,710만 8,864

28일째 : 1억 3,421만 7,728

29일째 : 2억 6,843만 5,456

30일째 : 5억 3,687만 912

30일간 받은 총량 : 10억 7,374만 1,823

이렇게 소녀가 30일간 받은 쌀의 양은 10억 톨이 넘었다. 한 톨의 쌀로부터 시작된 복리의 마법이 한 달이라는 짧은 기간 동안 10억 톨이 넘는 엄청난 양으로 불어난 것이다.

이 얘기는 인도의 유명한 전래동화로, 복리의 힘을 설명하기 위해 자주 인용되는 이야기다. 겨우 1로부터 시작되는 숫자가 매일 2배씩 불어나면 30일 만에 5억이 넘는 숫자로 증가한다. 이것이 복리의 힘이다. 복리의 힘을 설명하는 이야기 하나를 더 해보겠다.

1626년 인디언들은 뉴욕 맨해튼 전체를 24달러 정도의 유리구슬과 장신구를 받고 네덜란드인들에게 넘겨주었다. 지금 생각해 보면 정말 말도 안 되는 거래다. 2022년 현재 맨해튼 전체의 가치는 어림잡아도 1조 달러가 훨씬 넘을 것으로 추정된다. 하지만 이 이야기에는 숨겨진 맹점이 하나 있다. 그때 인디언들이 맨해튼을 판 돈으로 투자를 했다면?

　　그러면 상황이 완전히 뒤집힌다. 인디언들이 맨해튼을 팔고 얻은 24달러를 매년 8% 정도의 수익률을 거두며 복리로 지금까지 400여 년간 투자했다면 그 돈은 무려 560조 달러가 넘어가게 된다. 맨해튼 가치의 수백 배에 달하는 금액인 것이다. 따라서 인디언들이 맨해튼을 판 돈으로 좋은 투자를 이어왔다면 그 거래는 나쁜 거래의 사례가 아니라 세상에서 가장 현명한 거래의 사례로 길이 남았을 것이다.

*24달러를 8% 복리로 투자했을 때 (단위: 달러)

1,636년 : 52

1,656년 : 242

1,676년 : 1,126

1,700년 : 7,138

1,726년 : 5만 2,794

1,756년 : 53만 1,251

1,776년 : 247만 6,136

1,800년 : 1,570만 1,628

1,826년 : 1억 1,613만 4,790

1,856년 : 11억 6,862만 4,545

1,876년 : 54억 4,690만 8,922

1,900년 : 345억 3,983만 3,931

1,926년 : 2,554억 6,881만 1,638

1,956년 : 2조 5,706억 9,499만 7,373

1,976년 : 11조 9,818억 9,921만 2,664

2,000년 : 75조 9,793억 8,848만 2,895

2,026년 : 561조 9,703억 9,404만 4,938

이처럼 복리는 마법에 가까운 힘을 가지고 있다. 쌀 한 톨을 한 달도 안 되어 10억 톨이 넘는 쌀로 불리고, 24달러를 400년 만에 560조 달러로 바꿀 수 있다. 투자의 신이라 불리는 워런 버핏은 이렇게 말했다.

"부자가 되고 싶다면 둘 중 하나는 반드시 필요합니다. 한 살이라도 더 어릴 때 투자를 시작하거나, 한 살이라도 더 오래 살아야 합니다."

그는 스스로 이 말을 입증하고 있으며, 심지어 두 가지 요건을 모두 충족하고 있다. 워런 버핏은 11살 때 처음으로 투자를 시작했다. 보통 사람이라면 투자라는 말을 아예 떠올리지도 못할 어린 시절부터 투자를 시작한 것이다. 그리고 2022년 현재, 그는 90세가 넘었고 아직도 현역으로 활동 중이다. 한 살이라도 어릴 때 투자를 시작해서 한 살이라도 더 오래 살고 있기에 그는 그렇게 부자가 된 것이

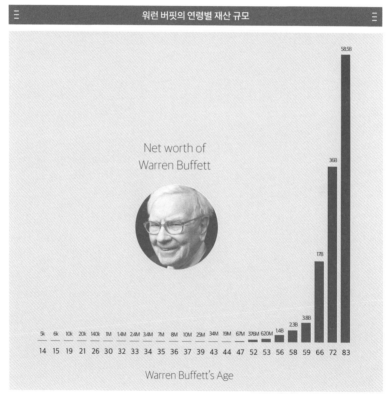

출처 : MEDIUM

다. 워런 버핏은 전 재산의 99.7%를 52세 이후에 벌었다. 이 말은 그가 가진 재산 대부분을 복리의 힘이 극대화되는 인생의 후반기에 벌었다는 뜻이다. 이처럼 투자를 통해 재산을 크게 증식시키는 가장 강력한 방법이 복리이며, 투자자라면 누구나 이 복리의 힘을 극대화하는 방향으로 투자해야 한다. 조금씩 슬슬 돌아가는 것처럼 보여도 복리의 힘을 정확하게 이용한다면 재산을 어마어마하게 늘릴 수 있다.

|제2장|

애플과 아마존

애플과 아마존은 각자의 분야에서 가장 거대한 공룡기업으로 손꼽힌다. 그리고 기업의 성공만큼이나 주식 또한 엄청난 성장세를 보여 왔다. 2003년 4월 애플의 주가는 겨우 39센트였지만 지금은 100달러가 훨씬 넘는다. 약 20년 동안 주가가 300배가 넘게 오른 것이다.

만약 2002년에서 2004년 사이 애플의 주식을 1달러에 구매한 사람이 있다면 그 주식은 현재 100배가 넘게 올랐을 것이다. 여기서 단순히 100배 넘게 올랐다는 것만 생각해서는 안 된다. 오늘날 애플의 주가가 1%가 오르면 그 사람의 원금대비 수익률은 100%가 넘는다. 애플 주가가 1%만 올라도 투자원금보다 더 큰 이익을 얻는 것이다. 심지어 애플은 배당도 지급한다. 애플의 배당수익률은 1%가 안 되지만 1달러에 애플 주식을 산 사람에겐 원금에 해당하는 수익이다. 주가 자체가 100배 넘게 오른 것도 모자라 매년 배당으로만 원금보다 큰돈을 받는다.

복리의 위대함을 조금 더 실감할 수 있는 아마존의 주가는 1997년 미국 나스닥에 상장된 이후 25년 동안 1,000배가 넘게 올랐다.

출처 : 네이버

만약 상장 당시 아마존 주식을 산 사람이 있다면 원금이 1,000배로 불어난 것은 물론, 아마존 주식이 하루에 1%만 올라도 투자원금의 10배에 해당하는 이익을 얻게 된다. 복리의 힘이 눈덩이처럼 불어나 원금을 보이지도 않게 만들어버린 것이다. 아마존은 아직 배당금을 주지는 않지만 언젠가 배당금을 지급한다면 연 1%의 배당수익률만으로도 1997년 아마존에 투자했던 투자자는 매년 원금의 10배에 해당하는 금액을 배당으로 받을 것이다.

눈덩이를 처음 뭉칠 때 그 크기는 미미하다. 하지만 눈덩이가 굴러가면서 점점 더 큰 눈덩이가 되고, 한 송이에 불과했던 눈이 나중에는 가늠할 수도 없을 만큼 엄청난 크기의 눈덩이가 된다. 이것을 '스노우볼 효과'라 부른다. 애플과 아마존은 이 효과의 힘을 보여주는 좋은 예이다. 이처럼 자산을 크게 불리기 위해서는 반드시 복리의 힘을 이용해야 한다.

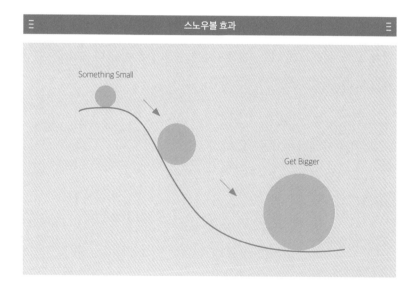

|제3장|

복리의 기본공식과 응용공식

아무리 마법 같은 복리라도, 복리를 불리는 방법을 모르면 제대로 힘을 발휘할 수 없다. 그렇기에 복리를 만들기 위한 핵심 요소를 먼저 알아야 하는데 나는 가장 중요한 3가지 요소를 다음과 같이 생각하고 있다.

복리를 극대화하기 위한 3가지 요소

1) 수익률

2) 기간

3) 레버리지

*복리의 힘을 불리기 위한 1단계: 수익률

우선 수익률부터 살펴보자. 인디언이 맨해튼을 팔았던 앞의 에

피소드에서 24달러를 연 8%의 복리로 투자했다면 지금은 562조 달러가 됐을 거라고 얘기했는데, 이 수익률이 조금씩만 조정되면 어떻게 될까? 얼마 되지 않는 수익률 차이가 뭐 그렇게 큰 영향을 미칠까 생각할 수 있지만, 아래를 보자.

1626년 24달러 투자

- 수익률 연 4%: 약 1억 5,600만 달러

- 수익률 연 6%: 약 3,180억 달러

- 수익률 연 8%: 약 562조 달러

상상을 초월하는 충격적인 차이가 아닌가! 4%의 수익률과 6%의 수익률, 그 차이는 고작 2%지만, 최종금액은 무려 2,000배나 차이 난다. 그리고 수익률 4%와 8%의 차이는 수백만 배의 차이를 만들어낸다. 수익률의 차이가 클수록 복리로 불어나는 금액의 차이는 천문학적으로 벌어지는 것이다. 그럼 여기서 조금만 더 발칙한 상상으로, 24달러를 연평균 10%의 수익률로 400년간 투자했다면 어느 정도의 금액이 되어 있을지 계산해보자.

- 수익률 연 10%: 약 86경 5,000조 달러

입이 떡 벌어질 수준이다. 연 8% 수익률의 1,600배, 연 4% 수익률의 56억 배다. 이처럼 근소해 보이는 수익률 차이일지라도 복리로 쌓여 나간다면 나중에는 엄청난 차이가 발생하게 된다. 만약 복리의 힘을 극대화하고 싶은 분이라면 조금이라도 더 높은 수익률을 목표로 해야 한다. 시작은 작은 차이더라도 나중에는 엄청난 차이로 돌아오게 되니까.

*복리의 힘을 불리기 위한 2단계: 기간

'복리'라는 말을 들으면 나는 가장 먼저 '장기투자'가 떠오른다. 워런 버핏의 재산 99.7%가 52세 이후에 축적된 것처럼, 복리는 시간이 흘렀을 때 비로소 진가가 드러난다. 복리와 장기투자가 서로 떼려야 뗄 수 없는 관계인 이유다.

복리의 극대화를 위해서는 수익률도 중요하지만, 그에 못지않게 투자하는 기간도 중요하다. 같은 수익률일 때 투자하는 기간에 따라 복리의 결과가 얼마나 달라지는지 간단한 예로 살펴보자. 미국의 대표적인 500개 기업의 주가를 추종하는 S&P500의 경우 연평균약 12% 정도의 수익률을 가지고 있다(배당금 재투자의 경우). 그럼 이 S&P500의 수익률을 기준으로 투자 기간에 따른 복리의 차이를 알아보자.

수익률 연 12%, 최초 1,000달러 투자 시

- 투자 기간 10년: 3,106달러

- 투자 기간 20년: 9,646달러

- 투자 기간 30년: 2만 9,960달러

- 투자 기간 40년: 9만 3,051달러

- 투자 기간 50년: 28만 9,002달러

수익률이 같아도 투자 기간이 10년일 때와 20년일 때의 최종금액 차이는 3배가 넘는다. 투자 기간이 10년씩 늘어날 때마다 그 차이는 3배씩 벌어지며, 최종적으로 10년 동안 투자한 금액과 50년 동안 투자한 금액의 차이는 93배에 이른다. 10년과 50년은 기간상으로는 5배 차이지만 복리의 마법으로 최종금액 차이가 100배 가까이 벌어지는 것이다. 여기서 알 수 있듯 복리는 시간이 갈수록 그 결과치를 기하급수적으로 증가시킨다(10년마다 약 3배씩).

앞서 말한 쌀 한 톨 이야기에서 첫째 날 한 톨의 쌀이 30일 후에는 10억 톨이 넘는 쌀로 불어난다고 했는데, 여기서 하루를 1년으로 바꿔 매년 2배씩 재산을 불려 나간다면 30년 후에는 10억 배가 넘는 재산을 만들 수 있다. 물론 현실에서 30년 동안 매년 재산을 2배씩 불려 나갈 수 있는 사람은 거의 없을 것이다. 하지만 투자 기간이 복리에 미치는 영향이 얼마나 큰지 이해하기엔 충분했을 것이다.

이처럼 기간은 수익률만큼 복리를 좌우하는 중요한 요소이며 복리를 나타내는 기본 공식이 된다고 할 수 있다.

복리 기본 공식 : 수익률 X 기간

그런데 이런 복리의 힘을 더 극적으로 늘릴 수 있는 필살기가 하나 더 있다. 위에 있는 복리 기본 공식에 괄호를 치고 어떤 요소 하나를 곱하면 그 효과는 기하급수적으로 증가한다.

*복리의 힘을 불리기 위한 3단계: 레버리지

복리의 힘을 극대화하는 필살기이자 3번째 요소는 바로 레버리지(Leverage)다. 지렛대라는 단어 본연의 뜻 그대로 타인의 자본을 이용하여 내 자본이익률을 극대화하는 것을 말한다. 말 그대로, '남의 돈을 빌려서 투자하는 것'이다. '아니… 설마 빚내서 투자하는 빚투를 애기하는 건가요?'라며 경악하는 분들도 있을 것이다. 결론부터 말하면 부채를 가지고 투자하는 것이 맞다. 하지만 투자에서 말하는 레버리지는 뉴스에서 나오는 '빚투'와는 개념이 조금 다르다. 자세한 설명은 뒤에서 더 하기로 하고, 우선 이 레버리지를 복리 공식에 대입해보자.

복리 응용 공식: (수익률 X 기간) X 레버리지

기본적인 수익률과 기간으로 정해지는 복리의 결과를 레버리지라는 힘을 이용해서 한 번 더 증폭하는 것이다. 말만 들어서는 이해가 어려울 테니 앞에서 설명한 것과 마찬가지로 실례를 통해 설명하겠다. 최초 자기자본 1,000달러를 연평균 12% 수익률로 10년 동안 투자한 사람과, 자기자본 1,000달러에 30%의 레버리지를 활용하여 1,300달러로 10년간 투자한 사람의 수익 차이를 살펴보자.

수익률 연 12%로 최초 1,000달러를 10년간 투자 시
- 레버리지 0%: 3,106달러
- 레버리지 30%: 4,038달러

레버리지를 사용하지 않은 경우, 10년 후 원금의 2배에 해당하

는 2,106달러의 이익을 얻었고 수익률로 나타내면 210% 정도다. 반면 30%의 레버리지(원금의 30%에 해당하는 금액을 빌려서 추가로 투자)를 가지고 투자한 경우 같은 기간 동안 원금의 3배에 해당하는 3,038달러의 이익을 얻었다. 수익률로 나타내면 300%가 넘는다. 결과적으로 10년 후 두 사람의 자산은 최초 원금과 비슷한 1,000달러 정도의 차이가 벌어졌다. 앞에서 복리는 수익률과 기간 그리고 아주 약간의 수익률 차이로도 엄청난 차이가 발생한다고 설명했다. 만약 레버리지로 발생한 이 차이가 10년이 아니라 20년, 30년… 계속해서 벌어지게 된다면 수십 년 후에는 비교할 수 없을 만큼의 차이를 보이게 될 것이다.

(실제로는 레버리지 활용 시 차입비용, 즉, 대출이자를 공제해야 한다. 다만 차입비용은 단리, 수익률은 복리이기 때문에 투자 기간이 길어질수록 차입비용은 무의미할 정도로 적은 금액이 되며, 빠른 계산과 이해를 위해 계산식에서 생략했다)

이처럼 레버리지는 복리의 힘을 한 번 더 증폭할 수 있는 위대한 능력이 있지만, 많은 사람들이 우려하는 것처럼 리스크도 함께 증가시키는 치명적인 부작용도 가지고 있다. 그래서 충분한 이해와 규율 없이 레버리지를 사용하면 이득은커녕 파멸을 초래할 수 있기에 세심한 주의가 필요하다. 다음 장에서는 이 레버리지의 위험성에 대해 설명하겠다.

제4장

양날의 검, 레버리지

유튜브 채널을 운영하며 투자 관련 이야기를 하다 보면 반드시 듣게 되는 질문이 있다.

"빚내서 투자해도 될까요?"
"레버리지를 사용해서 투자해도 될까요?"

나는 이런 질문을 하는 사람들에게 반드시 이렇게 답변한다.

"아니요. 하지 마세요"

복리의 극대화를 위해 레버리지를 활용해야 하는 것은 맞다. 개인적으로도 레버리지는 선택이 아닌 필수라고 생각하고 있다. 그러나 복리의 극대화를 위해 레버리지의 힘을 이용해야 한다고 말하면서, 사람들에게 레버리지를 사용하지 말라고 하는 것에는 다 이유가 있다.

레버리지란 다른 사람의 자본을 활용해서 나의 자본이익률을 극대화하는 것이다. 쉽게 말해, 빚으로 투자하는 것이다. 내 돈뿐만 아니라 남의 돈까지 차입해서 투자하는 것이기에, 투자가 성공할 때는 자기자본만 가지고 투자하는 것보다 큰 수익을 올릴 수 있지만 반대로 손실이 날 때는 더 큰 피해를 본다. 아래의 예시를 통해 살펴보자(이해를 돕기 위해 레버리지 비율을 조금 과하게 설정했다).

원금 1억 원으로 투자 (총 1억 원)

자산 가격 50% 상승 : 1억 5,000만 원 (수익률 50%)

자산 가격 50% 하락 : 5,000만 원 (수익률 -50%)

원금 1억 원에 레버리지 1억 원으로 투자 (총 2억 원)

자산 가격 50% 상승 : 3억 원 (수익률 100%)

→ 총자산 3억 원 - 부채 1억 원 = 2억 원 (원금이 1억 원이었으므로 2배 이익)

자산 가격 50% 하락 : 1억 원 (수익률 -100%)

→ 총자산 1억 원 - 부채 1억 원 = 0원 (원금 전액 손실)

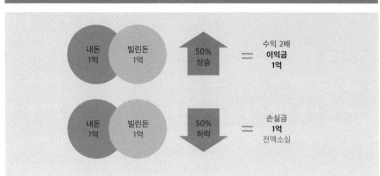

이처럼 레버리지를 활용해 투자하면 자산 가격이 오를 때는 큰 수익이 나지만, 반대로 하락할 때는 원금이 순식간에 사라지는 위험성을 가지고 있다. 마치 양날의 검처럼 능숙하게 사용하면 큰 이득을 볼 수 있지만 서툴게 쓰면 반대로 큰 피해를 입을 수도 있다. 그런데 누군가에게 레버리지를 사용해도 되냐고 묻는 사람이 이렇게 위험한 양날의 검을 다룰 준비가 되어 있을까? 나는 누군가에게 그런 조언을 구하는 사람이라면 적어도 지금만큼은 레버리지를 쓸 준비가 되지 않은 사람이라고 확신한다. 나에게 레버리지 관련 질문을 하는 사람에게 레버리지를 권하지 않는 까닭이다.

레버리지 자체는 금융적 도구에 불과하다. 그리고 도구에는 독립적 도덕이 존재하지 않기에 그 자체에는 어떠한 선도 악도 없다. 어디까지나 그 도구를 다루는 사람에 의해 선과 악이 결정된다. 좋은 방향으로 도구를 휘두른다면 선이 되고, 나쁜 방향으로 도구를 휘두른다면 악이 되는 것이다. 레버리지는 양날의 검인 동시에 극도로 날카로운 검이다. 살짝 스치는 것만으로 무엇이든 벨 수 있는 예리한 검이라고 생각하자. 이런 무서운 도구를 아직 충분한 훈련이 되어 있지 않은 초보자가 들게 된다면 그것은 적을 베는 무기가 아니라 도리어 자신을 베는 흉기가 될 것이다. 따라서 준비가 부족한 투자자라면 복리의 기본 공식만으로도 충분하다. 복리의 응용 공식은 어느 정도의 지식과 경험을 갖추고 조금 더 고차원의 기술을 익혀도 된다는 판단이 섰을 때, 그때 도전해도 좋을 것 같다.

그럼에도 자본주의 시스템을 활용하는 가장 강력한 방법이 바로 레버리지다. 이를 활용하는 사람과 그렇지 못한 사람의 차이는 시간이 갈수록 극명하게 벌어질 수밖에 없다. 그리고 레버리지의 사용은 단순히 수익률의 증가만을 위해서가 아니다. 지금부터는 자본주의 시스템을 이해하기 위한 필수적인 개념들을 설명하려 한다. 여기서 말하는 개념을 완벽히 이해한다면, 레버리지 사용 여부는 그 이후에 결정해도 된다.

제5장

부자들은 다 아는 자본주의 시스템의 결함

어렸을 때 나는 게임을 정말 좋아했다. 방과 후 친구들과 PC방에서 스타크래프트를 하는 게 하루 중 가장 신나는 순간이었다. 그 게임에는 컴퓨터와 싸울 때 내가 가진 돈을 무한대로 늘리는 방법이 존재했다. 일명 '치트키'. 게임 도중 'show me the money'라는 문장을 입력하면 게임에서 사용할 수 있는 돈이 늘어나는 마법 같은 주문이었다. 심지어 반복해서 사용할 수도 있었다. 그렇게 얻은 돈은 오직 게임 내에서만 쓸 수 있었지만, 현실에서도 이렇게 쉽게 돈을 만들어 낼 수 있다면 얼마나 좋을까 하는 상상을 하기도 했다.

그런데! 이 놀라운 치트키가 현대 자본주의 시스템에도 존재한다. 이상한 소리처럼 들릴지 모르겠으나 치트키는 분명히 존재한다.

물론 이 치트키를 아무나 사용할 수 있는 건 아니다. 시스템 붕괴에 대한 우려로 사람들이 쉽게 접근하지 못하도록 아주 깊숙한 곳에 숨겨놓았기 때문이다. 그러나 방법만 안다면 누구나 이 치트키에 접근할 수 있으며, 나는 이것을 자본주의 시스템의 결함이라고 생각한다.

이 결함은 누군가의 실수에 의해 만들어진 것이 아니라 의도적으로 생성되었다. 그리고 부자들은 모두 이 결함을 알고 있다. 이 결함을 아주 잘 활용하고 있기에, 알면서도 일부러 고치지 않을 뿐이다. 대부분의 사람들은 이 결함의 존재 자체를 모르거나, 어쩌다 알게 된다 해도 화들짝 놀라 겁을 먹고 피하기만 뿐이다. 하지만 부자가 되려면, 이 결함에 대해 반드시 알고 있을 필요가 있다.

화폐는 구매력을 잃어가게끔 '의도적으로' 설계되어 있다고 앞서 설명했다. 시간이 흐르면 법정화폐의 가치는 100%의 확률로 점차 떨어지게 되는데, 이것은 또한 명백한 시스템의 결함이다. 화폐의 가치가 고정되어 있지 않고, 가격을 측정하는 기준점이 계속 변하는데도 자본주의 시스템은 국가가 발행하는 법정화폐를 가치의 척도로 사용하고 있으니 말이다. 그런데 한번 생각해보자. 화폐의 가치가 고정되어 있지 않은 것은 분명한 결함이지만, 이 결함으로 인해 발생하는 결과가 예측 가능하다면 어떨까? 결함을 이용할 수도 있지 않을까?

법정화폐가 시간이 갈수록 가치를 잃도록 설계되어 있다는 것은, '오늘이 가장 비싸다' 정도로 해석이 가능하다. 오늘 돈을 빌리고, 시간이 흘러 가치가 사라진 뒤에 갚는다면 엄청난 이익을 얻을 수 있다는 얘기다. 그리고 이 같은 거래를 수월하게 만드는 가장 간단한 방법이 앞에서 말한 레버리지다. 시간이 갈수록 가치를 잃도록 설계된 화폐를 빌린 다음, 시간이 흘러도 가치를 잃지 않는 것으로 교환한 후 기다리기만 하면 되는 것이다. 내가 빌린 화폐의 가치가 분명 지금보다 훨씬 낮아져 있을 테니 말이다. 이해를 돕기 위해 예를 하나 살펴보자.

만약 여러분이 자기자본 3억 원, 은행으로부터 빌린 돈 2억 원으로 5억 원짜리 집을 구매했다고 가정해보자. 여러분이 은행에서 빌린 2억 원을 35년간 평균 5%의 금리로 원리금균등분할방식으로 상환한다고 하면,

대출원금 2억 원
총대출이자 2억 2,393만 7,646원
총상환금액 4억 2,393만 7,646원

여러분은 2억 원을 빌려서 35년 동안 총 4억 2,400만 원 정도를 갚게 된다. 그런데 지금의 2억 원과 35년 후의 4억 2,400만 원 중 어

느 것이 더 가치와 매력이 있을까. 가능하다면 35년 전에 집값이 얼마였는지 찾아보자. 그것도 아니면 본인이 어렸을 때의 아이스크림 값과 지금의 아이스크림 값이 몇 배나 차이 나는지 떠올려보자.

앞에서 달러의 실질 구매력은 연평균 7.5%씩 하락한다고 말했다. 원화와 달러가 비슷한 속도로 구매력을 상실한다고 봤을 때 35년 후 원화의 구매력은 1/16이 된다. 오늘 1만 원으로 초코파이 100개를 살 수 있다면 35년 후의 1만 원으로는 6개밖에 살 수 없다. 그렇다면 지금의 2억 원과 35년 후의 4억 2,400만 원은 복잡하게 계산할 것도 없이, 지금의 2억 원의 구매력이 압도적으로 뛰어날 것이다. 그럼 지금 돈을 빌려서 일단 집을 사고 35년 동안 갚는 것이 유리할까, 아니면 빌리지 않는 것이 유리할까? 당연히 돈의 가치가 가장 높은 지금 돈을 빌려서 나중에 갚는 편이 유리하다.

내가 계속 말하고 있는 자본주의의 결함과, 그 결함을 이용하는 방법을 이제 어느 정도 이해했을 것이다. 물론 빌린 돈으로 아무렇게나 자산을 산다고 부가 늘어나는 건 아니다. 아무 생각 없이 산 자산은 시간이 가면 그 가치가 사라질 것이고, 소비를 위한 빚은 미래의 부까지 당겨 쓴 것이기 때문에 남는 게 아무것도 없다. 빌린 돈을 이용해 시간이 흘러도 가치를 잃지 않는 것, 미래에도 사람들이 원하고 좋아하는 그런 자산을 구매해야 한다. 화폐가치가 가장 높을 때 빌려서 좋은 자산을 사고, 시간이 흘러 화폐가치가 하락하고 자산가치는 상승했을 때 자산을 조금 팔아서 가치가 사라진 화폐를 갚아버리면 된다(뒤에서 알아보겠지만 좋은 자산이라면 굳이 팔아서 갚을 필요도 없다). 이것이 부자들은 다 알고 있는, 자본주의 시스템의 결함을 이용하는 치트키와 같은 방법이다.

제6장

사람들이 빚을 두려워하는 이유

이처럼 레버리지는 자본주의 시스템의 결함을 합법적으로 이용하는 방법인 동시에 복리의 힘을 극대화할 수 있는 엄청난 도구다. 이렇게 좋은 도구를 어째서 사람들은 사용하지 않는 것일까? 대부분의 사람들은 레버리지를 사용하는 것 자체를 극도로 두려워하는데, 나는 그 이유가 어렸을 때부터 가져온 '빚'에 대한 인식 때문이라고 생각한다. 어린 시절, 부모님과 선생님에게 다음과 같은 말을 들은 사람은 아무도 없을 것이다.

"애야, 빚은 좋은 거란다"
"빚을 활용할 줄 알아야 한다"
"꼭 빚을 지렴"

반대로 이런 말은 수도 없이 들었을 것이다.

"애야, 빚은 절대로 지면 안 된다"

"빚은 나쁜 거란다"

"빚이 생기면 바로바로 갚도록 하렴"

나 또한 이런 말을 수도 없이 들으며 자랐다. 어릴 때 부모님이나 선생님에게 듣는 말들은 어른이 되어서도 무의식 속에 자리 잡게 된다고 한다. 그런데 우리는 그런 중요한 시기에 대부분 빚(레버리지)에 관한 부정적인 말만 들으며 자랐다. 그러니 어른이 된 지금까지도 빚이라는 말만 들으면 겁부터 나는 것이다. 무의식 속에 빚은 '나쁜 것'이라고 완벽하게 각인된 것이다.

그럼 대체 왜 어른들은 우리가 어렸을 때 자본주의의 결함을 이용하는 방법, 그러니까 빚을 잘 활용하는 방법은 가르치지 않았을까? 이유야 많겠지만 가장 큰 이유는 주변에 그걸 가르쳐줄 만한 어른이 아무도 없었기 때문이다. 부자 부모님을 둔 '금수저'라면 어렸을 때부터 훌륭한 금융교육을 받으면서 자랄 수 있었겠지만, 대부분의 평범한 부모님들은 일단 본인들부터가 금융에 대한 지식이 거의 없었다. 그들도 똑같은 교육을 받으면서 자랐기에 당연히 아이들을 가르칠 수 있는 정보나 여력이 없었을 것이다. 그러다 보니 자신들이 어릴 때부터 배워왔던 그대로를 우리들에게 가르치고, 동일한 형태의 교육이 되풀이되고 말았던 것이다.

또 한 가지 이유는 부자들에게 있다. 사회의 교육시스템을 정하고 관리하는 사람들은 누구일까? 다음 보기 중 하나를 골라보자.

1. 부자와 권력자들
2. 가난한 자와 평범한 사람들

하긴, 물어볼 것도 없다. 사회의 시스템을 정하는 사람들은 이 사회를 쥐락펴락하는 부자와 권력자들이다. 교육 시스템 역시 마찬가지다. 만약 여러분이 자본주의 시스템의 결함을 알고 있는 부자고 권력자라고 해보자. 과연 여러분은 평범한 다른 사람들에게 그 결함을 가르칠 마음이 생길까? 아니면 꽁꽁 숨겨두고 자기만 이용하려고 할까? 물론 훌륭한 인품을 가진 소수의 부자들은 모든 사람이 공평하게 결함을 이용할 수 있도록 친절히 공유하려 하겠지만, 아마 대부분의 부자들은 그 방법을 다른 사람들에게 공유하기를 매우 꺼릴 것이다.

인간 사회는 기본적으로 피라미드 구조로 이루어져 있다. 다른 말로 계급사회라고도 한다. 이런 표현이 조금 불편할 수도 있겠지만, 어느 국가든 어느 문명이든 인간 사회는 오랜 시간 피라미드 구조하에 유지되어왔다. 밑에서 받쳐주는 다수의 하위계급이 없다면 위에 군림하는 소수의 상위계급이 존재하기 어렵다. 상위계급은 소수고,

하위계급은 다수인 구조가 되어야만 체제가 원활히 유지된다. 상위계급 사람들은 자신들의 부와 권력을 지키기 위해 이러한 사회 구조를 지속시키려 하고, 하위계급 사람들은 언젠가 저 위에 올라서고 말겠다는 꿈을 꾸기도 한다. 그러다 하위계급 사람들이 상위계급으로 올라오기 시작하면 안정적이던 피라미드 구조가 깨지게 되는데, 그렇게 되면 자신들의 부와 권력을 유지하기 힘들어지므로 하위계급 사람들에게 결함을 이용하는 치트키와 같은 방법을 쉽게 가르쳐 줄 수 없는 것이다.

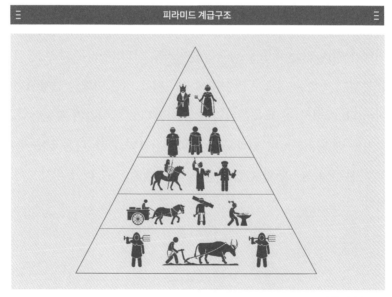

피라미드 계급구조

출처 : thehistoryjar

아니, 가르쳐주지 않는 정도가 아니라 그들이 더 오래오래 자신들의 수족으로 있어주길 바랄 것이다. 그래서 하위계급 사람들에게는 그 계급에 맞는 지식만을 가르치는데, 하위계급 사람들이 불만을 갖지 못하게 그들이 배운 것들이 마치 진리인 것처럼 여기게 만든다. 이 모습이 바로 현재 우리 사회를 이루고 있는 교육과 문화의 숨겨진 진실이다. 다시 한번 말하지만 이 진실을 알지 못한 채로 사는 건 평생을 매트릭스 속 가짜 세계에서 사는 것과 같다.

어쨌든 이러한 이유들로 우리는 제대로 된 금융교육을 받지 못하고 자라왔다. 그리고 거기에는 자본주의 시스템을 이해하고 이용하는 방법도 포함된다. 글을 모르면 문맹이라고 하고 금융에 대한 이해가 전혀 없는 사람을 금융문맹이라고 한다. 우리는 대부분 금융문맹에 가까울 정도로 자본주의 시스템에 대한 이해와 금융지식이 없다. 제대로 된 교육은커녕 오히려 반대로 배워왔기 때문이다. 하지만 괜찮다. 지금부터라도 다시 배워나가면 된다. 다음 장을 통해 자본주의 시스템의 결함 이용 방법에 대해 조금 더 알아보도록 하자.

| 제7장 |

빛의 진짜 이름

레버리지에 대해 한 번 더 설명하겠다. 레버리지는 부채를 이용한 투자다. 여기서 말하는 부채의 의미는 뭘까? 우리는 부채를 흔히 '빚'이라는 단어와 동일시한다. 두 개의 단어가 가진 사전적 의미는 거의 같지만, 자본주의 시스템의 관점에서는 부채와 빚을 조금 다른 개념으로 볼 필요가 있다. 여러분은 자산이 무엇과 무엇으로 이루어지는지 알고 있는가? 회계학에서 다루는 자산의 개념은 아래와 같다.

*자산 = 자본 + 부채

The Accounting Equation

Assets	Liabilities
	Equity

Assets = Liabilities + Equity

자산이라고 하면 사람들은 흔히 내 돈으로만 이루어진 순자산을 생각한다. 허나 자산은 부채를 포함한다. '빚도 자산이다'라는 말을 한 번쯤 들어본 적 있을 것이다. 틀린 얘기가 아니다. 자본주의 시스템의 관점으로 본다면 부채는 훌륭한 자산 중 하나다. 만약 여러분이 부채를 만들어낼 능력이 있다면, 그 능력까지도 여러분의 자산인 것이다. 지금 이 책을 읽고 있는 독자들 중 당장 내일 은행에 가서 20억 원을 빌릴 수 있는 사람이 과연 몇 명이나 있을까? 아마 대부분에겐 불가능한 일일 것이다. 그런데 만약 20억 원을 손쉽게 빌릴 수 있는 사람이 있다면, 그 사람에겐 그 20억 원이라는 부채를 갚을 수 있는 능력 또한 있다는 얘기다. 은행에서도 원금 갚을 능력이 있고, 이자도 그때그때 낼 능력이 있다고 판단되니까 빌려주는 것이다. 그러한 능력 자체가 곧 자산이다. 그렇게 빌린 20억 원으로 투자를 하든 사업을 하든 보통 사람은 할 수 없는 무언가를 할 수 있는 것이다. 이처럼 부채(Liabilities)도 자기자본(Equity)과 같이 자산에 포함된다.

자산증식을 극대화하고 싶은가? 그렇다면 부채의 활용은 필수다. 자산 자체가 부채 + 자본인데 부채를 사용하지 않는다면, 하나의 요소를 아예 사용하지 않겠다는 뜻이 아니겠는가⋯. 이는 절름발이처럼 자산 운영을 하는 셈이다. 부채에 대한 인식이 좋지 않은 건 사실이다. 앞에서 언급했듯 어렸을 때부터 쌓여온 빚에 대한 선입견이 무의식 속에 깊숙이 뿌리내려 있기 때문이다. 당신이 자본주의 시스템을 능숙하게 활용하여 자산을 증식시키고 싶다면 우선 이 잘못된 인식부터 고쳐 나가야 한다. 부채의 활용, 그러니까 레버리지 자체는 그저 하나의 도구일 뿐이므로 그 자체에는 선과 악이 없다. 그걸 이용하는 사람이 어떻게 쓰느냐에 따라 옳고 그름이 나뉘는 것뿐이다.

지금부터는 여러분의 머릿속에 뿌리 깊게 자리잡고 있는 부채에 대한 나쁜 인식을 개선하기 위해 우리가 모르고 있었던 부채의 진짜 개념에 대해 알아보는 시간을 갖고자 한다. 앞에서 부채는 곧 빚이지만 둘의 개념이 오묘하게 다르다고 설명했는데, 바로 그것에 대한 얘기다. 자본주의 시스템 아래 명목화폐는 시간이 갈수록 가치를 잃어가도록 되어 있고, 그 명목화폐를 빌려 가치를 보전할 수 있는 자산으로 바꾸면 이득을 볼 수 있다는 개념을 앞에서 충분히 설명했다. 화폐가 아직 비쌀 때 빌려서 가치가 떨어진 후 갚으면 된다는 뜻인데, 이 개념을 투자에서는 공매도(Short 혹은 Short selling)라 부른다. 주식을 해보신 분이라면 공매도에 대해 한 번쯤은 들어보았을 것이다.

'공'은 단어 그대로 아무것도 없는 상태를 말한다. 즉, 실제 주식이 없는데 매도를 한다는 것이다. 주식을 가지고 있지 않은 상태에서 주식을 빌린 다음, 그걸 팔아서 현금을 챙긴 후 나중에 주가가 내려가면 싼 가격으로 다시 사서 갚는 방식이다. 이해가 잘 안 된다면 아래의 예를 보자.

*공매도의 개념

A 주식이 1만 원일 때 100주를 빌려서 매도 (차입 : 100만 원)

A 주식의 주가가 50% 하락

A 주식의 주가가 5천 원일 때 100주를 되사서 갚음 (환매 : 50만 원)

총 50만 원의 차익 발생

이처럼 비쌀 때 빌렸다가 싸지면 갚는 방식을 통해 이익을 얻을 수 있는데, 이게 바로 공매도다. 이 개념을 잘 기억해두었다가 앞서 설명한 자본주의 시스템의 결함 이용법에 대입해보자. 화폐는 시간이 갈수록 가치를 잃으므로 지금 빌려서 가치 있는 걸 사고 나중에 싸지면 갚는다! 공매도와 꼭 같은 개념 아닌가. 주식을 비쌀 때 빌려서 쌀 때 갚으나, 화폐를 비쌀 때 빌려서 쌀 때 갚으나 별다를 게 없기 때문이다. 따라서 화폐에 대한 레버리지, 그러니까 부채의 사용은 '법정화폐를 공매도'하는 것과 같은 의미다.

부채(레버리지) = 법정화폐에 대한 공매도

이와 같은 개념으로 정의할 수 있는 것이다. 우리가 무언가를 빌리게 된다면, 빌리는 대상에 공매도를 실행하는 것과 같은 포지션에 놓인다. 왜냐하면 빌린 대상의 가치가 낮아질수록 갚아야 할 가치가 줄어들어 이득을 보기 때문이다. 100이라는 구매력을 지닌 무언가를 빌렸는데 그것의 구매력이 나중에 50으로 줄어들게 된다면 상환해야 할 가치도 그만큼 줄어들게 되는 것이다. 얘기가 자꾸 반복되는데 자본주의 시스템에서 무언가를 빌린다는 얘기는 곧 그 대상을 공매도한다는 것과 같은 이치며, 은행으로부터 화폐를 빌리는 부채는 곧 '법정화폐에 대한 공매도'가 된다는 개념을 설명하고 싶었다.

그러나 기본적으로 공매도는 조금 위험한 투자법이다. 수익은 제한되어 있고, 손해는 무한대인 구조이기 때문이다. 여러분이 100만 원짜리 주식을 공매도했다면 그 거래로 얻을 수 있는 최대 이익은 100만 원이다. 극단적인 예로, 그 주식의 가격이 계속 내려가 결국 상장폐지되었다면 여러분은 주식을 갚지 않아도 된다. 이 경우 공매도로 얻을 수 있는 이익의 최대치가 100만 원이라는 것이다. 반면, 손실은 무한대의 가능성을 가진다. 이 주식의 가격이 계속 올라 1,000만 원이 될 수도 있고, 1억 원이 될 수도 있다. 만약 10억 원이 된다면 100만 원일 때 빌려 10억 원으로 갚아야 하는 상황에 놓인다. 갚지 않는다면 이후에 더 오를 수도 있다. 따라서 공매도는 보통 가격하락이 예상될 때 단기적인 이익을 보기 위한 수단으로 사용된다. 공매도를 영어로 'Short'이라고 하는데, 그만큼 단기적인 트레이 딩 수단이라는 의미이다.

그런데 이렇게 위험한 리스크를 가진 공매도가 위험하지 않은 대상이 딱 하나 있다. 이 대상에 공매도를 하면 여러분은 시간이 지 나면 반드시 이득을 보게 된다. 지금까지의 흐름을 잘 따라 오신 분 들이라면 눈치를 챘을 거다. 세상에서 가장 안전한 공매도 대상, 다 름 아닌 '법정화폐'다.

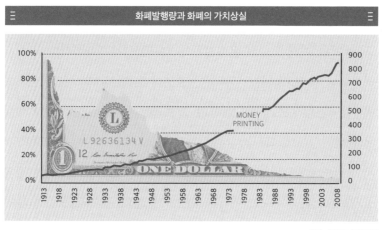

출처 : 미국 노동통계국

지금까지 존재하는, 존재해왔던 모든 국가의 화폐는 시간이 지 날수록 그 가치를 잃어왔고 결국 사라졌다. 화폐의 발행을 스스로 제어할 수 없었던 인간의 탐욕 때문이었다. 하물며 그런 인간의 집

합체인 국가라면 더 말할 것도 없겠다. 화폐를 새로 발행할수록 기존 화폐의 가치는 희석되고 그렇게 시간이 흐름에 따라 가치를 상실해갔다. 따라서 법정화폐에 대해 공매도를 한다면 장기적으로 봤을 때 승률은 100%가 된다. 그런 법정화폐에 대한 공매도가 바로 레버리지, 부채의 활용이다. 가장 높은 구매력을 지닌 '오늘'의 화폐를 빌려, 장기적으로 구매력을 보존할 수 있는 자산을 사는 것. 그리고 시간이 흘러 화폐의 가치가 차입 당시보다 낮아졌을 때 부채를 청산하는 것. 이것이 훌륭한 공매도의 완성이며 자본주의 시스템의 결함을 이용하는 '치트키'다. 가장 빠르고 확실하게 부자가 되는 최고의 왕도인 것이다.

우리가 부정적으로만 여겼던 부채에 대한 새로운 개념이 이제 여러분에게 조금이라도 생겼으리라 생각된다. 그렇지만 아직 본능적인 거부감을 모두 떨쳐내지 못한 분도 많을 것이다. 그런데 어쩔 수 없다. 단기간에 기존의 인식을 깨뜨릴 수는 없다. 인식은 정보의 반복된 입력으로 이루어진다. 마찬가지로 새로운 인식 역시 정보의 반복된 입력으로 만들어 낼 수 있는 것이다. 시간은 충분하다. 이어지는 얘기를 통해 차근차근 부채에 대한 기존의 잘못된 인식을 지우고, 올바른 정보를 주입해보도록 하자.

제8장

화폐 발행기를 손에 넣어라

인간의 탐욕과 그로 인한 부채 돌려막기를 지속하기 위해 국가는 화폐를 끊임없이 발행했다. 이것은 개념적으로 쉽게 설명한 것인데 좀 더 구체적으로 들여다볼 필요가 있다. 국가는 각 행정기관에 예산을 배분해야 하고, 정책도 시행해야 하고, 정부 사업에 들어가는 수많은 자금 역시 집행해야 한다. 이러한 과정을 통해 정치가들은 권력과 정권을 유지할 수 있으며, 이 모든 과정에는 많은 돈이 들어간다. 국가가 끊임없이 돈을 찍어내야만 하는 이유다. 문제는 화폐를 새로 발행하면 필연적으로 이득을 취하는 사람과 손해를 보는 사람이 발생하게 된다는 것인데 화폐를 새로 발행할 때 생기는 이득을 주조차익, '시뇨리지(seigniorage)'라고 한다. 예컨대 국가가 화폐 제조와 발행을 위해 1원을 사용하고 그 화폐를 10원에 판매한다면 9원의 차익을 남기게 되는 것이다. 이게 바로 시뇨리지다. 하지만 현대 자본주의 국가에서 시뇨리지는 보다 넓은 관점에서 이해할 필요가 있다. 다음의 예를 살펴보자.

　　A : 화폐 발행기 보유자

　　B : 식료품 업체

　　C : IT업체

　　D : IT업체 직원

　　E : 식당 주인

　　작은 마을에서 A는 화폐 발행기를 보유한 최고 권력자다. 기존에 100장의 화폐가 돌고 있는 마을에 A는 새롭게 40장의 화폐를 발행한다. 하지만 A가 화폐를 발행했다고 해서 바로 인플레이션이 발생하지는 않는다. 아직 화폐가 마을에 공급되지 않았기 때문이다. 40장의 화폐를 새로 발행한 A가 그 화폐를 이용해 식료품 업체인 B로부터 아직 인플레이션이 발생하지 않은 현재 가격으로 식료품을 구매한다. A는 화폐를 발행함으로써 현재 물가 그대로 물건을 구매했으니 최대의 이득을 본 것이다.

　　하지만 이 단계에서 일단 화폐가 B로 넘어갔고, 이 돈은 원자재 구매나 직원들의 구매로 사용될 것이므로 화폐가 서서히 유통되기 시작하면서 인플레이션이 일어난다. 하지만 아직 초기 단계이기 때문에 원래 40% 일어나야 할 인플레이션이 10% 정도만 일어난다.

그리고 B는 A에게 받은 돈을 이용해 홈페이지와 고객관리, 전산 시스템 등을 해주는 IT업체, C와 계약을 맺는다. 그렇게 돈이 다시 C에게까지 넘어가고 이 과정에서 돈은 더 넓은 범위로 유통된다. 하지만 인플레이션은 아직 광범위하게 발생하지 않았기 때문에 B는 10% 정도만 인상된 물가로 비용을 지불한다. 원래 40%의 인플레이션이 발생해야 하는데 10%만 발생했으니 B 역시 이득을 본 것이다.

이렇게 받은 돈으로 C는 직원들에게 급여를 나누어준다. 착한 C는 B로부터 10% 오른 가격으로 대금을 받았기 때문에 그 이득을 직원과 나누기로 결심하고 직원들의 월급을 10% 올려준다. D는 C의 직원 중 한 명으로, 월급이 올라서 이게 웬 떡이냐 하는 마음으로 기쁘게 돈을 받아간다. 그리고 횡재한 돈으로 거하게 외식이나 해야겠다고 생각하면서 집 앞에 있는 식당을 찾아간다. 맛있게 식사를 마친 D는 식비를 내다 깜짝 놀란다. D가 월급을 받아서 돈을 쓰려고 하는 시점에는 이미 마을 전체에 광범위하게 인플레이션이 진행되어 물가가 20%나 올라 있었던 것이다. 월급은 10%밖에 오르지 않았는데 물가가 20%나 올랐다는 사실을 뒤늦게 알고 D는 피눈물을 흘린다. 하지만 진짜 피눈물을 흘려야 할 사람은 D가 아니다. 이야기의 최종 피해자가 한 명 더 있다. D로부터 20% 오른 가격으로 지급을 받은 E는 다음날 식당에서 사용할 식재료를 사러 갔다가 깜짝 놀랄 만한 사실을 알게 된다. 그새 인플레이션이 마을 전체로 퍼져 식재료의 가격이 40%나 올라 있었으니! E는 허탈한 마음이 들었지만 장사를 포기할 수는 없었으므로 어쩔 수 없이 비싼 가격에 식재료를 구입한다.

이 이야기는 우리가 살고 있는 자본주의 시스템을 최대한 간략하게 설명해놓은 것이지만, 실제 우리에게 벌어지고 있는 일이라고 생각해도 무방하다. 화폐 발행기와 그 사이에 위치하는 사람들이 가진 권력의 상관관계가 이야기의 핵심이다. 화폐를 발행하는 것은 그 자체로 최대의 권력이다. 돈을 찍어낼 수 있다면 무엇이든 할 수가 있으니 말이다. 돈을 발행하는 그 시점에서는 아직 인플레이션이 발생하지 않았기 때문에 그 시점에 해당하는 화폐의 가치를 그대로 인정받을 수 있다. 그렇기에 화폐 발행기를 가진 사람은 언제나 해당 시점 대비 최대치의 이득을 가져가게 된다. 그 다음으로 화폐 발행기와 가까운 위치에 있는 사람들이 두 번째로 큰 이득을 취하고, 그다음 위치에 있는 사람은 그다음으로 큰 이득을 취하고, 그다음으로, 또 그다음으로, 결국 화폐 발행기로부터 가장 먼 위치에 있는 사람이 가장 큰 손해를 보게 된다. 약속된 돈을 받아 그 돈을 사용하려고 하면 이미 인플레이션이 진행되어 있어 돈의 가치가 낮아져 있기 때문이다.

그럼 자본주의 시스템 아래 화폐 발행기를 가지고 있는 사람은 누구일까? 의심의 여지도 없이 국가(중앙은행)다. 그렇다면 화폐 발행기에서 가장 가까운 위치에 있는 사람들은 누구일까? 여기에도 두 부류를 둬본다.

1. 부자와 권력자들
2. 가난한 자와 평범한 사람들

의심의 여지도 없이 1번이다. 자본주의 사회에서 부자와 권력자들은 상위계급에 위치하며, 돈은 상위계급에서 하위계급으로 흐른다. 앞에서 본 피라미드 계급표를 다시 보도록 하자.

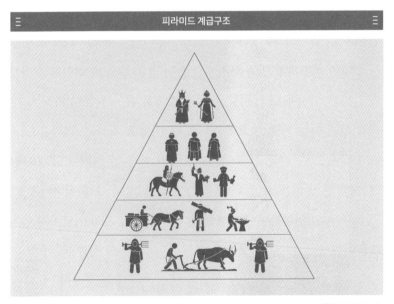

피라미드 계급구조

출처 : thehistoryjar

중세시대이건 현대사회이건 상관없이, 모든 인간 사회에서 돈은 상위계급에서 하위계급으로 흐르게 된다. 기업이 돈을 받아 직원들에게 급여를 주고, 직원들은 그 돈으로 외식을 하고, 식당 주인은 그 돈을 받아 아르바이트생에게 월급을 준다. 이처럼 돈은 끊임없이 위에서 아래로, 갑에서 을로 흐르는 계급구조를 가진다. 갑에 해당하는 부자와 권력자들은 화폐 발행기와 가까이 위치해 있고, 을에 해당하는 평범한 사람들은 화폐 발행기로부터 멀리 떨어져 있다. 그렇기 때문에 돈이 상위계급을 돌아 하위계급에 흘러들 즈음에는 이미 광범위하게 진행된 인플레이션 때문에 화폐가치가 낮아져 대부분의 평범한 사람들이 큰 손해를 보게 된다.

2020년 팬데믹으로 대규모 인플레이션이 발생했을 때 현금만 가지고 있던 사람들은 인플레이션 피해의 직격탄을 맞았지만 주식이나 부동산, 금 같은 자산을 충분히 가지고 있던 사람들은 더 큰 부자가 되었다. 다른 나라의 얘기가 아니다. 우리 사회가 불과 몇 년 전 맞닥뜨렸던 현실이다.

이렇게만 놓고 보면 굉장히 불합리하고 불공정한 구조라 생각할 수도 있다. 하지만 이러한 자산 흐름이 우리가 살고 있는 자본주의의 기본구조라는 것을 명심해야 한다. 불평불만 늘어놔 봐야 바뀌는 건 아무것도 없다. 그런데 말이다. 당신이 저 피라미드의 꼭대기에 올라갈 수 있는 방법이 있다면 어떻게 할 것인가? 자, 지금부터 정말 중요한 얘기를 하겠다. 약간의 편법을 이용하면 누구든 피라미드 꼭대기에 오를 수 있다. 그것도 한순간에.

제9장

화폐 발행자가 되어라

자본주의 사회에서는 화폐 발행기에 가까이 있는 사람일수록 이득을 보고, 멀리 있는 사람일수록 손해를 본다. 화폐 발행기에 가까이 있는 사람들은 상위계급, 그러니까 피라미드 계급구조의 위쪽에 있는 사람들이다. 반대로 나와 여러분 같은 평범한 사람들은 대부분 계급구조의 아래쪽에 있으며, 자연스레 화폐 발행기의 가장 먼 곳에 위치하게 된다. 결국 끊임없이 발행되는 화폐와 그로 인한 인플레이션의 피해를 가장 많이 입게 된다는 거다. 이러한 피해에서 벗어나는 방법은 뭘까? 간단하다. 지금의 위치에서 벗어나 피라미드의 위층으로 올라가면 된다.

"저기, 그걸 몰라서 못 하겠어요?"

따지고 싶은 마음 잘 안다. 나도 그랬다. 그런데 피라미드의 위층으로 올라가는 아주 쉬운 방법이 실제로 있다. 심지어 누구나 쉽게, 언제든 사용할 수 있는 방법. 그저 지금껏 전혀 의식하지 못하고 있었던 돈에 대한 '어떤 개념' 하나를 재정립하는 것만으로 충분하다. 그 '어떤 개념'이 무엇인지에 대해 지금부터 설명하고자 한다.

자본주의 사회에서 화폐 발행기를 소유한다는 것은 가장 강력한 권력이다. 무한대로 불러낼 수 있는 램프의 요정을 가지고 있는 것과 같기 때문이다. 원하면 언제든 새로운 화폐를 발행해 인플레이션이 일어나지 않은 가장 비싼 가격으로 판매하고 이득을 취하며, 이렇게 화폐를 발행하는 존재는 대부분 국가를 조종하는 부자와 권력자들이다. 이 시스템으로부터 탈피하는 유일한 방법은 '내가 화폐 발행인보다 먼저 화폐를 발행하는 것'뿐이다. 그렇게만 된다면 가장 큰 이득을 취하는 건 시간문제다.

내가 먼저 화폐를 발행해버리는 것. 말도 안 되는 소리라고 할지도 모르겠다. 그런데 이게, 가능하다. 그리고 생각보다 간단하다.

"뭐지? 위조지폐라도 만들라는 건가?"

위조지폐를 만드는 건 국가 권력에 대한 도전(돈을 찍어내는 것이 최고의 권력이므로)이자 매우 중한 범죄이므로 대부분의 국가에서 중형으로 다스리고 있다. 그러나 합법적으로 내가 스스로 화폐를 찍어내는 방법이 있다. 이 방법은 지금까지 우리가 배워왔던 자본주의 치트키와 아주 밀접한 관계가 있다.

"그렇다, 바로 레버리지(부채)다."

은행에는 지급준비금 제도라는 게 있다. 풀어서 설명하면, 은행이 보유한 예금의 일정 부분만큼의 돈만 가지고 있으면 되는 제도다. 예컨대 고객들이 A 은행에 총 100억 원을 맡겼을 때 지급준비율이 10%라면 은행은 실제로 100억 원의 10%에 해당하는 10억 원만 현금으로 가지고 있으면 된다는 뜻이다. 그럼 은행은 나머지 90억 원으로 무엇을 하냐? 그걸로 다시 대출을 해주어 이자를 받아 수익을 얻는다. 그런데 이 지급준비금 제도란 게 참 골때린다. 아래 내용을 한번 보자.

예금종류별 지급준비율	
예금 종류별 지급 준비율	(2018년 3월 기준)
예금 종류	**지급 준비율**
장기주택마련저축, 재형저축	0.0%
정기예금, 정기적금, 상호부금. 주택부금, CD	2.0%
기타예금	7.0%

*지급준비율 2%의 경우

- A가 은행에 10억 원을 예금으로 맡긴다.

- 은행 1은 지급준비율 2%에 해당하는 2천만 원만 남기고 나머지 9억 8천만 원을 B에게 대출해준다.

- B는 대출받은 돈을 은행 2에 맡긴다.

- 은행 2는 B가 맡긴 돈 9억 8천만 원 중 지급준비율 2%에 해당하는 1천 960만 원만을 남기고 나머지 9억 6천만 원을 C에게 대출해준다.

- 여기까지 최초 A가 맡긴 10억 원은 29억 4천만 원으로 3배로 불어났다.

- 이런 과정이 반복되고 또 반복된다면 수십 배 수백 배까지 불어날 수 있는 것이다.

이게 바로 '신용창조'의 과정이다. 은행은 실제로 신용을 제공하는 데 필요한 모든 돈을 다 가지고 있지 않다. 아주 일부의 돈만 가지고 있으면 되는 것이다. 나머지는 전부 신용으로 창출한 돈이기에 만약 여러분이 은행에 가서 돈을 빌리게 되면, 아직 만들어지지도 않은 돈이 새롭게 발행되는 것과 똑같은 효과를 지니게 된다. '화폐 발행인보다 앞서 돈을 찍어내는 최초 발행인'이 되는 셈이다. 화폐 발행인이 화폐를 발행하기도 전에 먼저 화폐를 찍어낼 수 있다면, 누구나 자본주의 피라미드의 꼭대기에 설 수 있을 것이다.

출처 : thehistoryjar

    화폐 발행인이 가장 큰 이득을 취하는 이유가 새로 발행한 화폐를 인플레이션이 일어나기 전의 비싼 가격으로 팔 수 있기 때문이라고 했는데, 만약 내가 부채를 통해 신용을 창출하고 원래는 존재하지 않았던 돈을 새로 발행하게 된다면 어떨까? 마찬가지로 나 역시도 가장 비싼 가격에 그 화폐를 팔 수 있다. 레버리지로 만들어낸 돈은 원래 지금 내 호주머니에 들어올 수 없는 돈이다. 저 까마득한 피라미드를 모두 거쳐 마지막이 되어서야 손에 들어올 돈인 것이다. 그러나 부채를 활용하면 내가 피라미드 꼭대기에서 가장 먼저 화폐를 발행하고 가장 큰 이득을 취할 수 있게 된다. 시간이 흘러 화폐가 가치를 잃게 되면 싼 가격에 다시 갚아버리면 되는 것이다. 이 방법을 잘 활용하면 평범한 우리도 자본주의 피라미드 꼭대기에서 합법적으로 화폐를 찍어내는 '화폐 발행인'이 될 수 있다. 내가 곧 자본주의의 화신이 되는 것이다.

| 제10장 |

복리의 슈퍼 응용공식

복습도 할 겸 앞에서 배운 복리의 기본공식과 응용공식을 다시 되새겨보자.

복리의 기본공식 : 수익률 X 기간
복리의 응용공식 : (수익률 X 기간) X 레버리지

이렇게 복리의 기본공식에 레버리지를 추가하면 엄청난 시너지 효과를 발휘하는 마법의 주문이 되는 걸 확인할 수 있었다. 레버리지는 끊임없이 가치를 잃어갈 화폐에 대한 공매도로 승률 100%(장기적으로)를 자랑하는 최고의 경제적 선택이며, 동시에 평범한 사람도 자본주의 최고 권력자인 화폐 발행인의 위치에 설 수 있는 치트키 중의 치트키다. 자본주의라는 시스템의 결함을(설계자들이 자기들만

157

PART 4 : 증폭의 규칙 - 돈을 눈덩이처럼 굴려라

이득을 취하기 위해 만들어 놓은 의도적 결함) 이용해서 최고의 이익을 취할 수 있는 합법적인 방법이다.

레버리지를 활용한 사람과 그렇지 않은 사람의 차이는 앞에서 살펴봤다.

*수익률 연 12%로 최초 1,000달러를 10년간 투자 시
- 레버리지 0% : 현재 금액 3,106달러
- 레버리지 30% : 현재 금액 4,037달러 (차입비용 제외)
수익률 210% vs 304%

이처럼 복리의 마법을 한층 더 강화하여 그냥 마법도 아닌 T.O.P 마법이 이루어진다. 이 것만으로도 충분히 대단하다고 볼 수 있지만, 복리 효과를 한층 더 강화해주는 또 다른 마법이 있다면 어떨까? 나는 이걸 복리의 슈퍼 응용공식이라고 부른다.

복리의 응용공식 : (수익률 X 기간) X 레버리지

이 일반 응용공식에 괄호를 하나 더 씌우면,

복리의 슈퍼 응용공식 : ((수익률 X 기간) X 레버리지) X 레버리지

이렇게, 슈퍼 응용 공식이 탄생한다.

이 공식만 보고 어떤 방법인지 감이 온다면 대단한 센스를 가진 분이라고 말씀드리고 싶다. 괄호와 곱표가 하나씩 더 있는 만큼 결과 역시 큰 차이를 보인다. 기본적인 방법은 이렇다.

A주식 1,000달러를 가지고 있는 사람이 30%의 레버리지(300달러)를 활용하여 투자할 때 자산 가격이 올라 담보가치가 증가하게 되면 레버리지 비율(부채비율)이 하락하게 된다.

처음 투자 시
자본 1,000달러 + 부채 300달러 = 총자산 1,300달러 / 자본대비 부채비율 30%

자산가격 50% 상승 시 (1,300달러 -> 1,950달러)
자산 1,650달러 + 부채 300달러 = 총자산 1,950달러 / 자본대비 부채비율 18%

자산 가격이 상승하면 이처럼 부채비율이 낮아지게 된다. 그렇게 되면 추가적인 부채를 더 만들어 낼 수 있게 되는 것이다. 만약 레버리지 비율을 30%로 유지하고 싶은 사람이라면 다음과 같이 추가 부채를 창출할 수 있다.

　자산 1,650달러 + 부채 300달러 + 추가부채 195달러 = 총자산 2,145달러 / 자본대비 부채비율 30%

　자산가격의 상승만큼 줄어든 부채비율 덕에 추가적인 레버리지가 가능해지는 것이다. 한마디로 돈을 새롭게 더 찍어낼 수 있게 되었다는 건데 이걸 공식으로 표현한 것이 바로 슈퍼 응용공식이다.

　또한 이러한 슈퍼 응용공식에는 끝이 없다. 자산 가격이 상승함에 따라 계속해서 추가 부채를 창출해 낼 수 있는 것이다. 슈퍼 응용공식에서 끝나는 게 아니라 슈퍼, 슈퍼, 슈퍼 응용공식도 가능하다.

　((((수익률 X 기간) X 레버리지))) X 레버리지)) X 레버리지) X 레버리지

　이런 식으로 말이다. 이 슈퍼 응용공식에 결코 한 가지 자산만을 활용할 필요는 없다. 한 가지 자산에만 집중 투자하는 것이 두렵다면 여러 자산군에 분산 투자한 후 그 자산으로부터 레버리지를 끌어 올 수도 있다. 예전에 어떤 분으로부터 이런 질문을 받았다.

"8억 원이 있다면 서울에 아파트를 사야 하나요? 삼성전자 주식을 사야 하나요?"

나는 그에게 어떤 획기적인 답변을 해주었을까?

"집이 필요하다고 생각되시면 아파트를 사고, 그렇지 않다면 주식을 사세요."

너무 뻔한 답이라고 생각했을지도 모르겠다. 허나 이건 내 진심이 아니었다. 레버리지는 양날의 검이라고 앞서 말했다. 뻔한 답을 드린 이유 또한 여기에 있다. 칼을 능숙하게 다루지 못하는 사람에게 고도의 기술을 가르친다면 그게 다 무슨 의미가 있겠냐는 것이다.

"8억 원이 있다면 우선 서울에 아파트를 사신 후, 다시 삼성전자 주식을 사세요."

내가 하고 싶은 대답은 이거였다. 내가 정말 이렇게 대답했다면 그 사람의 표정이 어떻게 바뀌었을까… 방법을 들은 후에야 갸우뚱했던 고개를 제자리로 돌릴 수 있을 것이다. 하지만 이 방법은 부자들이 대부분 실제로 사용하고 있는 방법이다. 8억 원이 있는 상태에서 8억 원의 집을 전부 내 돈이 아니라, 3억 원의 대출을 받아서 샀다고 해보자. 그러면 내 돈 5억 원에 대출받은 3억 원을 더해 8억 원짜리 집을 살 수 있게 된다. 그러고는 3억 원이 남는다. 이 3억 원으로 삼성전자 주식을 산다. 집을 살 때 레버리지를 활용한 후 남은 돈으로 다른 자산을 추가로 더 매수하는 것이다. 물론 이 방법은 여기서 끝나지 않는다. 지금부터 설명하는 방법이야말로 복리 슈퍼 응용공식의 진수다. 숨도 쉬지 말고 끝까지 따라오시라. 8억 원의 집을 3억 원의 대출을 받아 사고 남은 3억 원으로 주식을 산다. 그 3억 원의 주식을 담보로 다시 5,000만 원의 대출을 받아 금을 산다. 그 금을 담보로 다시 2,000만 원의 대출을 받아 비트코인을 산다. 그 비트코인을 담보로 다시 500만 원의 대출을 받는다. 이런 식으로 무한에 가깝게 신규 레버리지를 창출해 내는 것이 가능하다는 것이다.

말 그대로,

((((수익률 X 기간) X 레버리지))) X 레버리지)) X 레버리지) X 레버리지

슈퍼, 슈퍼, 슈퍼 응용공식이 이렇게 실현되는 거다. 레버리지를 활용해 자산을 산 후 시간이 흘러 자산의 가격이 오르면 상승한 부동산을 담보로 다시 대출을 받고, 상승한 주식을 담보로 대출을 받고, 상승한 금을 담보로 대출을 받고, 상승한 비트코인을 담보로 대

출을 받는 것이다. 그걸로 다시 자산을 사고, 시간이 흘러 또다시 자산 가격이 상승하면 슈퍼, 슈퍼, 슈퍼, 슈퍼, 슈퍼, 슈퍼, 슈퍼, 슈퍼 응용공식이 탄생하게 된다. 그렇게 복리는 복리를 부르고 그 복리가 다시 복리를 부르면서 (괄호)에 레버리지가 곱해지고, 다시 (괄호)에 레버리지가 곱해지면서 수익률이 무한대로 증가하게 되는 것이다. 기하급수적이라는 말이 여기서 생겨난 듯한 느낌이 들 정도다. 결국 이 방법이 자본주의 시스템의 결함을 최대치로 이용하는 슈퍼 치트키이며, 무한에 가까운 화폐 발행인이 되어 자본주의 시스템의 꼭대기에 올라서는 최강의 방법이 되겠다. 다만 주의해야 할 부분이 있는데, 가격이 올랐다고 해서 바로 추가 레버리지를 만드는 것은 피하는 편이 좋다. 곧바로 가격이 다시 내려갈 수도 있기 때문이다. 가격이 올랐다고 좋아라 추가 레버리지를 받았는데, 바로 가격이 내려가면 부채비율이 오버되어 버린다. 따라서 어느 정도 여유를 두고 확실하게 가격이 많이 올랐을 때 추가 레버리지를 생각하는 편이 안전하다.

관리의 규칙

돈의 위험을 관리하라

THE RULES
OF MONEY

제1장

레버리지의 핵심은 리스크 관리

지금까지의 설명을 듣고 부자 된 기분 '뿜뿜' 내며 은행에서 '영끌'하는 분이 계실까 봐… 빨리 이 얘기를 함께 해야 할 것 같다. 레버리지는 잘만 사용하면 큰 이득을 볼 수 있는 도구이지만, 잘못 사용하면 큰 손해를 입을 수 있는 흉기가 된다. 그것도 아주 날카로운 흉기 말이다. 물론 그렇다고 해서 무기를 두고 전장에 나갈 수는 없는 노릇이지만…. 자본주의 사회에서 레버리지를 충분히 활용하지 못하면 경제적으로 많은 제약이 따른다. 복리를 극대화할 수 없으며, 피라미드의 상위 계층으로 올라갈 수도 없다. 자본주의 시스템 안에서 생존하는 걸 전쟁터에 비유한다면, 레버리지는 무기다. 무기 없이 전장에 뛰어드는 건 매우 무모하고 위험한 짓이다. 오래 살아남지 못할 것이다. 아직 무기를 잘 다루지도 못하면서 전장에 뛰어드는 것 역시 매우 위험한 짓이다. 전장에 나서려면 최소한 내 손에 들린 무기 하나 정도는 능숙하게 다룰 줄 알아야 한다.

우리가 칼 쓰는 법을 연습한다면 대부분은 목검을 쓰지, 처음부터 진검을 가지고 연습하지는 않을 것이다. 마찬가지로 레버리지를 연습한다면 처음부터 큰 금액으로 해서는 안 되고, 잃어도 크게 상관이 없을 만큼의 적은 금액부터 시작해야 한다. 최대한 보수적으로, 천천히 늘려나가는 것이 좋다. 칼이 손에 좀 익었다고 전장에서 자만하는 애송이 병사의 최후는 불 보듯 뻔하다. 레버리지 역시 극도로 위험한 무기이기 때문에 익숙해졌다고 해서 자만하거나 무리하게 활용해서는 안 된다.

연습은 아무리 많이 해도 결코 부족하지 않다. 여러분이 생각하고 있는 시간보다 훨씬 긴 시간을 연습에 투자하고 나서 본격적으로 활용해도 늦지 않다. 내가 생각하는 적정 연습 기간은 최소 7년이다. 이 정도 시간이면 경제의 순환 사이클을 한 바퀴 돌 정도의 시간이기 때문이다. 그 시간을 통해 시장의 상승과 하락을 모두 경험하고 나면 자신의 실력이 충분하다는 뚜렷한 증거들을 수집할 수 있고, 본격적으로 진검을 들고 전쟁터에 나서도 되겠다는 어느 정도의 확신이 설 것이다.

자본주의 시스템과 금융시장은 여러분이 알고 있는 것보다 훨씬 더 무섭고 살벌한 곳이다. 난다 긴다 하는 프로들이 혼신의 힘을 다해 아마추어들을 털어먹는다. 골프나 볼링, 당구 같은 게임을 할 때와 다르게 핸디캡 따윈 없다. 조금도 봐주지 않고 모두가 전력으로 당신의 돈을 털어먹기 위해 달려든다. 그런 극한의 전장에서 살아남으려면 완벽에 가까울 정도로 기술을 연마해야 한다. 물론 실제 그렇게 할 수 있는 사람은 아주 소수다. 그러니 자신이 그런 소수에 포함될 정도로 뛰어난 전사라고 생각하지는 않기를 바란다. 최대한 보수적으로, 겸손하게 시장을 바라보며 자신의 무기를 과신하지 말자.

레버리지는 잘 활용하면 마법의 '무기'가 되지만 잘못 활용하면 마법의 '흉기'가 되어 사용자를 파멸시킨다. 그리고 '파산'은 '부자되는 것'보다 훨씬 가까운 곳에 존재하는 확률이란 걸 잊어서는 안된다.

제2장

바람직한 레버리지 사용법

이쯤 되면 이런 의문이 들 거다.

'바람직한 레버리지 비율은 어느 정도일까?'

당연한 궁금증이다. 결론부터 말하자면 '케이스 바이 케이스', 정답이 없다는 얘기다. 누군가에겐 모호한 대답일지도 모르겠다. 사람마다 투자에 대한 숙달도가 다르고 자산의 규모가 다르고 선호하는 자산의 종류도 다르다. 거기다 현재 소득이나 현금 흐름에서도 차이를 보인다. 100명이 있으면 100명 모두 처한 환경과 상황이 다르기에, 누구에게나 동일하게 적용되는 '정답'은 어쩌면 존재하지 않는다.

가장 바람직한 레버리지 사용법은 연습을 통해 스스로 발견해 나가는 방법밖에 없다. 오랜 시간을 두고 천천히, 그리고 충분히 연습하는 것이 가장 바람직하다고 볼 수 있다. 그럼에도 참고할 만한 최소한의 가이드라인 정도는 알고 싶은 분들이 있을 것이다. 그래서 내가 생각하는 적절한 레버리지 사용법을 공개하겠다. 물론 이 방법은 어디까지나 나의 주관적 견해이기에 모든 사람에게 적용되지는 않을 것이다. 이 점을 명심해야 혹시 모를 사고를 예방할 수 있다.

내가 추천하는 기본 레버리지 비율은 자본대비 부채비율 기준 약 10%~30% 사이다. 자본대비 부채비율이 무슨 말이냐, 예를 따라가 보자.

A씨는 1억 원어치의 주식을 가지고 있고 이 주식을 담보로 2,000만 원을 빌렸다. 그걸로 다시 주식을 사서 총 1억 2,000만 원어치의 주식을 가지게 되었다.

이 경우 A씨의 레버리지 비율은 몇 %일까? A씨의 상황을 조금 더 세부적으로 나누어 설명하자면 우선 A씨가 자기 돈으로 가지고 있었던 1억 원어치의 주식은 100% 순자산이므로 '자본'에 해당하고, 2,000만 원의 대출은 '부채', 마지막으로 가지고 있는 1억 2,000만 원어치의 주식은 '자산'에 해당한다.

레버리지 비율을 생각할 때는 가능하면 부채가 포함된 자산이 아닌 순자산을 기준으로 생각하면 된다. A씨의 자본(순자산)은 1억 원이고 자산(부채포함)은 1억 2,000만 원이니 자본대비 부채비율은 20%(1억 원 vs 2,000만 원)이고 자산대비 부채비율은 16.7%(1억 2,000만 원 vs 2,000만 원)가 된다. 내가 레버리지의 기준으로 삼고 있는 비율은 '자본'대비 부채비율이며, 따라서 이 예시에서 A씨의 레버리지 비율은 20%이다.

A씨는 1억 원어치의 주식(자본)을 가지고 있고 이걸 담보로 2,000만 원을 빌렸다(부채). 그걸로 다시 주식을 사서 총 1억 2,000만 원어치의 주식(자산)을 가지게 되었다.

자본대비 부채비율이 10%~30%를 넘어서지 않는 선에서 레버리지를 활용하자는 얘기다. (몇 번을 말하지만, 정답이 아니라 가이드라인을 제시하는 것뿐이다!) 따라서 A씨의 경우라면 1억 원의 주식을 담보로 1,000만 원에서 3,000만 원 사이의 부채를 활용하면 될 테지만 만약 다른 부채를 이미 가지고 있는 경우라면 얘기가 달라진다. A씨가 주식을 담보로 한 대출과는 별개로 2,000만 원의 신용대출을 가지고 있는 경우를 살펴보자.

이런 경우 기본적으로는 본인의 모든 자본 대비 모든 부채의 합산으로 레버리지 비율을 결정한다. A씨는 1억 원어치의 주식을 가지고 있고 이걸 담보로 2,000만 원을 빌렸다. 또한 신용대출로도 2,000만 원을 빌렸다. 그걸로 다시 주식을 사서 총 1억 4,000만 원어치의 주식을 가지게 되었을 때 자본은 1억 원, 부채는 4,000만 원, 자산은 1억 4,000만 원이 된다. 그러면 자본대비 부채 비율은 40%(1억 원 vs 4,000만 원)가 되는데, 이는 내가 가이드라인으로 제시한 레버리지 비율 30%를 초과한다. 조금 위험한 레버리지 사용을 하고 있다고 볼 수 있다. 이처럼 부채의 총합으로 계산을 해야 하는 이유는 사람마다 만들 수 있는 부채에 한도가 있기 때문이다.

신용대출도 무제한으로 받을 수 없고, 주식이나 부동산을 담보로 한 대출 역시 무제한으로 받을 수 없다. 만약 A씨가 자본대비 부채비율 20%로 투자를 하고 있다가 주가가 크게 하락한 경우, 상황에 따라 추가적인 부채(신용대출)를 활용할 기회가 남아 있게 된다. 반면 자본대비 부채비율 40%로 투자를 하다가 주가가 크게 하락한 경우, 이미 가용할 수 있는 대출 능력이 거의 다 상실되었기 때문에 어떠한 대응도 할 수 없는 상황에 놓이게 되는 것이다. 이러한 상황이 발생했을 때 부채 일부를 청산한다든지, 추가적인 자산 매입을 통해 담보물을 늘린다든지, 상황에 맞는 적절한 행동을 취하기 위해 가용 가능한 부채를 남겨두는 편이 좋다. 그래야만 최악의 상황에서도 최소한의 실마리를 찾을 수 있다.

이와 같은 이유로 레버리지 경험이 적은 분들은, 본인에게 돈을 더 빌릴 수 있는 능력이 있다 하더라도 그 능력을 아껴 두는 걸 권한다. 레버리지 비율은 최대한 보수적으로 설정하고 본인이 활용할 수 있는 최대 부채보다 더 낮은 수준으로 관리하는 것이 올바르다고 볼 수 있다.

부채를 사용한다는 것은 섬세한 기술과 경험, 높은 수준의 판단 능력을 요하는 고난도 스킬이다. 여러분들의 연습에 조금이라도 도움이 되고자 내가 레버리지를 사용하면서 맞닥뜨렸던 여러 케이스에 대한 상황별 가이드라인을 추가로 정리해보았다. 이 가이드라인 역시 결코 정답이 될 수 없음을 분명하게 말씀드린다. 그저 참고사항 정도로만 생각하고 각자에 맞는 최적의 레버리지 사용법은 오랜 훈련과 경험을 통해 스스로 천천히 익혀 나갔으면 좋겠다.

제3장

레버리지 사용법 — 심화 편

레버리지를 사용하는 데 절대적인 규칙은 없다. 각자의 성향, 성격, 경험, 지식, 환경, 나이, 자산, 직업, 가족의 역할 등 조건이 모두 다르기 때문이다. 레버리지를 양날의 검에 비유했는데, 세상에 존재하는 그 어떤 명검도 모두의 몸에 딱 맞을 수는 없다. 각자의 체형과 운동능력, 검을 다루는 방법이 다 다를 테니 말이다. 그러므로 자기에게 맞는 적절한 레버리지 사용법을 스스로 익혀나갈 수밖에 없다. 그 과정은 공부와 경험, 그리고 실수를 개선하는 노력의 반복으로 이루어진다. 이는 오랜 시간을 요구하며 동시에 경제적, 심리적 고통을 수반한다(레버리지를 사용해 투자해보면 머지않아 이 말의 뜻을 알게 될 거다).

기본적인 레버리지 사용법으로 자본대비 부채비율 조절을 앞서 얘기했는데, 지금부터는 조금 더 어렵고 넓은 범위의 레버리지 사용법을 소개하고자 한다. 내가 경험을 통해 얻게 된 레버리지 다루는 방법 중 다수에게 소개해도 괜찮겠다 싶은 방법만을 간추려보았다. 재차 말씀드리지만 이 방법이 모두에게 정답이 될 수는 없다. 잊지 않았으면 좋겠다.

앞서 얘기한 자본대비 부채비율 조절은 안전하기는 해도 부를 빠르게 증대시키는 것에는 무리가 있다. 부채를 만들어 내기 위해 필요한 자금을 자본으로 한정시키므로 레버리지에 상당한 제한이 걸린다. 앞의 예를 다시 가져오면,

A씨는 1억 원어치의 주식(자본)이 있고, 이 주식을 담보로 2,000만 원을 빌렸다(부채). 그걸로 다시 주식을 사서 총 1억 2,000만 원어치의 주식(자산)을 갖게 되었다.

자본대비 부채비율 20%로 레버리지를 한 경우인데, 이 이후에 할 수 있는 게 없다는 것이다. 추가적인 레버리지를 만들기 위해서는 주가가 올라 자본대비 부채비율이 내려가기만을 기다리는 수밖에 없기 때문이다. 또 한 가지 치명적인 단점은, 다른 레버리지를 끌어오기 힘들다는 점이다. A씨가 추가로 받을 수 있는 다른 대출이 있다 하더라도, 이는 자본이 아니기 때문에 주가가 오르거나 하여 자본금이 불어나지 않는 한 사용할 수 없다. 물론 그 대가로 가장 안전

하게 레버리지를 사용할 수 있다는 장점은 있다. 부채비율이 높지 않기 때문이다. 그래도 이 정도의 효과로는 자본주의 치트키라 부르기엔 조금 민망한 구석이 있다. 앞에서 보여드린 슈퍼 응용공식이 불가능한 것이 그 이유다.

복리의 슈퍼 응용공식: ((수익률 X 기간) X 레버리지) X 레버리지

복리의 슈퍼 응용공식이나 슈퍼 슈퍼 슈퍼 응용공식처럼 레버리지를 중첩해서 사용하는 것이 불가능하다. 여전히 '강력'한 방법이긴 하나 '초강력'하지는 않다. 그래서 우리에겐 새로운 부채비율설정이 필요하다. 바로 '자산대비 부채비율'이다.

위에 언급된 예시에서 현재 자본대비 부채비율과 자산대비 부채비율을 다시 확인해보자.

자본대비 부채비율: 20% (자본 1억 원 vs 부채 2,000만 원)
자산대비 부채비율: 16.6% (자산 1억 2,000만 원 vs 부채 2,000만 원)

만약 자신의 부채비율 한도를 자본대비 부채비율 20%가 아닌 자산대비 부채비율 20%로 설정한다면 부채비율에 여유가 있으니 추가로 빌리는 것이 가능해진다. 추가로 500만 원을 빌리는 상황을

예로 들어보겠다.

처음 당신이 가지고 있는 주식 1억 원을 담보로 2,000만 원의 부채를 낸다. 이때 자산대비 부채비율은 20%다(자산 1억 원 vs 부채 2,000만 원). 만약 이렇게 빌린 돈을 자동차 사는 데 소비해버린다면, 당신은 더 이상 추가 담보를 낼 수 없을 것이다. 하지만 이렇게 빌린 돈을 재투자한다면 당신이 원래 가진 1억 원의 주식에 2,000만 원을 추가 투자하여 당신의 자산은 1억 2,000만 원이 된다(이때 똑같은 자산에 중복 투자할 필요는 없고, 다른 자산에 분산투자 해도 된다). 그렇게 되면 당신은 현재 1억 2,000만 원의 주식과 2,000만 원의 부채를 가지고 있으니, 자산대비 부채비율이 20%에서 16.6%로 내려가게 된다. 다시 500만 원의 부채를 일으켜 재투자하는 것이 가능해지는 것이다.

정리하자면 다음과 같다.

자본 1억 원 + 부채 2,000만 원 + 추가 부채 500만 원 = 총 자산 1억 2,500만 원

총 자산 1억 2,500만 원 중 부채 2,500만 원

자산대비 부채비율 20%

이렇게 자산대비 부채비율로 설정하면 사용할 수 있는 부채가 증가한다(빌린 돈을 소비하는 데 사용하지 않고 재투자하는 경우에 한하여). 레

버리지로 빌린 돈이 또다시 자산이 되기 때문에 레버리지가 레버리지를 불러일으킬 수 있고, 이렇게 복리의 슈퍼 응용공식이 가능해지는 것이다.

복리의 슈퍼 응용공식 : ((수익률 X 기간) X 레버리지) X 레버리지

추가 레버리지가 가능하다는 점 외에도 내가 가진 여러 자산을 상호 복합적으로 운용할 수 있다는 장점도 있다. 앞쪽의 예시를 한 번 더 가져온다.

'8억 원의 집을 3억 원의 대출을 받아 사고, 남은 3억 원으로 주식을 산 후 그 3억 원의 주식을 담보로 5,000만 원의 대출을 받는다. 그 5,000만 원으로 금을 사서, 그 금을 담보로 다시 2,000만 원의 대출을 받는다. 그리고 그걸로 비트코인을 사서, 비트코인을 담보로 다시 500만 원의 대출을 받는다.'

자본대비 부채비율로 레버리지를 하게 되면 이 방법이 불가능해진다. 담보대출로 받은 돈은 부채이고, 가격이 오르지 않는 한 재투자한다고 해도 자본대비 부채비율은 내려가지 않기 때문이다. 그러나 자산대비 부채비율로 레버리지를 하면 빌린 돈을 소비에 사용하지 않고, 재투자한다는 전제하에 이게 가능해진다. 아래 예시를 통

해 자본대비 부채비율로 레버리지 하는 경우와 자산대비 부채비율로 레버리지 하는 경우를 각각 살펴보자.

자본대비 부채비율 30%로 레버리지 하는 경우

(자본으로 산) 아파트 8억 원 + (부채로 산) 주식 2억 4,000만 원 = 부채비율 30%

부채비율이 한도에 도달해 더 이상 레버리지 할 수 없다.

자산대비 부채비율 30%로 레버리지 하는 경우

(자본으로 산) 아파트 8억 원 + (부채로 산) 주식 2억 4,000만 원 = 자산 10억 4,000만 원 중 부채 2억 4,000만 원

부채비율 23%

빌린 돈으로 산 주식을 담보로 또 돈을 빌릴 수 있기에 추가 레버리지 활용이 가능하다. 추가 레버리지를 통해 비트코인을 산다면 1억 원의 또 다른 레버리지를 만들 수 있는 것이다.

(자본으로 산) 아파트 8억 원 + (부채로 산) 주식 2억 4,000만 원 + (부채로 산) 비트코인 1억 원

= 자산 11억 4,000만 원 중 부채 3억 4,000만 원

부채비율 30%

단, 소수의 자산을 담보로만 대출을 받는 경우 변동성으로 위험해질 수 있기에 다음과 같은 방법도 좋다. 주식을 담보로 대출을 받아 금을 산 뒤에 금을 담보로 대출을 받아 비트코인을 사고, 비트코인을 담보로 대출을 받아 이더리움을 사는 것이다.

아파트 8억 원 + 주식 2억 4,000만 원 + 금 6,000만 원 + 비트코인 3,000만 원 + 이더리움 1,000만 원 = 자산 11억 4,000만 원 중 부채 3억 4,000만 원

부채비율 30%

복리의 슈퍼, 슈퍼, 슈퍼 응용공식 :

$((((수익률 \times 기간) \times 레버리지))) \times 레버리지)) \times 레버리지) \times 레버리지$

말 그대로 복리의 슈퍼, 슈퍼, 슈퍼 응용공식이 가능해지는 것이다. 물론 이렇게 레버리지를 사용하기 위해서는 필요한 지식이나 경험의 양이 많다. 따라서 초보자는 절대 공격적으로 레버리지를 사용해선 안 되며, 보수적인 금액으로 맛만 보는 수준으로 시작해야 한다. 이어지는 내용에서는 레버리지를 운용하는 데 있어 도움이 될 만한 몇 가지 팁을 추가로 드리겠다.

|제4장|

총 부채비율 vs 자산별 부채비율

레버리지의 한도 비율을 설정하는 방법에는 총자산 대비 부채비율로 하는 방법과 자산별로 부채비율을 따로 설정하는 방법, 이렇게 두 가지가 있다. 총자산 대비 부채비율은 말 그대로 내가 가진 모든 자산과 모든 부채를 합쳐 부채비율을 설정하는 것이다. 예를 들어 보자.

예시 A: 총자산 대비 부채비율로 설정

레버리지 한도 설정 : 자산대비 부채비율 30%
부동산 : 10억 원 (부채 3억 5,000만 원) – 부채비율 35%
채권 : 2억 원 (부채 8,000만 원) – 부채비율 40%
금 : 2억 원 (부채 4,000만 원) – 부채비율 20%

주식 : 3억 원 (부채 6,000만 원) – 부채비율 20%

비트코인 : 1억 원 (부채 1,000만 원) – 부채비율 10%

총 자산대비 부채비율 : 자산 18억 원 vs 부채 5억 4,000만 원 = 30%

자신의 레버리지 한도를 자산대비 부채비율 30%로 설정했다면 이 경우 전체 자산에 대한 전체 부채의 비율이 30%이므로 별문제가 없다. 하지만 자산별로 부채비율을 각각 30%로 설정한 경우라면 부동산과 채권이 30%를 넘게 되어 문제가 발생한다. 이 경우 다른 자산에서 추가 담보대출을 일으켜 한도를 초과한 자산을 담보로 한 대출을 일부 상환해야 한다. 그렇게 하면 아래와 같이 만들 수 있다.

예시 B: 자산별 부채비율로 설정

레버리지 한도 설정 : 자산대비 부채비율 30%

부동산 : 10억 원 (부채 3억 원) – 부채비율 30%

채권 : 2억 원 (부채 6,000만 원) – 부채비율 30%

금 : 2억 원 (부채 6,000만 원) – 부채비율 30%

주식 : 3억 원 (부채 9,000만 원) – 부채비율 30%

비트코인 : 1억 원 (부채 3,000만 원) – 부채비율 30%

총 자산대비 부채비율 : 자산 18억 원 vs 부채 5억 4,000만 원 =

30%

이렇게 하면 각 자산 대비 부채비율이 30%를 넘지 않도록 만들 수 있다. 어느 쪽을 더 선호하는가는 개인의 선택이다. 다만 두 가지 방법의 장단점은 분명히 알고 넘어가야 한다.

총 자산대비 부채비율로 레버리지 할 때의 장단점
장점: 각 자산의 특성에 맞게 레버리지 비율을 조절하며 융통성을 발휘할 수 있다.
단점: 특정 자산의 부채가 담보물에 비해 과도해질 가능성이 있다.

자산별 부채비율로 레버리지 할 때의 장단점
장점 : 어느 한 자산의 부채가 담보물에 비해 과도해지는 것을 방지할 수 있다.
단점 : 전체 자산을 융통성 있게 활용하지 못한다.

각각의 장점이 반대 경우의 단점이 되기도 한다. 상대적으로 보수적인 방법은 자산별로 부채비율을 관리하는 방법이고, 위험하지만 효율을 극대화할 수 있는 방법은 총 자산대비 부채비율을 관리하는 방법이다. 각자의 성향에 맞게 운용법을 선택하면 된다.

또한 부동산 자산의 경우는 완전히 별도의 자산군으로 나누어 관리하는 방법도 있다. 이유는, 부동산의 경우 다른 자산대비 가격이 높아 레버리지가 없으면 매수가 어렵고, 부채 상환에 있어 주식과 같은 자산보다 청산의 위험이 낮기 때문이다. 자세한 것은 다음 장에서 설명하겠다.

|제5장|

자산별 리스크 관리

레버리지는 기본적으로 내가 가지고 있는 자산을 담보로 이루어 진다. 신용대출을 예로 들어보자. 많은 사람들이 신용대출은 자산에 대한 담보대출이라 생각하지 않는다. 하지만 신용대출도 결과적으로 자산 담보대출이다. 신용 역시 자산이기 때문이다. 누군가가 돈을 빌려줄 때는 대출자가 원리금을 갚을 수 있을 것이라는 판단하에 빌려준다. 또한 그 판단은 무조건 담보에 의해 이루어진다. 담보가 없으면 돈을 빌릴 수 없는 것이다.

신용대출의 경우 대출자의 '돈 갚을 능력'을 담보로 하며 그 사람의 직업, 그 사람의 평판, 그 사람의 금융거래 이력, 그 사람의 기존 대출실적, 등을 종합적으로 판단하여 '돈 갚을 능력'이라는 담보가 충분하다는 전제하에 거래가 이루어진다. 따라서 '신용'을 '자산'으로 간주하는 데에 무리가 없는 것이다.

자신이 빌릴 수 있는 '신용대출 한도'는 곧 신용의 자산 규모다. 마이너스 통장도 신용대출의 일종이며, 자신의 마이너스 통장 최대 한도가 곧 신용에 따른 자산의 규모다. 만약 본인이 신용대출과 마이너스 통장을 합하여 최대 1억 원까지 빌릴 수 있고, 그중 3,000만 원을 실제로 빌렸다고 한다면 신용이라는 자산의 부채비율은 30%가 된다.

신용대출 상황

신용대출 한도: 1억 원

대출금액: 3,000만 원

부채비율: 30%

만약 본인이 자산별로 부채비율 한도를 30%로 설정했다면 신용대출도 30%까지만 빌려야 한다. 하지만 총 자산대비 부채비율로 설정했다면 신용대출의 경우 상대적으로 부채비율을 높게 잡아도 괜찮다. 다른 대출에 비해 강제상환 위험이 적기 때문이다. 이자가 높거나, 강제상환의 가능성이 높은 대출은 적게 하고, 이자가 낮거나 강제상환의 위험이 적은 대출은 많이 하는 식으로 조절을 하는 것이다.

그러나 신용대출에도 위험성은 분명히 있다. 무형자산인 '신용'을 담보로 하기에 상대적으로 높은 리스크를 떠안아야 하는 은행 입장에서는 이자율을 올릴 수밖에 없다. 강제상환의 위험 또한 아예 없다고 보기는 힘들다. 신용대출은 보통 1년 단위로 대출계약을 연장하는데, 직장을 잃거나 신용도가 내려갈 경우 계약 연장 시 전액 또는 일정 금액의 상환을 요구받을 수 있다. 따라서 레버리지를 보수적으로 사용하고 싶은 사람이라면 신용대출의 부채비율 역시 관리할 필요가 있다(이것을 잘 관리하는 기술이 곧 레버리지를 다루는 실력이다).

주식 담보대출의 경우는 어떨까? 일반적으로 가장 위험하다고 알려진 대출 중 하나가 바로 이 주식 담보대출이다. 주식 담보대출의 경우 이자율이 높은 경우가 많은데, 일반적으로 신용대출보다도 이자율이 높다. 물론 개인의 신용도, 대출금액, 담보주식의 종류, 대출 실행기관 등에 따라 편차가 크지만 말이다.

주식 담보대출에 있어 가장 위험한 요소가 하나 있는데 다름 아닌 증거금이다. 증거금이란 말 그대로 담보능력을 입증하기 위해 계좌에 증거로서 준비되어 있어야 하는 금액을 말한다. 증권사마다 차이가 있지만 일반적인 증거금은 140%이다. 다시 말해, 본인이 빌린 금액의 140%가 계좌에 있어야 한다는 뜻이다. 아래의 경우를 보자.

당신은 당신이 갖고 있는 1억 원의 주식을 담보로 1억 원을 대출받았다. 그리고 대출받은 1억 원으로 현재 가지고 있는 주식과 같은 주식을 샀다. 이 경우 증거금은 어떻게 될까?

1억 원(자본) + 1억 원(부채) = 2억 원(자산)

당신의 계좌에는 2억 원에 해당하는 주식이 있으므로 현재 증거금은 대출금 1억 원 대비 200%이다. 그런데 거기서 주가가 30% 하락했다고 해보자.

현재 평가금액 : 1억 4,000만 원(자산) = 4,000만 원(자본) + 1억 원(부채)

계좌의 평가금액은 주가가 30% 하락하여 1억 4,000만 원이 되었다. 따라서 부채 1억 원에 대한 증거금이 140%가 되는데, 여기서 평가금액이 1원만 더 떨어져도 증권사에서 요구하는 증거금 140%를 만족하지 못하게 되고 이렇게 되면 증권사는 증거금을 유지하지 못한 계좌의 주식을 팔아 빌려준 돈을 회수해 간다. 이것이 '강제청산'이다. 만약 당신이 강제청산을 당하지 않으려면 증거금을 더 채워 넣거나, 주식을 일부 팔아서 부채를 청산하거나, 아니면 주가가 오르길 기도하는 수밖에 없다.

주식은 변동성이 매우 심한 자산인 데다 증거금 유지의 규약까지 존재한다. 따라서 과도하게 부채비율을 유지해서는 안 된다. 이걸 능숙하게 다룰 수 있는 능력이 없다면 최대한 보수적으로 레버리지를 해야 하며, 주가가 하락해 부채비율이 올라갈 때 어느 정도 해소시켜 주는 기술도 필요하다.

그렇다면 주식이 아닌 비트코인과 같은 암호화폐도 담보대출이 가능할까? 우리나라의 경우 암호화폐를 담보로 대출해주는 금융기관이 아직 많지 않지만 해외 거래소 또는 탈중앙화 거래소(De-Fi)를 통해 담보대출이 가능하다. 이 책의 범위를 넘어서는 주제이기에 구체적으로 다루지는 않겠다. 한마디 덧붙이자면 암호화폐를 담보로 대출받는 방법을 스스로 알아내지 못하는 사람이라면 아예 실행하지 않는 편이 낫다. 암호화폐 담보대출을 능숙하게 다룰 준비가 되어 있지 않음을 반증하는 것이기 때문이다.

부동산 담보대출은 어떨까? 사실 부동산이야말로 담보대출의 대명사라 할 수 있는 자산이다. 거래 금액이 워낙 커서 부동산을 구매할 때는 담보대출을 하지 않는 사람이 바보라는 말이 있을 정도다. 그만큼 담보대출이 흔하게 일어나는 자산이 부동산이다. 부동산의 담보대출 방법에도 여러 가지가 있는데 집을 살 때 돈을 빌려 사는 방법, 이미 가지고 있는 집(또는 기타 부동산)을 담보로 추가로 돈을 빌리는 방법, 사업용 자금을 위해 부동산을 담보로 돈을 빌리는 방법 등이 있다. 이 역시 범위를 넘어서는 주제이기에 상세히 다루지는 않겠다.

다만 부동산을 담보로 레버리지 할 때 한 가지 주의할 점이 있는데 '낮은 환금성'이 그것이다. 주식이나 암호화폐의 경우 필요할 경우 바로 팔아서 부채를 상환하거나 다른 부채의 증거금으로 이용하는 것이 가능하고 신용대출의 경우에도 최대 한도까지는 바로 추가 대출을 받는 것이 가능하지만, 부동산의 경우에는 그렇게 빠르게 환금할 수가 없다. 다른 레버리지와의 연계성을 발휘하기 어렵다는 것이다. 부동산 담보대출을 받아 주식을 샀다가, 주가가 떨어졌다고 해서 당장 집을 팔아 증거금을 마련할 수는 없는 것처럼 말이다. 이러한 단점도 있다는 걸 분명히 인지하고 있어야 한다.

그렇다고 단점만 있는 것도 아니다. 잘 다룰 수만 있다면 가장 안전한 것이 부동산을 담보로 한 레버리지다. 특히 강제청산의 위험이 적고, 주식이나 암호화폐보다 변동성이 훨씬 낮다. 또한 갱신형 대출이 아닐 경우(예: 30년간 원리금 균등분할상환 방식) 원리금만 잘 상환한다면 집값이 떨어져도 강제상환을 당할 위험이 없다(갱신형 대출일 경우 갱신 시기에 집값이 떨어져 있으면 상환요청을 당할 수 있다). 또한 법인이나 사업자등을 활용할 경우 일반적으로 대출받을 수 있는 금액보다

(LTV) 훨씬 더 많은 금액을 빌리는 것도 가능하다. 이러한 특성 덕분에 잘만 활용한다면 부동산은 레버리지를 극대화할 수 있는 최고의 자산이 될 수 있다. 물론 그렇게 되기 위해서는 지난한 노력의 과정이 있어야 한다.

부동산을 담보로 한 대출은 이렇게 특이한 속성을 많이 가지고 있기 때문에, 아예 별도로 관리하는 것도 생각해볼 만하다. 만약 당신이 총자산 대비 부채비율로 담보비율을 관리하기로 했다고 하면, 그중 부동산의 담보비율을 별도로 설정해 관리하는 것이다.

예시 C: 총자산 대비 부채비율로 설정(*부동산 별도)

레버리지 한도 설정: 부동산 제외 자산대비 부채비율 30% & 부동산만 50%

부동산: 10억 원 (부채 5억 원) – 부채비율 50%

채권: 2억 원 (부채 1억 원) – 부채비율 50%

금: 2억 원 (부채 6,000만 원) – 부채비율 30%

주식: 3억 원 (부채 6,000만 원) – 부채비율 20%

비트코인: 1억 원 (부채 2,000만 원) – 부채비율 20%

총 자산대비 부채비율 : 부동산 제외 자산 8억 원 vs 부채 2억 4,000만 원 = 30%

위와 같이 부동산의 부채는 별도로 관리하는 것도 생각해볼 수 있다.

사실 레버리지를 하기 가장 안전한 자산은 예금, 적금 등 현금을 담보로 한 대출이다. 은행에 들어가 있는 현금을 담보로 하기 때문에 어지간해서는 강제상환의 위험이 없다. 신용도가 급격히 떨어진다거나 이자를 갚지 못할 경우를 제외하면 말이다.

지금까지 자산별 레버리지 사용법과 그 특성들에 대해 살펴보았다. 자산별로 위험성과 최대부채한도, 상환방식 등 많은 차이를 보이기 때문에 자산별 사용법을 충분히 숙지한 후에 레버리지를 시작하는 것이 좋다. 지금까지는 부채비율에 대해서만 강조했는데, 부채비율만큼이나 중요한 요소가 하나 더 있다.

제6장

상환능력에 주의하라

부채비율 관리만큼 중요한 요소, 바로 현금흐름을 감안한 이자 납부 능력이다. 레버리지를 사용할 때 가장 주의해야 할 것이 강제상환의 가능성을 최소화하는 것이며, 자본대비 부채비율이 높아도 투자하는 자산에 대해 정확히 알고 있다면 기본적으로는 문제 될 것이 없다.

문제는 부채비율이 너무 높아지거나 이자를 상환할 수 없게 되어 강제상환이나 강제청산을 당하는 경우다. 자산의 가격이 내려가 부채비율이 높아지면 대부분의 금융기관이 채무불이행에 대한 우려로 강제상환을 요구하거나 강제청산을 집행한다는 건 앞에서 이미 언급했는데, 부채비율 말고도 그렇게 되는 경우가 하나 더 있다. 이자를 제때 못 갚을 때다. 이자를 못 갚는다는 것은 채무를 이행할

자격이 없다는 뜻이다. 따라서 빌려준 돈을 곧바로 회수해야 하는 트리거가 된다. 레버리지는 본인의 이자 지급 능력을 철저히 분석한 후 사용해야 한다. 단순히 부채비율만 신경 쓰는 것으로는 부족하다는 뜻이다.

가장 주의해야 할 부분은 금리의 변동 가능성이다. 바보가 아닌 이상, 평균적으로 벌고 있는 소득으로는 이자를 낼 수 없을 만큼의 많은 돈을 빌리지는 않을 것이다. 하지만 꼭 생각해봐야 할 것이 있다. 지금은 이자를 낼 여유가 있는데 앞으로 금리가 점점 더 오르게 된다면 어떨까? 당연하게도 이자 지급의 부담이 점점 커질 것이다. 따라서 돈을 빌릴 때는 지금의 이자율뿐만 아니라 최소 향후 5년간의 이자율을 염두에 두고 빌리는 것이 좋다. 문제는 향후 5년간의 이자율을 예측하는 것이 거의 불가능하다는 것이다. 그래서 기본적으로 지금 이자율의 2배, 보수적으로 접근하면 3배로 이자율을 계산하는 것이 바람직하다. 만약 현재 이자율이 3%라면 최소 이자율이 6%까지 오를 것으로 보고, 보수적인 투자자라면 9%까지도 오를 수 있을 것으로 본 후 이자 지급 능력을 계산한다. 만약 현재 나의 평균 소득이 월 300만 원이고 그중 이자 지급에 사용 가능한 금액이 150만 원이라고 해보자. 이때 이자율이 2배까지 오를 것을 감안해서 대출을 받는다고 하면 상환해야 할 이자가 75만 원이 되면 더 이상 빌려서는 안 될 것이다.

이자 지급에 사용 가능한 월 현금흐름이 150만 원인 경우

이자가 2배 오를 것 감안 시 : 월 지급액이 75만 원일 때까지만 대출 가능

이자가 3배 오를 것 감안 시 : 월 지급액이 50만 원일 때까지만 대출 가능

물론 이자 지급 능력이 단순히 표면적인 금리만으로 정해지는 건 아니다. 본인의 심리적인 마진 역시 감안해야 한다. 금리가 올라갈 때 정신적으로 버틸 수 있는가 혹은 버틸 수 없는가 하는 것이다. 예컨대 내가 월 100만 원까지 이자를 낼 수 있는 능력이 있다고 해도, 금리가 계속 올라 월 지급액이 50만 원, 60만 원, 70만 원, 점차 증가하게 되면 심리적으로 불안해지고 마는 것이다. 심리적으로 불안해지면 비이성적인 판단을 하기 십상이고 잘못된 투자를 할 가능성이 높아진다. 이런 정신적인 컨트롤 능력 하나까지도 레버리지를 능숙하게 다루기 위한 중요한 요소 중 하나다.

|제7장|

금리가 오를 때의 레버리지 관리

금리가 아무리 올라도 대부분의 경우는 레버리지를 사용해야 한다. 간단한 셈만 해보면 그 이유를 금방 알 수 있다. 가령 미국의 가장 대표적 기업 500개를 모아놓은 S&P500 ETF에 투자했다고 해보자. S&P500의 연평균 수익률은 배당금 재투자를 가정한 경우 평균 12%다. 물론 그보다 높을 때도 있고 낮을 때도 있고 심지어 마이너스일 때도 있지만 1~2년 투자할 게 아니기 때문에 상관이 없다. 가끔 금리 상승기에는 주가가 내리지 않냐고 물어보는 사람이 있는데, 꼭 그렇지는 않다. 주가는 단기적으로는 예측이 불가능하다. 레버리지를 안전하게 활용한다면 큰 문제가 없기 때문에 장기간 투자한다고 가정한 후 계산을 해봐야 한다.

돈의 규칙

196

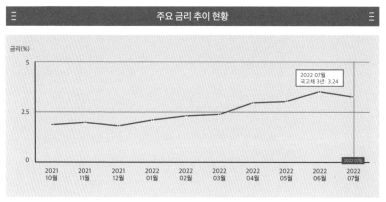

금리(%)

2022 07월
국고채 3년: 3.24

2022 07월

2021 10월 | 2021 11월 | 2021 12월 | 2022 01월 | 2022 02월 | 2022 03월 | 2022 04월 | 2022 05월 | 2022 06월 | 2022 07월

출처 : 지표누리

한국의 시중금리를 예상할 때 많이 사용하는 국고채 3년 금리는 2022년 기준 3.2% 정도다. 물론 실제 우리가 은행에서 돈을 빌릴 때의 금리는 이보다 높은 경우도 있다. 대부분은 높아봐야 1.5배~2배 정도이고 그렇다면 실제 돈을 빌리는 금리는 6% 전후, 이후 금리가 오를 경우 10%를 넘어가는 것도 생각해볼 수 있다. 하지만 장기간에 걸친 금리는 계속 그렇게 높지는 않을 것이다.

미국의 명목금리인 10년물 채권 금리는 현재 3.5% 수준이다. 이것으로 향후 10년간 평균 금리가 대략 3.5% 정도라고 예상할 수 있다. 한국의 국고채 금리와 큰 차이가 나지 않으며, 따라서 실제 대출 금리가 이것의 2배가 된다고 가정해도 향후 10년간 예상되는 평균 금리는 높아 봐야 7% 정도가 될 것이다. 대출 금리의 경우 이자

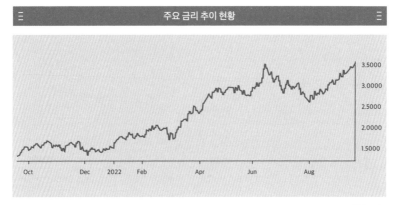

3.5000
3.0000
2.5000
2.0000
1.5000

Oct   Dec   2022 Feb   Apr   Jun   Aug

출처 : cnbc

를 꾸준히 갚는다고 가정할 때 원금이 불어나지 않는 '단리'인 반면, 자산가격의 증가는 '복리'로 이루어진다. 앞에서 설명한 S&P ETF 가격 역시 매년 평균 12%가 복리로 증가한다.

10년간 평균 이자 7%(단리)로 대출을 받아 평균 수익률 12%(복리)로 투자할 때

1,000만 원 대출 시 10년간 이자 지출 : 연 70만 원 X 10년 = 700만 원

1,000만 원 대출 시 10년간 투자소득 : 1,000만 원 X 12%(10제곱) = 2,100만 원

연평균 투자수익률이 12%만 되더라도 10년 후 이자 지급액보다

수익이 훨씬 더 많다. 사실 이렇게 복잡하게 계산할 필요도 없다. 매년 복리로 12%씩 자산규모가 증가하는 대신 단리로 7%씩 이자를 낸다고 하면, 시간이 갈수록 자산은 증가할 수밖에 없다는 것쯤은 초등학생도 할 수 있는 계산이다. 다만 본인의 이자 부담 능력을 너무 과신하지 말고 보수적으로 접근해야 할 필요는 있다. 특히 금리는 한 번 오르기 시작하면 2~3년 정도 지속적으로 오르는 경우가 많기 때문에, 금리가 오르는 시기라면 현재 이자보다 최소 2배 이상은 더 오를 거라 예상하고 레버리지를 사용해야 안전하다. 다만, 금리가 얼마나 빠른 속도로 어디까지 오를지 완전히 예측하는 것은 불가능하기 때문에, 향후 금리가 크게 오를 것이라 예상될 때에는 다음과 같이 하는 것이 좋다.

1) 부채비율을 줄인다

향후 올라갈 금리가 크게 부담되거나 이자 상환능력에 무리가 있을 것으로 예상될 경우 부채비율을 일정 부분 축소한다. 현금이 있다면 그것으로 부채를 상환해도 좋고, 없다면 자산의 일부를 팔아서 상환해도 좋다.

2) 추가 레버리지는 만들지 않는다

앞으로 올라갈 금리에 부담이 느껴질 때는 현재 부채비율과 상관없이 추가적인 레버리지는 만들지 않는 것이 좋다. 부채비율이 더 올라가면 심적인 부담도 커지고 실제 이자 지급능력에도 문제가 발생할 수 있다.

3) 신규자금은 부채를 상환한다

돈이 새로 생길 경우 자산을 사기 보다는 부채를 먼저 상환하는 방법도 좋다. 자산을 사는 것보다 부채를 직접 상환하는 게 훨씬 빠르게 부채비율을 줄일 수 있는 방법이다.

당연히 위의 3가지 방법을 모두 사용하거나 조합해서 사용해도 된다. 중요한 것은 미래를 예측하여 액티브하게 트레이딩하기보다는, 자산을 꾸준히 보유하며 금리에 따라 어느 정도 리스크를 관리해주는 것이다.

제8장

레버리지의 꽃, 부채비율 컨트롤

레버리지를 사용할 때 담보로 한 자산의 가격이 내려가는 것만큼 곤혹스러운 일은 없다. 담보자산의 가격이 하락하게 되면 담보능력이 떨어져 추가 레버리지가 불가능해지는 것은 물론 경우에 따라서는 강제상환이나 강제청산의 위험도 뒤따른다. 따라서 담보자산의 가격이 내려갈 경우 적당히 부채비율을 조절하여 리스크를 컨트롤해줄 필요가 있다. 자산가격이 하락할 때는 다음과 같은 3가지 방법으로 부채비율을 조절해줄 수 있다.

1) 담보자산을 더 산다 : 담보가 되는 자산의 가격이 내려가 부채비율이 올라갔으니 담보를 더 사서 담보비율을 보충하는 방법이다. 이 방법은 담보로 하는 자산에 대한 절대적 믿음이 있고, 담보물의 펀더멘털이 문제가 없는 경우에 가능하다.

예) 주식 500만 원 + 대출 200만 원 자본대비 부채비율 40%일 때, 주식을 500만 원 추가매수하면 주식 1,000만 원 + 대출 200만 원으로 자본대비 부채비율 20%로 하락

2) 부채를 일부 갚는다 : 부채를 갚아 부채비율을 낮추는 것도 가능하다. 이 경우 자산을 사서 부채비율을 낮추는 것보다 더 확실하게 부채비율을 낮출 수 있다. 자산에 대한 자신이 떨어졌거나 향후 약세장이 장기화할 것으로 예상될 때 가능한 방법이다.

예) 주식 500만 원 + 대출 200만 원 자본대비 부채비율 40%일 때, 부채를 100만 원 상환하면 주식 500만 원 + 대출 100만 원으로 자본대비 부채비율 20%로 하락
*담보자산을 더 살 때의 5분의 1에 해당하는 비용으로 부채비율을 40%에서 20%로 낮춘 것을 알 수 있다.

3) 자산을 팔아 부채를 갚는다 : 이 방법은 부채비율을 조절하는 가장 쉬운 방법이다. 추가 지출이 필요 없기 때문이다. 가지고 있는 자산의 일부를 팔아 그것으로 부채를 갚게 되면 지출 없이 담보비율 조절이 가능하다.

예) 주식 500만 원 + 대출 200만 원 자본대비 부채비율 40%일

때, 주식을 100만 원 매도하고 그 돈으로 부채를 상환하면 주식 400만 원 + 대출 100만 원으로 자본대비 부채비율 25%로 하락(자금 없이도 가능)

이처럼 몇 가지 방법을 동원하여 부채비율을 컨트롤할 수 있으며, 각자의 자금 상황과 향후 시장 전망 등에 따라 자유롭게 선택하여 사용할 수도 있다. 추가 자금이 필요 없어 가장 쉽게 할 수 있는 방법은 3번인데, 대부분의 투자자들은 웬만해서는 이 방법을 사용하지 않는다. 손해 보기 싫기 때문이다. 부채비율을 조절하는 이유가 자산가격의 하락인데, 낮아진 자산가격으로 팔아서 부채를 갚을 때는 대체로 손해를 보고 파는 경우가 많으므로 이 방법에 대해 큰 매력을 느끼지 못하는 것이다. 그러나 본인에게 자금적 여유가 없는 상태에서 부채비율을 컨트롤해야 하는 상황이 닥친다면 반드시 3번, '자산을 팔아 부채를 갚는 방법'을 고려해야 한다. 그러지 않고 끝까지 버티다가는 모든 것을 잃을 수 있다는 사실 또한 명심할 필요가 있다.

|제9장|

이거 못 하면 돈 빌리지 마라

부채비율 조절이 필요한 이유에는 몇 가지가 있다. 첫째는 모든 것을 잃지 않기 위해서다. 앞에서도 설명했듯 부채비율이 일정 수준을 넘어서면 강제청산을 당할 우려가 있다. 채권자가 당신의 상환능력을 의심하여 자산을 모두 팔아버리고 대출금을 회수해가는 것이다. 이 경우 포지션이 강제로 정리되므로 손실이 확정돼버린다. 따라서 부채비율 조절을 통해 강제청산만큼은 반드시 피해야 한다. 또한 부채비율이 높아질수록 원금대비 변동성이 커지는 리스크도 있다. 아래 예시를 보자.

A: 주식 1,000만 원 중 대출금 200만 원

(자본 800만 원 + 부채 200만 원: 자산대비 부채비율 20%)

B: 주식 1,000만 원 중 대출금 500만 원

(자본 500만 원 + 부채 500만 원: 자산대비 부채비율 50%)

이때 주가가 20% 하락하면 A의 경우 자본 800만 원 대비 200만 원이 하락한 것이므로 25%의 하방 변동성이 생기고, B의 경우 자본 500만 원 대비 200만 원이 하락한 것이므로 40%의 하방 변동성이 생긴다. 이처럼 부채비율이 올라가면 올라갈수록 자본대비 변동성은 계속해서 증가하고 동시에 리스크도 커진다. 아무리 좋은 자산이라 해도 단기적인 변동성은 어떻게 될지 알 수 없다. 증가하는 변동성을 내버려두지 않고 계속해서 컨트롤해주는 까닭이다. 또한 이것이 부채비율을 조절하는 과정이다.

일반적으로 투자자들은 내가 가진 자산의 가격하락이 시장이나 경제상황에 따른 일시적인 하락이고 펀더멘털에 문제가 없다면 추가매수를 하고 싶어 한다. 이때 한 가지 주의해야 할 것은 돈이 없다고 해서 레버리지로 추가매수를 해서는 안 된다는 것이다. 본인이 원래 정했던 레버리지 한도까지는 빌려도 괜찮지만, 거기서 주가가 더 내려가면 자연스레 레버리지 한도가 초과해버리기 때문이다. 담보자산의 가격하락이 그 원인이다.

예) 주식 1,000만 원 중 부채 300만 원일 때 자산대비 부채비율 30%

주가 40% 하락 시 주식의 평가금액은 1,000만 원에서 600만 원으로 감소

주식 600만 원 중 부채 300만 원으로 자산대비 부채비율 50%로 증가

이처럼 담보자산의 가격이 하락하면 부채비율은 자연스레 상승한다. 그렇다면 담보자산의 가격이 내려가고 있을 때 추가 레버리지를 사용하면 어떻게 될까? 생각할 것도 없다. 급격히 올라가는 부채비율을 보게 될 것이다. 이 경우 절대로 레버리지를 사용해선 안 되지만 많은 투자자들이 탐욕을 이기지 못해 이 같은 실수를 저질러버린다. 손해를 보고 있는 주식이나 코인이, 조금이라도 저렴할 때 더 사고 싶은데 수중에 당장 돈이 없기 때문이다.

탐욕스러운 도박꾼은 시장에서 반드시 퇴출당한다는 사실을 가슴 깊이 새기길 바란다. 어쩌다 운이 좋아 베팅에 성공할지 몰라도, 한 번 성공한 방식은 습관이 되기 마련이고 머지않아 시장의 냉혹함을 맛보게 될 것이다. 레버리지가 자본주의의 결함을 이용하는 치트키와 같은 방법인 건 사실이나, 아무런 노력 없이 무작정 사용할 수 있는 치트키는 결코 아니다. 어설픈 초보 투자자의 탐욕스런 레버리지는 양날의 검이 되어 이득은커녕 심각한 부상을 초래할 수 있음을 명심하자.

제10장

부채비율 518 법칙

3번 방법(자산 팔아 부채 갚기)을 이용한 부채비율 조절에 대해 좀 더 밀도 있게 들어가보자. 이 방법은 어디까지나 참고사항일 뿐, 개인의 상황에 맞게 적절하게 응용해보기를 권한다.

부채비율을 컨트롤하는 518 법칙

5 = 자산대비 부채비율이 50%에 도달하면

1 = 자산의 10%를 매도

8 = 자본대비 부채비율 80%로 조정

어느 정도 감을 잡은 사람도 있을 것이다. 예를 들어보자.

당신은 당신이 가지고 있는 주식 1억 원어치를 담보로 5,000만 원의 대출을 받아 같은 주식을 매수했다. 총 주식은 1억 5,000만 원이고 그중 5,000만 원이 부채이니, 자산대비 부채비율은 33%다. 이후 주가가 하락하여 주식 평가금액이 1억 5,000만 원에서 1억 원으로 줄어들었다. 자산 1억 원 중 부채가 5,000만 원이니 자산대비 부채비율이 50%(518 법칙 중 '5')가 된다. 부채비율을 컨트롤해줘야 하는 구간에 도달했다.

가장 좋은 것은 추가 자금으로 부채를 컨트롤하는 것이다. 담보 자산을 더 사거나 부채를 갚아 부채비율을 낮춰주는 방법 말이다. 그러나 당신에게 추가 자금이 없다면 어떻게 할까? 방법은 하나다. 가지고 있는 자산을 매도하여 부채 일부를 상환해야 한다. 이때 전체 자산의 10%(518 법칙 중 '1'), 그러니까 1,000만 원을 매도한 후 매도한 현금으로 부채 5,000만 원 중 1,000만 원을 청산한다. 이렇게 되면 당신의 자본은 5,000만 원, 부채는 4,000만 원, 자본대비 부채비율은 80%(518 법칙 중 '8')가 된다. 자산가격이 하락하여 부채비율이 높아지면 이런 식의 컨트롤이 필요해진다.

만약 이렇게 부채비율을 조정한 이후 가격이 또 떨어지면 어떻게 될까? 현재 9,000만 원의 주식(자산)과 4,000만 원의 부채를 가진 당신의 자산대비 부채비율은 약 44.4%이다. 여기서 주가가 약 11%

하락하면 자산이 8,000만 원이 되면서 자산대비 부채비율이 다시 50%가 된다. 518 법칙을 적용해보자. 8,000만 원의 주식 중 10%인 800만 원만큼을 팔아서 부채를 4,000만 원에서 3,200만 원으로 줄인다. 그러면 자본 4,000만 원 + 부채 3,200만 원으로 다시 자본대비 부채비율 80%가 된다. 주가가 계속 떨어진다면 이 작업 역시 계속 반복해준다.

물론 가장 좋은 방법은 추가 자금으로 부채를 갚아주는 일이다. 따라서 자산 가격이 하락할 때 자금 여유가 있다면 담보자산을 싼 가격에 더 사서 부채비율을 낮춰주고, 자금 여유가 없다면 부채를 갚아 부채비율을 낮춰주자. 하지만 추가 자금이 없어 이게 불가능한 경우에 한하여, 518 법칙을 적용해 부채비율을 컨트롤해주길 바란다.

부채비율은 계속 상승하는데 당장 손해 보는 게 싫어서 넋 놓고 있으면 절대 안 된다. 부채비율 조절이 필요할 땐 가능한 한 망설이지 말고 단칼에 실행해야 모든 것을 잃을 수도 있는 최악의 경우를 피한다. 만약 자신에게 이런 단호함이 없다고 판단될 때는 레버리지는 사용하지 않는 편이 낫다. 물론 영원히 사용하지 말라는 뜻은 아니다. 충분한 연습과 빠른 판단력을 기른 다음에 사용해도 늦지 않다는 얘기다.

제11장

최종병기 레버리지

거듭 얘기했듯 레버리지는 반드시 충분한 연습을 거친 후에 보수적으로 사용해야 하고, 준비가 안 되어 있다면 사용하지 말아야 한다. 그럼에도 장기적으로 빠르게 부자가 되고 싶다면 연습을 통해 활용할 수 있는 능력을 갖추는 것이 좋다. 만약 내가 아직 준비가 안 되어 있어 도저히 레버리지를 사용할 용기가 나지 않는다, 하는 사람이라면 레버리지를 최종병기로만 사용하는 방법도 있다.

방법은 간단하다. 평상시에는 레버리지를 아예 사용하지 않는다. 그러다 약세장이나 노이즈 이슈에 휘말려 자산의 본질적 가치와 상관없이 가격이 크게 하락하는 경우가 발생하면 이때만 레버리지를 사용하는 것이다. 자신이 평가하고 있는 자산의 펀더멘털 대비 현재

가격이 지나치게 떨어져 있다는 확신이 들 때만 레버리지를 활용하는 것이다. 그러다 가격이 정상 수준으로 되돌아가면, 레버리지로 산 자산은 매도하여 이익금을 챙기고 부채는 상환한다. 즉, 레버리지를 최종병기로만 사용하는 것이다.

물론 이때도 지금까지 설명한 철저한 리스크 관리가 필요하다. 그게 안 된다면 최종병기고 뭐고 레버리지를 사용해선 안 된다. 결국 리스크 관리를 위해서는 평소에 연습이 되어 있어야 한다. 레버리지를 최종병기로만 사용하길 원하는 사람이라도 평상시에 소액으로 어느 정도의 연습은 해두는 것이 좋다.

물론 장기간 투자할 것이라면 평상시에 꾸준히 레버리지를 사용하는 사람의 투자 실적이 압도적으로 좋을 수밖에 없다. 부채는 화폐에 대한 공매도이고, 화폐의 가치는 무조건 하락하기 때문이다. 다만 아직 이 개념에 완전히 익숙해지지 않았고, 무엇보다 심적인 부담을 크게 느끼는 사람이라면 레버리지를 최종병기로 활용하는 방식 정도만 염두에 두고, 평상시에 조금씩 연습해두는 것을 추천한다.

6

분류의 규칙

—

돈을 나누어 보관하라

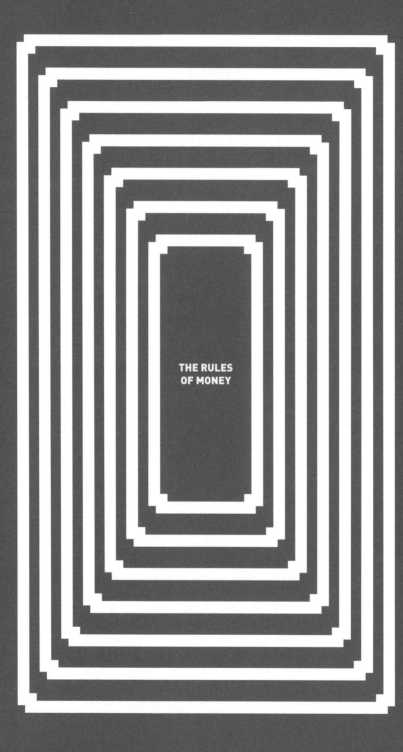

THE RULES
OF MONEY

제1장

돈을 보관하기 좋은 자산

앞의 내용들을 통해 우리는 자본주의 시스템의 결함과 그것을 이용하는 방법, 진짜 저축이 무엇이고 가짜 저축이 무엇인지, 더불어 투자의 참된 의미는 무엇인지에 대해서도 알아보았다. 투자란 미래의 더 큰 구매력을 얻기 위해 현재의 구매력을 희생하는 행위로, 장기적으로 가치를 보존할 수 있는 대상을 오랫동안 모아가는 것으로 완성된다. 그리고 장기적으로 가치를 보존할 수 있는 대상이란, 시간이 흘러도 사람들에게 가치를 주고 사람들에게 사랑받는 대상을 말한다.

물론 모든 자산의 가치가 오래도록 보존되는 것은 아니다. 좋은 자산만이 높은 가치를 유지한다. 그러므로 투자자가 해야 할 일은 어떤 자산이 좋은 자산인지 파악하는 것이다. 대부분의 사람들은 언제 사서, 또 언제 팔아야 하는가에 대한 궁금증을 갖지만 투자에 있어 이것은 그리 중요한 요소가 아니다. 단기적으로 베팅하여 시세 차익을 얻는 투기의 성격이라면 모를까. 결국 가장 중요한 것은 '무엇을 사는가'이다.

사는 대상을 잘 골랐다면 사는 시기는 최대한 장기적으로 보면 된다. 경제 상황은 늘 돌고 돈다. 시장 상황도 돌고 돌며, 그에 맞춰 가격도 돌고 돌아 결국 제자리를 찾는다. 오늘 사나 3년 후에 사나 긴 시간의 축으로 놓고 보면 의외로 큰 차이가 나지 않을 수도 있다는 것이다. 가장 중요한 것은 무엇을 사느냐, 그리고 그 대상이 '장기적으로 가치를 보존할 수 있는 것인가'이다. 그걸 알아보는 능력이 곧 투자의 능력이고, 그런 통찰력을 기르는 것이 곧 투자의 공부다. 다음으로 무엇이 좋은 자산이고, 무엇에 투자해야 하는지에 대해 함께 살펴보자.

제2장

구매력과 배터리

좋은 자산을 찾아내기 전에 우리가 먼저 익혀두어야 하는 개념이 있다. 이 개념을 모르면 자산을 오로지 '사고파는 대상'으로만 생각하기 쉽고, 그렇게 되면 평생 가격변동의 소용돌이에서 벗어날 수 없게 된다. 투자로 아무리 성공했다 하더라도, 아무리 돈을 많이 벌었다 하더라도 결국은 하루 오르고 하루 내리는 일희일비의 아수라장에서 빠져나올 수 없는 것이다.

투자자들을 영원히 괴롭히는 감정의 구렁텅이에서 빠져나오기 위해, 지금부터 설명하는 개념을 머리가 아니라 가슴으로 이해할 때까지 보고 또 보기를 권한다. 사람들이 다이어트하는 방법을 몰라서 다이어트에 실패하는 게 아니다. 마찬가지로 머리로 아무리 이해해도 가슴에 와닿는 게 없다면 모르는 것과 다름없다. 반복해서 보고 또 보다 보면 머리로 이해한 내용이 어느 순간 마음 깊이 각인될 것이다.

복습 차원에서, 앞에서 했던 돈의 본질에 대한 얘기를 다시 꺼낸다. 돈은 내가 원하는 것을 교환할 수 있는 능력, 그러니까 구매력 또는 교환력이다. 이것이 돈의 본질이며, 지폐에 적혀 있는 숫자는 표면적인 상징에 불과하다. 핵심은 이것으로 '무엇을 살 수 있는가' 하는 것이다. 이 얘기를 1장보다 조금 심도 있게 다뤄보자. 어렵고 복잡할 수 있지만 두어 번 반복해서 읽어보고 생각하는 시간을 가지면 이해하는 데 큰 어려움이 없을 것이다.

인류는 자신이 가진 '무엇'과 타인이 가진 '무엇'을 서로 맞교환하는 형태로 거래를 시작했다. 이때 돈의 역할을 하는 것은 내가 만들어 낸 생산의 결과(물건 또는 서비스)가 된다. 내 시간과 에너지를 들여 만들어낸 생산의 결과로 가치가 탄생하고 이 가치가 곧 돈의 역할을 하게 되는 것이다.

'생산의 결과(가치) = 돈'

앞에서도 살펴봤듯 물물교환은 불편한 점이 한두 가지가 아니었다. 교환을 원하는 사람이 서로 만나야 했고, 원하는 물건이 일치해야 했으며, 서로의 물건이 가진 가치가 엇비슷해야 했다. 이러한 까다로운 요건들이 있었기에 같은 마을 주민끼리는 서로의 물건을 매번 교환하지는 않았을 것이다. 원시시대의 부족은 죽을 때까지 함께하는 운명 공동체이기 때문에 오늘 내가 제공한 물건에 대한 대가를 굳이 오늘 받을 필요는 없었을 거라는 얘기다. 매번 물건을 주고받는 불편함 대신 신뢰를 기반으로 한 '약속'을 택했을 것이다. 예를 들어보자.

철수는 돌망치를 잘 만들고 영희는 생선을 잘 잡는다. 철수는 돌망치를 만들어 영희가 잡은 생선과 교환하길 원한다. 그런데 문제가 있다. 돌망치 하나가 생선 10마리의 가치가 있다는 것이다. 생선은 잡은 지 얼마 지나지 않아 신선도가 많이 떨어질 테고, 철수 역시 하루에 생선 10마리를 먹을 생각이 없었다. 따라서 철수와 영희는 서로 동등한 가치의 맞교환을 하기가 어렵게 된 것이다. 이때 두 사람은 좋은 아이디어를 생각해낸다. 영희가 철수에게 매일 생선 2마리씩을 5일간, 총 10마리 갖다주는 대가로 돌망치 하나를 미리 받아가는 것이었다. 이를테면 신용의 탄생이었다. 이후 두 사람은 이러한 거래 방식을 다른 마을 사람들에게도 전했고, 시간이 지나자 모든 사람들이 서로 간의 신용을 바탕으로 거래를 하게 되었다.

'직접적인 물물교환에서, 생산의 결과(가치)를 제공하겠다는 약

속으로 거래 방식이 바뀐 것이다'

이는 매우 획기적인 방식이었다. 약속만으로 거래하게 되자 비슷한 시기에 비슷한 가치에 맞춰 물건을 교환해야 하는 불편함이 없어졌다. 하지만 얼마 안 가 새로운 문제가 발생하게 된다. 돌망치 하나를 가져오는 조건으로 철수에게 사과 20개를 주기로 한 성호가 19개만 주고는 거래가 완료되었다고 우기기 시작한 것이다. 사연인즉, 성호는 매일 사과 2개씩을 철수에게 주다가 네 번째 날에는 하나를 더 얹어 3개를 주었고, 그러므로 열 번째 날에는 1개만 줘도 약속한 20개를 모두 준 것이라는 얘기다. 그러나 철수는 사과 3개를 받은 기억이 없고 열 번째 날에도 사과 2개를 받아야 한다고 주장했다.

이처럼 정확히 기록되지 않은 약속은 크고 작은 오해를 낳기 시작했다. 물론 악의적으로 약속을 어긴 사람도 있었을 것이다. 이게 한두 명 사이에서 벌어진 일이라면 별문제가 되지 않았겠지만, 마을 전체에서 비슷한 일이 연이어 발생한다면 얘기는 달라진다. 결국 촌장은 이 문제를 바로잡기 위해 장부라는 것을 만든다. 거래 후엔 촌장에게 와서 거래내역을 보고하도록 했고, 보고받은 것들을 꼼꼼히 기록했다. 서로의 기억이 맞지 않아 발생하는 분쟁이나 악의적 발뺌 같은 현상들이 더는 나타나지 않았다.

이 방식도 거래를 할 때마다 촌장에게 가서 일일이 보고해야 하는 번거로움이 있었는데 촌장이 집에 없을 때는 한참을 기다렸다가 보고를 하기도 했다. 또 거래 당사자 두 명이 함께 촌장을 찾아가 보고하지 않는다면 둘 중 누군가가 악의적으로 거짓 보고를 할지도 모른다는 위험이 있었고, 촌장이 특정한 누군가를 위해 거래내역을 조작할 수 있다는 사실 역시 배제할 수 없었다.

결국 명쾌한 답을 찾지 못한 가운데 마을 사람들은 몇 날 며칠을 고민에 빠진다. 그리고 긴 고심 끝에 촌장이 멋진 해결책을 만들어낸다. 마을 인근의 강에서 발견되는 조개껍데기로 장부의 역할을 대신하자는 것이었다.

유레카! 돈이 탄생하는 순간이었다.

성호는 철수에게 몇 개의 사과를 주었는지 더이상 셀 필요가 없어졌다. 사과 1개가 조개 껍데기 1개라고 하면 그냥 조개 껍데기 20개를 주고 돌망치 하나를 받아오면 되는 거였다. 장부에 일일이 기록하던 것을 조개껍데기가 대신하게 되면서 사람들은 장부로부터 해방된다.

여기서 얘기를 잠깐 끊고 생각해보자. 결국 돈의 본질은 인간이 만들어낸 생산의 결과, 즉 가치이며 돈의 원형이 되는 최종적 지불 수단이 된다. 이 가치의 거래를 편하게 하기 위해 약속(신용)이 등장했고, 약속을 잊지 않기 위해 장부가 등장한 것이다. 그러나 장부는 들고 다니며 거래하기가 어려웠고, 위조의 위험성도 있었기 때문에 '휴대는 쉽고, 복제는 어려운' 형태의 장부가 필요했다. 그 결과물로 탄생한 것이 바로 돈이다. 돈은 어음화한 장부의 상징이며, 이것이 돈의 시초이다.

돈 이야기로 다시 돌아와서 철수와 영희, 성호가 살고 있는 마을을 A 마을이라고 해보자. A 마을의 경제는 조개껍데기를 돈으로 만들어 낸 이후 급속도로 발전한다. 자기가 만들어 낸 생산의 결과를 보관하기 쉽고, 거래가 이전보다 편리해지면서 분업이 활성화 되고 생산성 또한 증가한다. 뿐만 아니라 당장의 소비를 줄이고 미래를 위해 저축하는 사람들이 늘어나면서 소비보다 생산이 많아지게 된다.

그러나 A 마을 사람들은 자기 마을 내에서만 거래하는 것이 만족스럽지 못했다. 궁리를 하던 중 옆 마을인 B 마을도 비슷한 상황이라는 걸 알게 되었고, 마침내 두 마을의 대표가 만나 거래를 활성화하기로 했다. 하지만 여기서 또 문제가 발생한다. A 마을은 조개껍데기, B 마을은 말린 사과 껍질을 돈으로 사용한다는 점이었다. 두 마을에서 사용하는 돈의 형태가 서로 다르다 보니 제대로 거래가 이루어질 리 없었다.

몇 날 며칠을 고심하던 두 마을의 대표는 묘안을 생각해낸다. 이 지역 어디에서나 발견되지만 그 양이 한정되어 있는 희귀한 돌맹이가 있는데 그 돌맹이를 동글동글하게 갈아서(유리구슬) 돈으로 사용하자는 것이었다. 이 제안은 즉시 받아들여진다. 반짝이는 희귀한 돌맹이는 조개껍데기나 말린 사과 껍질보다 단단했고 부식되지 않았으며, 작고 가벼워 휴대가 편리했다. 무엇보다 양이 한정되어 있었기에 함부로 수량을 늘릴 수도 없었다. 안심하고 돈으로 사용할 수 있는 모든 조건을 갖춘 것이었다.

나아가 옆 마을 C 마을에서도 이 돌맹이를 돈으로 사용하는 데 찬성한다. 자신들이 사용했던 기존의 돈보다 이 돌맹이가 돈으로 활용하기에 훨씬 적합해 보였기 때문이다. 이처럼 돈의 대상이 되는 것들은 상호 경쟁을 통해 무엇이 돈에 가장 적합하고, 무엇이 그렇지 않은지 구분되기 시작했다. 그 경쟁에서 최강으로 군림했던 돈이 바로 '금'이다.

금은 돈이 갖춰야 할 거의 모든 요소를 갖춘 금속이다. 부식되지 않고, 쉽게 부서지지 않으며 분리 또한 가능하고 휴대도 편리하다. 무엇보다 섞인 불순물을 제거하기도 편리하다. 그리고 이 모든 성질을 뛰어넘어 금을 최강의 돈으로 만들어 준 것은 다름 아닌 희소성이다. 희소가치가 있다는 건 단순히 양이 적다는 의미가 아니다. 양이 지나치게 적어도 돈으로 사용하기 어려울 수 있기 때문이다. 결국 금이 지닌 희소가치의 의미는 '생산비용이 높다'라는 뜻이다. 금을 얻기 위해서는 그만큼 압도적인 자원(돈, 시간, 노력)을 필요로 한다.

돈은 물물교환 시 내가 제공해야 할 생산의 결과(가치)를 대신한다고 앞서 말했다. 물물교환은 가치를 직접적으로 맞바꾸는 것이고, 이게 불편하니 약속으로 대신했고, 그것도 불편하니 장부로 대신했고, 이마저도 불편하니 돈으로 대신한 것이다. 결과적으로 돈에는 가치가 담겨 있다. 내가 생산할 가치가 상징화되어 돈에 고스란히 담기게 되는 것이다. 즉, 돈은 가치를 담고 있는 배터리다. 여기서 중요한 게 하나 있다. 물물교환의 기본은 등가교환, 서로 같은 가치의 것을 맞바꾸는 것이다.

그렇다면 가치를 담고 있는 돈 역시 제 역할을 100% 수행해내기 위해서는, 마찬가지로 자기가 품을 가치와 등가의 가치를 스스로 가지고 있어야 한다. 금이 인류 역사상 최고의 돈, 최종 결제수단이 될 수 있었던 이유는 압도적인 생산비용만큼의 가치를 금 스스로가 가지고 있었기 때문이다.

'돈을 생산하는 데 드는 가치 = 돈 그 자체의 가치 = 돈과 바꾸려는 가치'

이게 성립이 되면 돈은 어떠한 담보도 필요 없이 그 자체로 최종적인 결제의 수단이 된다. 이것이야말로 진정한 의미로서의 돈인 것이다. 이러한 조건을 만족시키는 동시에 돈으로 쓰이기 좋은 특성을 고루 갖춘 유일무이한 존재가 바로 금이었다. 금은 희소하여 생산하는 데 막대한 에너지가 들었다. 따라서 그 자체에 바꾸려는 것과의 '등가의 가치'가 내재되어 있는 것이다.

정리해보자. 돈의 원래 형태는 생산의 결과를 담아두는 가치의 보관소였다. 돈에 담긴 가치는 내가 원하는 다른 가치와 교환할 수 있는 힘, 곧 구매력이고 더 정확히는 구매력을 담아두는 배터리라고 볼 수 있다. 이 배터리는 등가교환의 법칙에 따라 스스로 담아두려는 가치와 동등한 가치가 있어야만 어떠한 담보도 필요로 하지 않는 진정한 돈이 된다. 그렇지 못한 모든 돈들은 반드시 최종적으로 가치를 제공할 담보가 있어야 한다는 것이다. 이쯤 되면 돈의 본질적인 속성에 대해 충분히 이해했을 거라 믿는다.

제3장

화폐와 가치저장 불가의 난센스

인류 역사에서 가치의 보관소 역할을 가장 확실하게 할 수 있는 돈은 금이 유일했다. 높은 생산비용으로 말미암아(희소성) 그 자체로 교환하려는 것과 등가의 가치를 지니고 있었기 때문에, 어떠한 담보도 필요 없는 최종적인 결제 수단이었다. 하지만 경제와 과학이 발달할수록 금을 돈으로 사용하기에 부적합한 갖가지 이유가 부각되기 시작한다.

금은 물리적인 실체를 가진다. 따라서 부피와 무게가 존재한다. 마을 단위의 거래라면 별문제가 되지 않겠지만 국가 단위로 결제를 할 때는 얘기가 달라진다. 이 나라에서 저 나라로, 금을 실어나르는 배가 하루에도 수백 수천 척이 필요할 것이기 때문이다. 이는 지극히 비효율적인 일이다. 따라서 사람들은 금을 창고에 모셔두고, 그

금의 소유권을 장부화 하여 어음 형태로 주고받기 시작했다. 현대 법정화폐의 시초라고 할 수 있다.

예컨대 철수가 영호네 집에 금을 1온스 맡겨두면 영호는 금 1온스에 대한 영수증(화폐)을 철수에게 준다. 철수는 그 영수증을 미애에게 주고 물건을 산다. 미애가 그 영수증을 들고 영호를 찾아가면, 철수가 맡겨놓은 금 1온스를 받을 수 있다. 만약 거래하는 당사자 간의 신용이 확실하다면 굳이 영수증을 주고받을 필요도 없다. 철수가 영호에게 연락하여 자기가 맡겨둔 금에 대한 소유권을 미애에게 양도한다고 말하면 그만이기 때문이다. 그러면 영호는 금에 붙어 있던 철수의 이름표를 미애로 바꾸고, 결국 최종 결제수단인 금은 창고에 잠든 상태로 그에 대한 권리만으로 거래를 성사시켜주는 것이다. 이게 바로 화폐의 가치가 금을 담보로 하는 금본위제이며, 이때 영수증이 화폐의 역할을 한다. 나아가 금을 국가들이 독점적으로 보관하고 자신들만이 화폐의 발행권을 갖도록 만든 형태, 이것이 현재 우리가 사용하는 법정화폐 본위제이다.

원래 화폐는 금에 의해 그 가치가 지지되었지만 이제는 그렇지 않다. 달러나 원화를 생각해보라. 발행하는 데 거의 비용이 들지 않는다. 5만 원짜리 지폐를 생산하는 데 드는 비용은 얼마일까? 심지어 유통되는 돈의 95%는 지폐나 동전이 아니라 통장에 찍힌 '디지털 숫자'에 불과하다. 생산하는 데 비용이 들지 않는다는 얘기는 금과 달리 그 자체로는 어떠한 가치도 없다는 뜻이다.

'돈을 생산하는 데 드는 가치 = 돈 그 자체의 가치 = 돈과 바꾸려는 가치'

이 공식이 성립되지 않는다. 국가가 발행하는 법정화폐 자체는 그냥 종이 쪼가리거나 디지털로 된 숫자에 불과하다. 그렇다면 화폐는 대체 무엇을 담보로 가치를 유지하는 걸까? 금과는 달리 화폐 자체에 아무런 가치도 담겨 있지 않으니, 반드시 최종적인 결제의 수단이 되는 담보물이 있어야만 한다.

국가가 발행하는 법정화폐의 가치를 뒷받침하는 것은 바로 발행자인 국가의 신용이다. 물론 국가는 '대외지급준비자산'으로 금을 비롯한 여러 담보물들을 가지고는 있다. 그러나 대부분의 국가가 발행한 화폐는 이미 담보물의 가치를 훨씬 뛰어넘었고, 미국의 경우 2022년 기준 채무가 30조 달러에 달하지만 가지고 있는 금을 달러로 환산하면 5천억 달러가 채 되지 않는다. 보유한 금의 60배에 달하는 채무를 지고 있다는 것이다.

이처럼 많은 국가의 화폐가치는 향후 생산물을 제공하겠다는 국가의 약속, 즉 신용에 불과하며 이는 큰 문제를 야기한다. 왜냐하면 진정한 돈은 그 자체에 교환하려는 것과 등가의 가치가 있어야 하기 때문이다. 그래야만 어떤 것에도 담보되지 않고 그 자체로 돈의 역할을 할 수 있다.

인간의 모든 부는 생산의 결과다. 우리가 이전 세대보다 더 풍요롭게 살게 된 것은 생산성의 극적인 증가 때문이다. 이전과는 비교할 수 없을 만큼의 많은 식량과 공산품을 생산해낼 수 있게 되었기에 더 풍요로워진 것이다. 그러나 법정화폐는 이미 만들어진 생산의 결과를 담보로 하고 있지 않다. 앞서 말했듯 대부분의 국가는 화폐의 가치를 지지할 만한 충분한 담보가 없기 때문이다. 법정화폐에 담긴 가치는 대부분이 국가의 신용이다. 아직 만들어지지 않은 미래의 생산에 대한 약속에 불과하므로, 그 자체로 가치를 포함하고 있지는 못하다.

가령 여러분이 수프 5인분을 끓이고 있었는데 손님이 더 와서 10인분을 끓여야 하는 상황에 놓였다고 생각해보자. 이때 5인분의 재료 대신 그만큼의 물만 부으면 수프의 농도는 물을 부은 만큼 묽어질 것이다. 법정화폐도 이와 같은 구조다. 법정화폐는 생산비용이 거의 없으므로 그 자체로는 아무런 가치를 지니지 못한다. 따라서 기존에 축적해놓은 부를 희석하며 발행된다. 반면 금은 생산해내는

데 막대한 비용이 소모된다. 그 자체로 이미 만들어진 부와 등가교환 되어 그에 상응하는 가치를 지니게 되는 것이다. 금을 돈으로 사용할 때에는 새로운 돈이 발행되어도 가치 희석이 거의 발생하지 않는 까닭이다.

하지만 현재 법정화폐는 스스로 아무 가치도 지니지 못하기 때문에 발행되면 발행될수록 기존에 발행된 돈의 가치가 희석된다. 수프에 물을 타는 것과 같은 이치다. 화폐의 가치가 끊임없이 내려가면 교환 대상이 되는 것들의 가격이 올라간다. 1달러에 1만큼의 구매력이 포함되어 있고 10달러에 10만큼의 구매력이 포함되어 있다고 하면, 10만큼의 구매력이 필요한 물건을 사기 위해서는 10달러가 필요하다.

그런데 달러의 가치가 하락하여 이제 '1달러'가 0.9만큼의 구매력을 지니게 되었다고 해보자. 이 상태에서 10의 구매력이 필요한 물건을 사기 위해서는 대략 11개의 '1달러'가 필요하다. 가격이 10달러에서 11달러로 오르게 된 것이다.

정리하자면 생산의 결과는 가치이며, 그 가치는 곧 돈이다. 또한 그 돈은 다른 가치와 교환할 수 있는 힘이기에 구매력이 된다. 그렇다. 구매력은 에너지다. 무언가 다른 에너지로 치환할 수 있는 상태의 에너지. 그런데 에너지는 형태가 변환될 뿐 새로 만들어지거나 소멸하지 않는다. 요컨대 등가교환이 일어나야 한다는 것이다. 모름지기 돈은 교환하는 대상과 같은 가치를 지니고 있어야 하며, 만약 같은 가치를 지니고 있지 못하다면 그 돈은 돈으로서의 역할을 제대로 수행하지 못하고 반드시 담보물을 필요로 한다.

현대 법정화폐는 그 가치를 지니지 못한 상태에서 끊임없이 새로 발행되기 때문에 가치를 계속 잃어만 간다. 결국 법정화폐와 교환 대상과의 교환비율(가격)이 꾸준히 오르고 있으며, 이것이 지금 우리에게 일어나고 있는 총체적인 현상이다.

제4장

돈은 구매력 배터리에 담아라

이제 우리는 돈의 본질이 가치를 교환하는 구매력(힘, 에너지)이며 원하는 것을 교환할 수 있는 능력 그 자체라는 것을 알았다. 이걸 알고 있다면 우리가 돈의 전부인 줄로 알았던 '숫자'는 더 이상 중요하지 않다. 1억, 10억, 100억, 이런 숫자가 이제는 하나의 상징에 지나지 않는다는 것이다.

짐바브웨에서는 1조(짐바브웨) 달러로 달걀을 3개밖에 사지 못한다고 한다. 우리나라에서도 내가 어렸을 때 50원 정도 하던 아이스크림이 지금은 1,000원이 훨씬 넘는다. 만약 재난, 전쟁, 또는 다른 요인들로 인해 하이퍼 인플레이션이 일어난다면 종이 쪼가리에 불과한 화폐는 휴지조각이 되고 만다. 돈이란 '내가 원하는(필요로 하는) 것으로 교환할 수 있는 힘(에너지)' 그 자체다. 우리가 갖고 있는 돈이 어떤 형태이든 숫자는 중요하지 않으며, 그것이 가진 본질적인 구매 (교환)력이 중요한 것이다.

화폐, 주식, 채권, 금, 코인 등 우리가 알고 있는 모든 자산은 그 구매력을 담아두는 껍데기의 역할을 한다. 힘(에너지)을 담아두는 껍데기, 이것을 배터리라고 부르겠다. 배터리가 외부적으로 어떤 형태를 지니는지는 그리 중요하지 않다. 화폐든 주식이든 외부 형태 그 자체로는 아무 의미가 없다는 것이다. 중요한 건 '그것으로 무엇을 살 수 있는가'이다. 콜라 100병을 살 수 있는 화폐의 현재가치와 동일한 가격의 주식이 있다면 둘의 현재가치는 본질적으로 같다. 그런데 여기서 알아야 할 중요한 사항이 있다.

자산은 구매력을 담는 배터리인 동시에 그 종류에 따라 다른 특성을 보인다. 우리가 전기 에너지를 담아두는 데 사용하는 배터리처럼 말이다. 어떤 배터리는 순간적인 힘을 낼 수 없지만, 안정적이고 오래 보존되는 특성을 가지고 있고, 어떤 배터리는 안정성은 떨어지나, 순간적으로 큰 힘을 낼 수 있다. 이때 배터리 안에 담겨 있는 전기 에너지의 속성은 달라지지는 않는다. 다만 그것을 담고 있는 배터리가 무엇이냐에 따라 특성이 바뀐 것뿐이다. 돈도 마찬가지다. 돈이라고 하는 것의 본질적 의미는 구매력일 뿐이며, 그 힘을 담고 있는 껍데기가 무엇이냐에 따라 특성이 달라진다.

*힘을 담아두는 껍데기(배터리)에 따라 달라지는 특성의 예시

화폐: 단기적으로는 변동성이 적으나, 장기적으로는 인플레이션에 의해 100% 구매력이 감소한다.

금: 단기적으로 약간의 변동성이 있고, 장기적으로는 구매력을 보존한다.

주식: 단기적인 변동성이 매우 큰 편이며, 주식의 종류에 따라 그 특성 또한 천차만별이다. 좋은 기업의 주식이라는 전제하에 장기적으로 구매력이 증가한다.

자산의 대표적 예라 할 수 있는 화폐, 금, 주식은 이러한 특성을 가지고 있다. 그 외에도 지구상에 존재하는 모든 자산은 구매력을 포함하고 있으며, 어떤 자산이냐에 따라 구매력을 보존하는 특성이 달라질 뿐이다. 그렇다면 우리는 구매력의 사용 용도에 따라 특성이 달라지는 이 배터리들을 다르게 모을 필요가 있다.

만약 6개월이나 1년 이내에 사용할 구매력이라면, 단기적으로 구매력의 변동성이 가장 적은 '화폐'로 보관해야 한다. 장기적으로 가치가 떨어진다고 해서 무조건 나쁜 것만은 아니다. 각자의 용도에

맞는 선택이 중요하다는 얘기다.

　반면 구매력을 오래 보존하는 것이 목적이라면 좋은 주식, 좋은 부동산, 좋은 상품, 좋은 암호화폐 같은 가치를 오래 보존할 수 있게끔 설계된 껍데기(배터리)에 구매력을 담아 보관해야 한다. 그래야만 장기적으로 구매력이 증발하지 않는 '진짜 저축'을 할 수 있는 것이다. 무엇이 좋은 자산이고 나쁜 자산인지는 개인의 판단에 따라 달라지겠지만, 중요한 건 이처럼 돈과 자산의 특성을 이해하고 있는 상태에서 본인의 목적에 맞는 배터리를 선택한 다음 각각의 균형을 잘유지하며 모으는 것이다.

　예로, 주식이라고 하는 자산에 대해 좀 더 살펴보자. 제아무리 우량한 기업이라 해도 주식은 단기적인 구매력의 변동성이 매우 큰 배터리다. 또한 날씨나 습도에 따라 충전량이 수시로 바뀌는 배터리이기도 하다. 여기서의 날씨와 습도는 시장상황이나 경기 등을 의미하며, 충전량은 주식을 화폐로 바꿨을 때 생기는 구매력을 뜻한다.

　날씨와 습도, 그러니까 시장상황이나 경기와 같은 거시적 경제 요소들은 우리가 컨트롤할 수 없다. 따라서 주식이라고 하는 배터리(자산)의 단기적인 충전량(구매력) 역시 우리가 컨트롤할 수 없다. 주식에 단기적으로 사용할 구매력을 담아두는 건 적합하지 않은 이유다.

또한 단기적인 구매력 사용의 용도로 모으는 것이 아니기 때문에 지금 당장의 가격으로 이 자산의 가치를 평가해서는 안 되며, 장기적으로 얼마나 많은 배터리(자산)를 모았는지 보고 그것으로 스스로의 성취와 부를 평가해야 한다. 물론 단기적인 구매력으로 전환할 예정이 없다면 평가의 의미도 크게 없다.

좋은 자산을 사는 건 구매력의 창고를 확장하는 일이다. 창고 안의 비축량은 단기적으로 커지기도 하고 작아지기도 하지만, 창고의 크기를 계속 늘려나간다면 결과적으로 그 안에 비축한 구매력의 총량 또한 커지게 된다.

구매력을 쌓아두는 '창고의 확장'이라는 개념으로 자산을 사는 것이 가장 좋다. 창고 안에 넣어둔 비축량에 변동이 있어도, 결국은 창고의 크기를 따라가기 마련이다. 이러한 사고방식으로 자산을 대한다면 현재 가격에 대한 집착이 많이 사라지게 된다. 단기적 지급용으로 확보해둔 구매력이 아니라, 보존용으로 확보한 구매력이라는 사실을 완전히 인지하고 있다면 말이다.

제5장

돈의 레이블링(labelling)

그렇다면 이러한 구매력을 어디에, 어떻게 나누어 담아야 하는지에 대해 얘기해보자. 삶을 살아가기 위해서는 다양한 용도의 구매력이 필요하다. 단기적으로는 이번 달 생활비와 고정적으로 빠져나가는 지출 등 생계를 유지하기 위한 생계용 구매력, 또 몇 달 이내에 언제든 사용할 가능성이 있는 비상금과 같은 준비성 자금의 역할을 하는 단기 구매력이 있다. 또한 당장은 사용할 일이 없지만 향후 2~3년 내에 사용할 가능성이 있는 중기 구매력도 존재한다. 미혼이라면 결혼자금, 학부모라면 자녀의 학자금, 수년 내에 집을 구매할 계획이 있다면 내 집 마련 자금이 될 수 있겠다. 이처럼 수년 내에 사용할 가능성이 있는 모든 자금은 중기 구매력으로 본다. 마지막으로, 장기간 사용할 예정이 없는 구매력이 있다. 이런 잉여 구매력은 장기간 사용할 일이 없기 때문에 장기 보관용 딱지를 붙여 창고에 저장해두면 된다.

이렇게 본인의 나이, 소득, 가치관, 성향, 주어진 환경 등을 고려하여 자기와 맞는 구매력을 찾는 것부터 시작한다. 예를 들어보자. 누군가가 현재 화폐가치로 5억 원의 구매력을 가지고 있다. 그리고 이 구매력을 용도에 맞게 여러 배터리에 나누어 담으려고 한다.

초단기 구매력 (3달 이내 사용 가능): **1,000만 원**

단기 구매력 (1년 이내 사용 가능): **4,000만 원**

중기 구매력 (3년 이내 사용 가능): **1억 5,000만 원** (주거이전 비용)

장기 구매력 (10년 이내 사용 가능): **2억 원**

잉여 구매력 (사용 예정 없음): **1억 원**

만약 본인이 결혼을 해야 한다거나, 전세든 내 집 마련이든 큰 주거비용을 지불할 계획이 있다면 이 단계에선 아직 잉여 구매력(장기 구매력)은 없다고 보는 편이 맞다. 생애 주기상 아직 잉여 구매력이 발생할 단계가 아닌 것이다. 우선 본인의 삶의 틀이 완전히 잡히고 난 이후에 잉여 구매력 발생을 기대해볼 수 있다. 따라서 장기 구매력이 발생하는 시점은 대부분 결혼과 주거를 마련한 이후가 될 것이다(각자가 추구하는 생활방식과 가치관의 차이가 있기에 단언하기는 어렵다).

이렇게 사용할 구매력을 용도에 맞게 잘 나누었다면, 다음은 각 구매력을 적절한 형태의 배터리에 담아야 한다. 투자자마다 생각이 모두 다르기에 '정답'은 존재하지 않지만 나는 다음과 같이 나누어 보았다.

초단기 구매력: 약 1달~3달간 사용할 구매력 (보수적으로는 6개월~12개월까지)

예: 현금(원화)

단기 구매력: 약 3개월~12개월까지 사용할 구매력 (보수적으로는 2년까지)

예: 현금성 자산(예금, 적금), 외화(달러), 채권

중기 구매력: 약 2년~3년 내에 사용할 구매력 (보수적으로는 5년까지)

예: 채권, 금, 가치주(배당주), 주가지수 ETF

장기 구매력: 3년~10년 정도 사용할 일이 없는 구매력
예: 성장주, 암호화폐

잉여 구매력: 사용 예정이 아예 없는 온전한 잉여 구매력

예: 초장기 성장주, 암호화폐

다음 장에서 순서대로 살펴보자.

제6장

초단기 - 단기 구매력

우선 당장의 생활이 달려 있는 생계형 구매력인 초단기 구매력은 최대한 보수적으로 설정하여 현금으로 가지고 있는 것이 좋다. 보통 3개월 이내에 사용할 생활비를 얘기하지만, 좀 더 보수적으로 접근하고 싶다면 6개월에서 1년 정도까지 늘리는 것도 고려해볼 수 있다.

다음으로는 단기 구매력. 약 3개월에서 1년 이내에 사용할 구매력으로, 비상금과 같은 준비성 자금의 역할을 한다. 보수적으로 접근한다면 2년까지 사용할 가능성이 있는 자금으로 준비할 수 있으며, 이러한 구매력으로 사용하기 가장 좋은 배터리는 현금성 자산인 단기예금이나 단기적금이다. 1년짜리 단기예금 또는 단기적금을 들면 약간의 이자로 화폐의 구매력 상실을 조금이나마 방어하게 되고,

구매력의 변동성 없이 자금을 확보할 수 있다.

단기 구매력을 저장하기 좋은 또 하나의 배터리는 바로 달러다. 달러는 세계의 기축통화로 사용되는 최강의 화폐이며, 그렇기에 원화보다 구매력 유지가 잘 될 가능성이 높다. 환율이 좋지 않은 경우, 원화로 환전하지 않고 달러로 미국 주식이나 해외 거래소의 암호화폐 등을 살 수 있기에 안전한 단기 구매력이라고 볼 수 있다. 그러나 대한민국에 사는 사람에게는 어쨌든 원화가 법정화폐이고 달러는 외화이기에, 환율에 따라 손해를 보는 경우가 발생할 수도 있다.

마지막으로 채권 역시 단기 구매력의 저장소 역할을 한다. 3개월이나 6개월 또는 1년짜리 채권을 사면 원금 손실의 위험 없이 이자를 받을 수 있기 때문이다. 다만 물가가 크게 변동할 경우 채권의 이자율에 따라 손해를 볼 가능성이 있으므로 조심해야 한다. 예컨대 2020년에 미국 10년물 채권을 산 투자자는 10년간 연 평균 1.5%의 이자율을 받게 되지만 2022년 미국의 1년 물가상승률은 8%가 넘었기 때문에, 이 채권 투자자의 실질 이자율은 -7%가 되는 것이다. 물론 다른 자산들보다는 안전하지만, 채권에도 이러한 리스크가 있다는 것 정도는 알아두는 게 좋다.

제7장

중기 구매력

다음은 중기 구매력이다. 약 2~3년 정도 후에 사용할 가능성이 있는 구매력으로, 길게는 5년 정도까지 설정할 수 있다. 대표적으로 결혼이나 학자금, 주거이전 비용 등이 있다. 자신의 상황에 따라 구매력을 잘 구분할 필요가 있으며, 이러한 구매력을 넣어두기 가장 좋은 배터리가 바로 '안전자산'이라 불리는 자산들이다.

그 중 대표적인 것이 채권과 금이다. 화폐를 제외하면 채권과 금은 가격변동성이 가장 적은데 그렇다고 변동성이 완전히 없는 건 아니다. 금은 1년 동안 20% 가까이 가격이 움직이는 경우도 있었다. 결국 주식이나 암호화폐 등 다른 자산들에 비해 변동성이 적을 뿐, 변동성이 전혀 없는 건 아니니 주의가 필요하다.

금이 장기적으로 가치를 보존하는 배터리임에는 틀림없다. 1971년 금 태환 중지 당시 1온스당 35달러였던 금의 2022년 가격은 1,600달러~2,000달러 사이를 오가고 있으며, 이러한 금에 비해 달러의 구매력은 50년간 98% 이상 상실되었다. 금을 훌륭한 중기 구매력 보관용 배터리라 할 수 있는 대목이다.

채권과 금 외에도 '가치주(배당주)'라는 중기 구매력을 담기에 좋은 배터리가 있다. 이는 현재 기업의 장부가격이나 현금흐름에 비해 낮은 가격으로 거래되며 배당을 꾸준히 주고 있는, 미래 성장 가능성보다는 지금 당장 돈을 잘 벌고 있는 기업의 주식을 가리킨다. 가령 부장과 신입사원이 있다고 할 때, 부장은 가치주가 되고 신입사원은 성장주가 될 것이다. 가치주는 성장 가능성은 별로 없지만 당장 돈을 잘 벌고 있는 기업의 주식이기 때문에 상대적으로 변동성이 적다. 또한 수십 년에서 100년 이상 된 기업이기에 내실이 탄탄하고 대외 신뢰도가 높으며, 배당금을 주고 있는 기업들이 대부분이다. 매달 혹은 분기마다 나오는 배당금은 가격의 하방 변동성을 더욱 줄여주는 요인이 된다. 주가가 5% 하락했는데 2%의 배당을 받았다면 실제 변동성은 3%가 되기 때문이다.

다만 가치주의 경우 경기사이클에 크게 영향을 받는 시클리컬(Cyclical) 주식들이 많다. 따라서 경기침체기가 오면 수요가 급격하게

줄어들면서 가치주란 이름이 무색할 정도로 주가가 하락할 가능성
도 있다. 결국 가치주를 매수하고 싶다면, 매크로 경기를 잘 파악할
수 있는 능력을 기본으로 길러야 한다. 또 모든 가치주가 경기사이클
에서 똑같은 영향을 받지는 않으며, 각 기업의 비즈니스 종류에 따
라 영향받는 타이밍이 달라진다는 것도 알아두자.

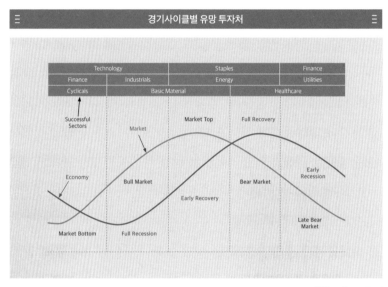

출처 : patternswizard

일반적으로 경기침체 초기에는 금리가 상승하면서 금융주가 선
호되고, 상대적으로 경기의 영향을 덜 받는 유틸리티 주식(전기·수도)
들이 혜택을 받는다. 그러다 경기침체가 깊어지면 주가 하락이 정점
에 도달하면서 테크주식과 임의소비재 주식들로 저가 매수세가 들

어온다. 그리고 경기가 회복기로 접어들면 산업이 활성화되면서 기초재료 주식과 산업재 주식들이 호황을 이루고, 경기가 정점에 다다르면 필수소비재 주식과 에너지주식이 가장 많은 혜택을 받는다. 이러한 경기 순환 사이클은 일반적으로 5~7년 정도를 한 사이클로 보기 때문에, 현재 자신이 진입하는 시점에서 유리한 산업에 위치한 가치주를 고른다면 2~3년 정도 보유하기 좋은 상황이 된다.

만약 이런 경기사이클을 보는 능력이나 그에 맞춰 적합한 주식을 사는 능력이 없다면 어떻게 해야 할까? 그럴 땐 지수 추종 ETF를 사면된다. ETF란 'Exchanged Traded Fund'의 약자로 특정 지수(코스피, 코스닥 등)의 성과를 그대로 추적하는 펀드를 주식처럼 거래하게 만들어 준 '주식형 펀드'이다. 예로 한국의 코스피 ETF를 사면 한국의 대표기업이 모두 속해 있는 코스피 지수 전체를 추종하는 '주식형 펀드'를 매수하게 되는 것이다. 이렇게 여러 기업이 모두 속해 있는 ETF를 사게 된다면 각 기업의 경기사이클에 따른 반응을 일일이 체크할 필요가 없어진다.

제8장

장기 - 잉여 구매력

장기 구매력은 필요한 것들이 어느 정도 갖춰진 이후에 쌓이는 구매력이다. 또한 중기적으로 사용해야 하는 자금이 아직 부족한 경우에도, 그 자금은 향후 벌어들이는 소득으로 어느 정도 해결이 가능할 때, 먼 미래를 보고 투자하는 자금을 먼저 모을 수도 있다.

어느 쪽이 되었건 최소 3년 이상(경기사이클 한 바퀴)에서 10년이 넘는 기간(경기사이클 두 바퀴)까지 사용할 예정이 없는 구매력이어야 한다. 이러한 구매력은 단기적 사용 자금으로 전환할 예정이 없으므로, 성장 가능성이 가장 높은 자산에 투자해야 한다.

'모소대나무'는 5년 동안 거의 자라지 않고 싹만 틔우다가, 한 번 자라기 시작하면 하루에 30cm씩 자라나 15m가 넘는 장대 대나무로 성장한다. 장기 구매력은 이러한 자산에 투자해야 한다. 투자는 현재의 구매력을 희생하여 미래에 더 큰 구매력을 얻기 위한 행위이기 때문이다. 따라서 씨앗을 심는다는 마음이 기본이 되어야 한다. 그러나 아무리 좋은 씨앗을 심었다 하더라도 내일 당장 수확하기는 어렵다. 나중을 위해 기다릴 줄 알아야 하는 것이다. 성장 가능성이 높은 자산을 살 때는 이러한 마음가짐으로 투자하는 것이 바람직하다.

현재가치가 아닌 미래가치를 보고 투자하는 고성장 자산 중 대표적인 것은 성장주와 암호화폐다. 성장주란 현재 벌고 있는 돈은 별로 없지만, 미래에 기업이 크게 성장할 것을 기대하고 주가가 형성되어 있는 주식을 말한다. 가령 현재의 주당 순이익이 1달러밖에 되지 않는 주식의 주가가 100달러라면 말도 안 되게 비싼 것 같지만, 5년 후 주당 순이익이 10달러가 된다면 어떨까. 5년 동안 기다리는 수고를 감내하고서라도 충분히 투자할 만한 가치가 있을 것이다. 이러한 기업의 주식을 가리켜 성장주라고 한다.

미국 주식에 투자하는 우리나라 투자자들 사이에서 2020년부터 몇 년째 인기 순위 1위를 차지하고 있는 주식이 있다. 바로 미국의 전기차 기업 '테슬라'다. 테슬라의 2020년 주당 순이익은 21센트에 불과했다. 당시 주가가 최대 300달러까지 올랐으니 주가가 순이익의 1,500배까지 치달은 것이다. 이후 2022년 초반~중반 테슬라 주가는 여전히 300달러 전후를 유지하는 가운데 주당 순이익은 4달러에 육박했다. 불과 2년 만에 순이익이 20배 성장하면서 순이익 대비 주가 비율이 1,500배에서 70배 수준으로 내려온 셈이다. 다만, 2022년 후반 들어 익히 알려진 바와 같이 트위터 인수 등의 여러 가지 이유로 주가는 연말 즈음 120달러 아래로 급전직하하는 모습을 보여주고 있다.

지금 당장 벌고 있는 돈보다 주가가 많이 높으면 거품이라고들 한다. 하지만 기업이 폭발적으로 성장한다면, 이전에는 말도 안 되던 일이 말이 되는 일로 바뀌게 된다. 이처럼 성장주에 투자하는 일은 기업의 앞날을 내다보고 '미래 성장 가능성' 대비 '현재 가격'이 저렴한 기업의 주식을 미리 사두는 것이다.

암호화폐도 비슷하다. 암호화폐의 대장이라 불리는 비트코인의 지갑 소유자는 현재 1억 4,000만 명 안팎이다. 이게 무엇을 의미할까. 1990년대 인터넷이 처음 나왔을 당시 사람들의 반응은 시큰둥했다. 인터넷 없이도 여태 잘 살아왔는데 이제 와서 그런 게 왜 필요하냐는 반응이었다. 아마 전기나 자동차가 처음 나왔을 때도 비슷한 반응이었을 것이다.

이 얘기를 꺼낸 이유는 2022년 현재 비트코인 사용자 수가 1997

년 초기 인터넷 사용자 수와 비슷하기 때문이다. 1997년은 아마존이 상장한 시기다. 아마존의 주가는 인터넷의 발전과 더불어 눈부신 성장세를 보이며 무려 2,000배가 넘게 올랐다. 현재 비트코인의 발전단계가 1997년의 인터넷과 비슷한 수준이고, 지금은 그때보다 기술의 발전이 훨씬 빠르다는 걸 감안하면 그 가능성은 무궁무진하다. 물론 블록체인이 인터넷만큼의 가치를 지니고 있는가에 대한 생각은 사람마다 다를 수 있지만, 확장 가능성이 높다는 건 결코 부정할 수 없다.

이처럼 훗날의 가치를 기대하고 투자하는 고성장 자산의 경우, 시장상황이나 투자자들의 감정에 따라 단기적인 변동성이 매우 클 수 있다. 현재의 가치에 근거하는 것이 적을수록 불확실성이 증가하기 때문이다. 다시 말해 장기적인 충전량 증가 가능성이 큰 만큼, 단기적인 충전량 변동 가능성도 큰 배터리인 것이다. 그럼에도 본인이 투자하고 있는 자산에 대한 확실한 가치 파악이 되어 있다면 이것은 문제가 되지 않는다. 단기적으로 사용할 예정이 없기 때문이다. 문제는 자기가 보유한 자산에 대해 정확히 판단할 수 있는 지식과 정보가 있느냐, 하는 것이다.

중기 구매력을 보관하는 배터리에 장기 구매력을 보존해도 역시 큰 문제는 없다. 장기간 사용할 일이 없는 구매력을 성장주가 아닌

가치주에 저장해도 된다는 말이다. 고성장 가능성 자산들의 변동성이 심적으로 너무 힘들거나, 아직 이러한 자산들의 가치 판단을 스스로 할 수 있을 정도의 공부가 되어 있지 않은 분들이라면 오히려이 편이 낫다. 투자는 기본적으로 본인의 역량에 근거해야 한다. 지식이 있어도 충분한 준비가 되어 있지 않다면 고통을 겪을 수 있기때문이다.

공부가 부족하고 경험이 적은 투자자는 아직 투자의 그릇이 작은 상태라고 볼 수 있다. 이 상태에서 본인의 수준에 맞지 않는 투자를 하게 되면 평정심을 유지할 수 없고, 이러한 불안은 잘못된 판단으로 이어진다. 투자에 실패할 가능성이 높아진다는 것이다. 그러니무리해서도, 욕심을 내서도 안 된다. 본인의 실력을 객관적으로 판단해 가면서 그릇을 조금씩 키워나가길 바란다.

본인의 실력은 다른 어느 누구에게도 물어볼 필요 없이 스스로의 마음을 살펴보기만 하면 된다. 가격이 오르면 흥분되고 설레는감정이 강하게 느껴지는지, 반대로 가격이 내리면 불안하고 초조해일이 손에 잡히지 않는지, 자신에게 물어보는 것이다. 이러한 흥분(탐욕)과 불안(공포)이 일상생활에 불편함을 주는 정도라면 그것은 그릇을 넘어선 투자일 가능성이 높다.

투자가 감정상태에 큰 영향을 준다면 그것은 올바른 투자라고 보기 어렵다. 이런 경우 단기성 자산(단기적으로 변동성이 작지만 장기적으로는 가치가 줄어드는 자산)의 비중을 더 많이 가져갈 필요가 있다. 장기적으로 구매력이 줄어들기는 하겠으나, 당장의 변동성에 심적 고통을 겪고 있다면 선택의 여지가 없을 것이다(물론 중장기적으로 보존할 구매력을 이러한 자산에 보관하는 것이 궁극적으로는 바람직한 방법이 아니다). 그러는 동안 올바른 배터리 선정을 위한 투자 실력과 그릇을 키우는 것도 하나의 방법일 수 있다.

부동산은 여러 구매력을 모두 담을 수 있는 배터리다. 기본적인 특성은 중·장기 구매력을 보존하는 용도에 적합하지만, 거래의 목적과 방식에 따라 단기적인 구매력 보관 수단으로 삼을 수도 있다. 다만 거래가 어렵고, 각종 규제나 세금 관련 법규에 구속받는 부분이 크기 때문에 주의가 필요하다. 또한 자기가 살아야 할 집의 경우 거주용이라는 특정한 목적 때문에 거래 목적과는 상관없이 장기 보존용으로 분류해야 하는 경우도 발생한다. 이처럼 부동산은 인간의 기본권인 의식주와 관련되어 있어 이래저래 특수한 자산이다.

PART

7

전환의 규칙

—

돈이 생기면 그냥 사라

THE RULES
OF MONEY

제1장

돈생걍사

화폐는 단기적 지급용도라는 명확한 목적을 가지고 있다. 따라서 단기적으로 필요한 구매력은 반드시 화폐로 가지고 있어야 하며, 장기적인 보존 목적의 구매력만 자산으로 바꿔야 한다. 이러한 목적의 구매력은 '비용 평균 매수법', 즉 '분할매수'를 통해 바꿔 나갈 수 있다.

장기적 구매력 축적이 목적이더라도 모든 화폐를 한꺼번에 다 자산으로 전환하는 것은 추천하지 않는다. 다름 아닌 기회비용 때문이다. 기회비용이란 우리가 선택한 것을 얻기 위해 지급한 비용과 그것을 선택하지 않았을 때 얻게 되었을 대안 중, 가장 큰 비용을 합친 값을 말한다. 만약 여러분이 지금 가진 돈을 모두 투자해 자산을 구매했는데 이후 가격이 더 오르거나 내려가게 되면 원래 살 수 있었던 수량과 달라지게 되는데 그것이 기회비용인 것이다. 우리는 앞으로 가격이 더 오를지 내릴지 예측할 수 없고, 기회비용이 증가할지 줄어들지 알 수 없다. 다만 확률의 변동을 최대한으로 억제할 수 있을 뿐이다. 어렵지 않다. 현재 가격을 계속 따라가면서 사기만 하면 된다. 그렇게 하면 계속 변화하는 가격에 맞춰 살 수 있게 되고, 확률의 변화를 줄일 수 있다. 이것이 '비용 평균 매수법'의 기본적 개념이다.

예컨대 당신이 어떤 주식을 100만 원만큼 매수한다고 가정해보자. 이 주식을 매일 1만 원씩 100일에 걸쳐 사는 것이다. 그렇게 하면 100일 동안 주식이 오르든 내리든 항상 그 시점의 가격에 맞춰 사게 된다. 확률의 변동을 최소한으로 억제하며 기회비용을 줄일 수 있는 것이다. 어쩌다 목돈이 생겨 큰돈을 투입할 경우, 역시 최대한 길게 나눠 사는 편이 좋다. 기간을 길게 잡을수록 기회비용은 줄어든다.

그럼 그 기간은 얼마 정도로 잡는 것이 적당할까? 일반적으로 매수 기간은 본인의 단기 구매력 확보 기간만큼 잡으면 된다. 단기 구매력을 목적으로 화폐나 채권 등의 현금성 자산을 보유할 경우, 최단 3개월에서 최대 3년까지 가능하다. 본인이 단기 구매력을 짧은 기간만큼만 가지길 원한다면 이 기간을 짧게 잡으면 되고, 길게 가지길 원한다면 이 기간을 길게 잡으면 되는 것이다.

물론 가지고 있는 돈의 규모나 성격에 따라서도 달라진다. 우선 월급 같은 고정 수입이라면 다음 고정 수입이 들어올 때까지 나눠서 사면 된다. 월급 중 한 달에 200만 원을 투자하는 사람이라면 다음 달 월급일 전까지 이 200만 원을 가지고 나눠서 사면 되는 것이다. 만약 목돈이 생겼다면 어떨까? 이 경우에는 목돈의 규모에 따라 달라진다. 예를 들어보자. 일반적인 30대 직장인 기준으로 1,500만원 정도면 나름 중규모의 목돈일 것이다. 중규모의 목돈이라면 초단기 구매력인 현금의 보유 기간과 비슷한 기간으로 나눠 사면 적당하다. 만약 당신이 5개월 사용분 정도의 현금을 보유하기로 했다면 이 목돈 1,500만 원을 한 달에 300만 원씩 대략 5개월 정도에 걸쳐서 나눠 매수하면 된다. 그럼 큰 규모의 목돈이라면 어떨까? 당신에게 1억 원 정도의 목돈이 생겼다고 해보자. 이 정도 금액이면 대부분의 사람들에게는 대규모 목돈일 것이다. 이 경우 초단기 구매력인 현금 정도가 아니라 단기 구매력인 현금성 자산(예적금, 외환, 채권)의 보유 기간 정도로 나눠서 사면 좋다. 예로 당신이 단기 구매력으로 외화나 채권을 2년 치 사용분 정도를 보관하고 있다면 대규모 목돈 역시 이 정도 기간으로 나눠서 사면 좋다. 1억 원을 2년 동안 나눠서 매수하는 것이다. 물론 여기에는 정답은 없다. 자신이 구매력을 어떻게 나눠 보관하고 있는지를 잘 파악하여, 자신의 성향에 맞게 무리하거나 서두르지 말고 천천히 분할하여 사길 바란다.

이처럼 기회비용을 줄이고 평균적인 가격으로 사는 것을 '리스크 평준화'라고도 부른다. 가격이 오르는 것도 리스크고 떨어지는 것도 리스크다. 사지 않았다면 가격이 오를 때가 리스크고, 샀다면 가격이 떨어질 때가 리스크이기 때문이다. 그런데 이 리스크는 예측이 불가능하므로 최대한 길게, 평균적인 가격으로 사서 리스크를 '평준화'시키는 것이다. 결국 내 손에 돈이 들어왔다면 특정 타이밍을 잡아서 사기보다는 지금부터 꾸준히 나누어 사면 된다.

나는 이것을 돈이 생기면 그냥 산다고 해서 '돈생걍사'라고 부른다.

어떤 분들은 이 '돈생걍사'의 의미를 '모든 돈을 지금 당장 올인하라'로 오해하기도 하는데, '돈생걍사'의 진정한 의미는 '타이밍'에 있는 것이 아니라 '개념'에 있다. 돈은 구매력이며 자산은 그 구매력을 담아두는 배터리라는 사실을 인지한 상태에서, '오늘이 가장 비싼' 화폐를 '오늘이 가장 싼' 좋은 자산들로 꾸준히 전환해나간다는 '개념적 이해'야말로 진정한 '돈생걍사'의 의미라 할 수 있겠다.

제2장

역추세 베팅의 한계

많은 사람들이 투자할 때 가장 어려워하는 것 중 하나가 자산을 파는 타이밍이다. 사람들은 자신이 산 가격보다 조금만 가격이 더 올라도 빨리 팔고 싶어 한다. 그러나 자산을 파는 행위는 '꼭 그래야 하는 상황'이 아닌 이상 자제하는 것이 좋다. 자산을 파는 것은 당신

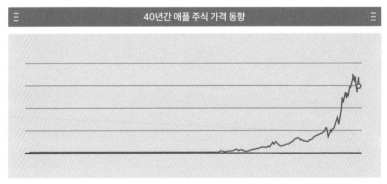

출처 : 구글

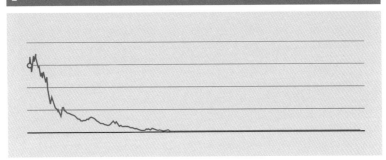

출처 : 구글

의 구매력을 앞으로 가치가 사라질 것으로 옮겨 담는 행위이기 때문이다. 위의 그림을 보자.

눈치가 빠른 분들은 모양을 보고 이미 짐작했을 것이다. 똑같은 그림을 좌우로 뒤집은 것이다. 위쪽 그림은 미국을 대표하는 세계 1위 기업 애플의 40년간의 가격 그래프이고, 아래쪽 그림은 뒤집힌 애플 주식에 달러를 대입한 그래프라고 생각하면 된다. 애플 1주당 몇 달러인지 나타내는 그래프를 뒤집었으니, 반대로 1달러당 애플 몇 주를 가질 수 있는지 나타내는 셈이다. 이해를 돕기 위해 그림 하나를 더 준비했다.

1일   5일   1개월   6개월   연중   1년   5년   <u>최대</u>

0.003

0.002

0.001

0.000

2018년   2021년

출처 : 구글

    밑의 숫자를 보면 알겠지만, 이 그림은 비트코인의 가격을 달러로 매긴 것이 아니라, 반대로 비트코인으로 달러의 가격을 매긴 그래프이다. 지금까지는 달러를 기준으로 비트코인의 가격을 매겨왔기에, 이렇게 비트코인을 기준으로 달러의 가격을 매길 수 있다는 사실이 조금은 생소할 것이다. 2022년 9월 말 기준 1달러는 0.000052 비트코인이다. 비트코인으로 한화의 가격을 매기는 것 역시 가능하다.

비트코인으로 알아보는 원화의 가치 변화

1일 5일 1개월 6개월 연중 1년 5년 최대

0.0000015

0.0000010

0.0000005

0.0000000

2018년   2021년

출처 : 구글

한화의 경우는… 가격이 없다(단위가 너무 작아 0.00BTC로 표시됨).
그림 하나만 더 보자.

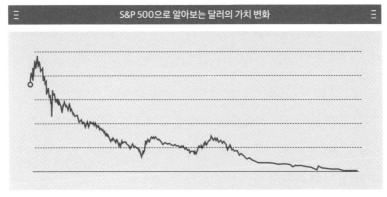

S&P 500으로 알아보는 달러의 가치 변화

출처 : 구글

미국의 대표적인 주가지수 S&P500을 뒤집어 놓은 그림이다. 역

시나 달러의 가격은 끊임없이 하락한다. 이처럼 달러는 '모든 좋은 자산'에 대하여 영원히 가격이 하락한다는 것을 알 수 있다. 앞에서 수도 없이 설명했듯 화폐의 가치는 무조건 하락하기 때문이다.

아직도 화폐에 대한 헛된 희망을 가진 분이 있을 것이다. 그러나 화폐의 가치는 100%의 확률로, 무조건 하락한다. 아주 드물게 가치가 오르는 경우가 있는데(2022년과 같은 특수한 케이스) 속도의 차이만 존재할 뿐, 결국 가치를 잃는 건 똑같다. 이건 인류 역사에 등장했던 모든 돈에 공통적으로 발생한 현상이며 예외가 없었다.

달러는 다를 거라 생각할 수도 있지만, 달러야말로 역사상 등장했던 모든 돈 중에 가장 빠르게 가치를 잃어가고 있는 화폐이다. 100년도 안 되는 짧은 기간 동안 가치의 99% 이상을 잃었으니 말이다. 결국 다른 모든 화폐도 이 수순을 그대로 밟아갈 것이다. 화폐에 베팅하는 것은 모든 투자법 중에 가장 바보 같은 투자법이라는 것이다. 무조건 일어나는 절대적인 추세에 역행하는 베팅이기 때문이다. 자산을 판다는 것은 곧 화폐를 얻는 행위이고, 화폐에 베팅하는 일이 된다. 만약 당신이 달러를 비롯한 화폐에 베팅을 한다면(자산을 팔고 화폐를 얻는 행위) 당신은 영원히 하락하는 것에 베팅하고 있는 것과 같다. 도박 중에서도 가장 위험하다는 '역추세 베팅'(추세와 반대 방향으로 움직이는 찰나에 베팅하는 행위) 도박에 참여하는 것이다. 따라서 화폐나 채권 같은 현금성 자산의 보유를 왜 단기 구매력에만 한정해야 하는지 한 번 더 알 수 있을 것이다. 화폐는 장기적으로 구매력을 보존하지 못하기 때문이다. 다만 변동성이 작다는 유일한 장점이 있기에 단기 구매력 보관의 용도로만 사용해야 한다.

소위 '현금 비중' 확보를 위해 자산을 파는 행위 역시 삼가야 한다. 이유는 같다. 자연스러운 소득으로 발생한 현금이 아니라, '자산을 팔아 화폐를 사는' 의도적인 현금 비중 확보는 추세에 역베팅하는 투자다. 자산은 오로지 '팔아야 할 타당한 이유'가 생겼을 때만 판다. 그 외의 경우엔 팔지 않겠다는 마음가짐으로 투자에 임하는 것이 바람직하다.

제3장

팔아야 할 3가지 이유

기본적으로 자산을 팔아야 하는 경우는 한 가지밖에 없다. 바로 내가 가진 자산이 '좋은 자산이 아니게 되었을 때'다. 이 경우 외에 아주 특수한 상황을 제외하고는 팔지 않는다. 좋은 자산이 아니게 되는 경우를 3가지로 정리해보자.

자산을 팔아야 할 3가지 이유

1) 사람들이 그 자산을 원할 이유가 사라졌을 때: 앞으로의 가치 유지에 대해 생각할 때는 '냉치삼'을 떠올리면 된다. 냉치삼은 왜 10년 후에도, 20년 후에도 가격이 오를 것인가? 여전히 사람들이 원할 것이기 때문이다. 자산도 마찬가지다. 여전히 사람들이 원하는 자산만이 그 가치를 유지하고, 사람들이 원할 이유가 사라지면 자산의 가치도 사라지게 된다. 만약 사람들이 더는 아이폰을 원하지 않는다

면? 더는 테슬라의 전기차를 원하지 않는다면? 더는 유튜브를 보지 않는다면? 이처럼 핵심 펀더멘털이 흔들리면 그 자산은 가치가 붕괴될 가능성이 높다. 따라서 펀더멘털이 망가진 자산은 팔아야 한다. 펀더멘털을 쉬운 말로 바꾸면 '내가 그 자산을 산 이유'다. 이 이유가 사라지거나 망가지고 있다면 자산을 팔아야 한다.

2) 미래가치보다 현재가격이 높아졌을 때(고평가되었을 때): 우리가 자산을 사는 이유는 지금보다 미래에 더 가치 있을 거란 기대 때문이다. 그런데 미래의 가치를 현재가치로 환산한 가격보다 현재가격이 더 높다면 그 자산은 파는 것이 좋다.

3) 더 좋은 자산을 발견했을 때: 내가 가진 자산이 펀더멘털도 그대로이고 미래가치가 지금 가격보다 더 높다 하더라도, 훨씬 더 매력적인 자산을 발견했다면 그 자산으로 갈아타기 위해 지금 자산을 팔 수 있다. 우리는 언제나 최선을 추구하는 존재, 더 좋은 자산이 있는데 굳이 지금의 자산을 고집할 필요는 없다. 단, 스스로 너무 쉽게 마음을 바꾸는 것은 아닌지 점검은 해야 한다. 순간 혹하는 마음으로 다른 자산으로 갈아타고, 나중에 후회하는 경우가 많기 때문이다.

또한 이 3가지 경우에 해당된다 하더라도, 가능하면 한 번에 다 파는 것보다는 나누어서 파는 '분할매도'로 가는 것이 좋다. 여기서도 '기회비용'이 등장하는데 우리가 자산을 살 때 분할매수를 통해 기회비용을 최소화했듯, 팔 때 역시 분할매도를 통해 기회비용을 최소화해야 한다. 분할매도의 기간은 상황에 따라 달라지는데 어떻게 팔아야 하는지, '자산을 팔아야 하는 3가지 경우'에 맞게 살펴보자.

어떻게 팔아야 할까?

1) 사람들이 그 자산을 원할 이유가 사라졌을 때: 이 경우 펀더멘털이 얼마나 무너졌느냐에 따라 달라진다. 가령 한 기업의 자산 가치가 일순간에 폭락했다고 해보자. 펀더멘털이 심각하게 무너져 기업의 주력상품이 끝도 없는 판매 부진에 빠지고, 그걸 대체할 신제품도 없다고 했을 때, 기업의 주가는 순식간에 급락할 것이다. 이럴 때는 한꺼번에 파는 수밖에 없다.

하지만 기업의 점유율이 서서히 잠식당하고 있는 경우라면 얘기가 달라진다. 비록 지금은 잠식당하고 있지만, 이에 대한 대비책을 발표하고 나름대로 열심히 극복해 나간다면 이 경우 기업의 주가는 한순간에 급락하지는 않을 것이다. 새로운 방법을 통해 다시 점유율을 되찾을 수도 있기 때문이다. 섣불리 판다면 손해를 볼 수 있다.

따라서 기본적으로 자산의 펀더멘털이 흔들려서 파는 경우, 펀더멘털이 무너진 정도에 맞춰 팔면 된다. 복구 불가능할 정도의 심각한 펀더멘털 훼손일 경우 바로 100% 팔면 되고, 50% 정도의 훼손일 경우 먼저 50%를 판 뒤, 경과를 지켜보면서 때에 맞춰 나누어 팔면 되는 것이다.

2) 미래가치보다 현재가격이 높아졌을 때: 이 경우도 비슷하다. 현재 가격이 미래가치보다 높아진 정도에 따라 나누어 팔면 된다. 현재 가격이 미래가치보다 올라갔다가도 바로 다시 내려가는 경우가 있기 때문에 한꺼번에 다 팔지는 않는다. 무엇보다 내가 생각하는 미래가치가 정확한 가격이 아닐 수도 있다. 따라서 내가 생각하는 적절한 가격에 근접했을 때 분할매도를 통해 파는 것이 좋다.

3) 더 좋은 자산을 발견했을 때: 이 경우는 특히 분할매도가 필요하다. 지금 시점에서 자신의 판단에 100% 확신을 가지기 어렵기 때문이다. 지금 가진 자산 A보다 새로운 자산 B가 매력적이라고 생각했는데, 막상 사고 봤더니 아닌 경우가 많았다는 것이다. 또한 자산 A의 매력도가 100이고 새롭게 발견한 자산 B의 매력도가 110일 경우, 100과 110은 사실 큰 차이가 난다고 보기 어렵다. 따라서 한 번에 다 팔고 옮겨가기에는 리스크가 조금 크다고 말할 수 있겠다. 결국 이 경우도 서서히 기간을 두고 새로운 자산이 정말 좋은 자산이 맞는지 확인하면서 점진적으로 옮겨 가는 것이 안전하다.

제4장

돈이 급하면 이렇게 하라

자산을 팔아야 할 때와, 파는 방법에 대해 알아봤다. 그런데 또 이런 의문이 드는 분들이 분명 있을 것이다.

'어? 근데 돈 필요할 때는 안 팔아요?'

돈이 필요해지면 자산을 팔아야 한다는 건 상식이다. 하지만 지금부터 이 상식에 대한 여러분들의 고정관념을 깨뜨리려 한다.

'돈이 필요하다고 해서 꼭 자산을 팔아야 하는 것은 아니다.'

우리는 자산을 팔아도 된다는 개념 자체를 너무나 쉽게 소비하지만 나는 여러분에게 끊임없이 말하고 싶다. 자산은, 팔아야 할 이유가 없는 한 팔지 말라고… 돈이 필요해서 자산을 팔아야 하는 경우가 발생한다면, 앞에서 가르쳐준 대로 레버지리를 사용하면 된다.

레버리지 = 부채는 화폐에 대한 공매도이다

이 개념을 아는 사람이라면 자산을 파는 대신 돈을 빌려야 한다. 부채는 영원히 하락하는 화폐에 대한 공매도이기 때문이다. 값나갈 때 빌려서 쓰고 나중에 값이 떨어지면 그때 갚으면 된다. 여러분에게 부채비율의 여유가 있는 한, 돈이 필요하다고 해서 자산을 팔 필요는 없다는 것이다. 자산은 그대로 두고 필요한 돈을 빌려서 쓰는 것이 훨씬 이득이다. 또한 여러분이 자산을 팔면 대부분의 경우 세금을 내야 하지만 팔지 않고 빌리면 세금을 내지 않는다. 이득에는 세금을 물리지만 빚에는 세금을 물리지 않는다.

그뿐만이 아니다. 사업자의 경우 사업용 자금으로 돈을 사용한 것을 증빙할 수 있으면, 빚에 대한 이자까지 세금 감면 혜택을 받을 수 있다. 국가가 여러분의 빚에 대한 이자 일부를 대신 내주는 셈인 것이다. 세금을 내는 게 아니라 오히려 세금을 받게 되는데, 이렇게 좋은 방법을 두고 굳이 세금을 내가면서까지 자산을 팔 이유는 없다.

만약 부채비율의 여력이 없는 경우라면 어쩔 수 없이 자산을 팔아야 한다. 가령 여러분이 자산대비 부채비율을 30%로 정해놨는데, 돈이 필요하다고 해서 더 빌려버리면 부채비율을 초과하게 된다. 이럴 때는 추가 레버리지를 일으킬 수 없으니 어쩔 수 없이 자산을 팔아야 한다. 다만 자산을 팔 때 부채도 함께 갚아 부채비율을 유지해야 한다는 점도 잊어서는 안 된다.

1억 원의 주식이 있고 대출이 3,000만 원일 경우 자산대비 부채비율은 30%이다. 이 중 2,000만 원을 팔아야 한다고 가정하면, 그냥 팔아버리면 주식 8,000만 원에 대출 3,000만 원, 부채비율이 37.5%로 올라간다. 그래서 2,000만 원이 아닌 2,800만 원 정도를 팔아 800만 원은 부채를 갚는 데 사용한다. 그렇게 되면 주식 7,200만 원에 대출 2,200만 원으로 부채비율 30%를 유지하면서 팔 수 있다(세금은 계산에 넣지 않았다). 가능하면 자금 계획을 잘 수립하여, 장기 보존용 구매력을 사용해야 할 정도로 궁핍한 자금 상황은 만들지 않는 게 좋다. 물론 언제 어디서 무슨 일이 생길지 알 수 없지만 말이다. 그걸 대비해 부채비율에 어느 정도 여유를 만들어 두는 것도 하나의 방법이다.

그리고 가끔 집을 사려고 주식을 파는 경우 어떻게 하냐고 물어보시는 분들이 있는데, 그 경우는 위에 주식을 팔아야 할 이유 중 '3

번'에 해당한다. 주식보다 집이 나에게 더 매력적이라 생각해 옮겨

가는 것이기 때문이다. 각자의 판단하에 실행하면 될 것 같다.

제5장

무한복리

지금까지 어떤 자산을 어떻게 고르고, 어떻게 사서, 또 어떻게 팔아야 하는지에 대해 전반적으로 살펴보았다. 돈은 구매력이고, 자산은 그 구매력을 담고 있는 배터리다. 우리는 그 배터리들의 특성에 맞춰 필요한 구매력을 적당히 분배하여 보관하면 된다. 팔아야 할 이유가 없다면 팔지 말고, 단순히 가격이 올랐다고 파는 것은 추세에 역배팅하는 행위이므로 삼가야 한다. 만약 여러분이 1980년으로 돌아가 애플 주식을 손에 넣었다면 언제 팔았어야 할까. 1990년? 2000년? 2010년? 언제 팔았건 손해다. 계속해서 가치가 상승할 보물을 계속해서 가치가 하락할 화폐로 바꾸었기 때문이다. 아마존 주식을 1997년에 샀다면? 테슬라 주식을 2010년에 샀다면? 모두 마찬가지다.

타임머신을 타고 1970년대로 돌아가 강남땅을 왕창 사는 망상을 어릴 때 종종 했다. 그리고 훗날 자식들에게 이렇게 유언을 남기는 것이다. "절대로 팔지 말거라…" 그러나 자식들은 아마 그렇게 하지 않았을 것이다. 1997년 IMF 때 팔았을 가능성도 높고, 2008년 리먼 브라더스 사태 때 팔았을 가능성도 높다. 1970년대로 돌아가 강남땅을 샀다면 언제 팔았어야 이득일까. 언제 팔았든 손해다. 그냥 계속 가지고 있는 게 가장 이득이다. 이처럼 좋은 자산은 언제까지나 가치가 유지된다. 자산을 팔아야 하는 경우는, 오로지 팔 이유가 생겼을 때뿐이다.

워런 버핏은 이 방법으로 거대한 부를 이룩한 최고의 증인이다. 그는 자신의 레버리지로 투자했고, 펀더멘털에 이상이 없으면 팔지 않았다. 버핏은 아직도 코카콜라 주식을 가지고 있다. 과연 버핏이 죽기 전에 이 보물을 내동댕이치고 떠날까? 아마 죽을 때까지 가지고 있을 것이다. 워런 버핏의 회사인 버크셔 해서웨이는 자회사인 보험회사 가이코(GEICO)를 이용해 플로트(float)를 확보하는 것이 주력 자금 마련 방법이다. 이것은 워런 버핏 스스로가 주주총회에서 밝힌 '주지의 사실'이다. 플로트란 고객들이 보험료를 지급하는 시점과 청구하는 시점 사이에서 보험사가 일시적으로 보유하게 되는 자금을 뜻한다. 보험사는 사고가 발생하지 않는 한 보험금을 지급하지 않는다. 그동안 '붕 떠 있는 돈(float)'을 이용해 투자한다면, 돈을 빌려

투자하는 것과 별반 다를 게 없다. 심지어 대출이자를 내지도 않고 빌리는 것이다(오히려 고객들에게 돈을 받는다). 그러니까 버핏은 '국가보다 먼저 화폐를 발행하는' 자본주의 결함인 레버리지를 제대로 사용해 투자해온 것이다.

하지만 워런 버핏이 평범한 투자자였다면 결코 지금의 부를 이루지는 못했을 것이다. 그는 1)펀더멘털이 무너지거나, 2)미래가치보다 현재가격이 비싸지거나, 3)더 좋은 자산을 발견하지 않는 한, 자산을 팔지 않았기 때문에 지금과 같은 부자가 될 수 있었다.

복리의 슈퍼 응용공식 + 영원히 보유 = 무한복리

더는 몇 % 수익, 몇 % 손해, 하는 수준으로 세상을 바라보지 않았으면 좋겠다. 시야를 넓혀 큰 세상을 보길 바란다. 시야가 좁아지면 생각의 폭도 작아지기 마련이다. 다시 한 번 말하지만 좋은 자산을 사고 자본주의 시스템을 잘 이용하며, 팔지 않고 오래 복리를 굴리면 누구나 무한복리의 엄청난 수익을 누릴 수 있게 된다. 지금까지 내가 설명한 모든 내용을 단 한 문장으로 요약해본다. 또한 이것이 내 투자 원칙의 전부다.

'좋은 자산을 사서, 팔 이유가 없는 한 영원히 보유하라.'

THE
RULES
OF
MONEY

8

멘털이 전부다

—

멘털 관리의 중요성

THE RULES
OF MONEY

제1장

평단가의 함정

'평단가가 어떻게 되세요?'

투자 관련 얘기를 하면서 가장 많이 듣는 질문 중 하나다. 평단가는 평균 매수단가의 준말로, 평단이라고도 하는데 '내가 그 자산을 얼마에 샀는가?' 하는 가격을 말한다. 사람들은 투자할 때 이 평단가를 기준으로 생각한다. 내가 산 가격과 비교하여 지금 가격이 올라 있으면 '수익', 내가 산 가격보다 지금 가격이 내려가 있으면 '손실'이라고 판단하는 것이다. 하지만 지극히 당연해 보이는 이 사고방식이 투자하는 많은 사람을 고통받게 한다. 항상 어느 특정 시점의 가격과 비교하여 지금 얼마나 수익이 나고 있는가를 따지며 끊임없이 투자의 성과를 측정하게 만드는 것이다.

사람들이 평단가에 집착하는 이유는 인류의 DNA에 숫자에 대한 집착이 새겨져 있기 때문이다. 원시시대의 인류에게 이 숫자라는 개념은 생존에 아주 중요한 역할을 했다. 내가 가진 식량의 양이 어느 정도인지를 정확히 파악하고, 이것이 줄어드는 것과 늘어나는 것에 민감하게 반응하는 능력이 필요했다. 또 어디로 가야 더 많은 과일을 채집할 수 있고 더 많은 사냥감이 있는지를 파악할 수 있어야 했다.

특히 인류는 손실에 대해 민감하게 반응하도록 길들어왔다. 사과가 하나 있는데 하나를 더 얻는 것보다 지금 가진 하나의 사과가 사라지는 것이 생존에 훨씬 더 중요한 문제였기 때문이다. 따라서 우리 인간은 숫자의 변화, 그중에서도 손실에 대해 본능적으로 과민반응을 하게 되어 있다. 그리고 이 손실이란 개념은 어느 특정 시점의 숫자를 기록해놓고 그것과 비교하여 평가할 때 발생한다. 사람들이 평단가에 집착하는 까닭이다. 하지만 평단가의 개념에는 함정이 숨겨져 있다.

돈은 내가 원하는 무엇인가를 살 수 있게 해주는 구매력이라고 했다. 화폐, 채권, 금, 주식, 비트코인과 같은 자산들은 모두 구매력을 담아두는 배터리라는 개념도 설명했다. 평단가는 그 배터리 하나하나에 내가 충전할 당시의 충전량을 적어두는 것과 같다. 결국 우리에게 중요한 것은 구매력의 현재 총량이지, 배터리에 충전할 당시의 총량이 아닌 것이다.

가령 여러분이 화폐라는 배터리를 모아두는 창고에 현재 기준 1억의 구매력을, 가치주라는 배터리를 모아두는 창고에는 3억의 구매력을, 그리고 성장주라는 배터리를 모아두는 창고에는 6억의 구매력을 담아 두었다고 하자. 여러분의 자금 계획에 맞게 각각 특성이 다른 배터리에 구매력을 나누어 담긴 했지만, 결국 그 모든 배터리에 담긴 구매력의 총량이 여러분의 실제 부의 총량이 된다.

구매력의 총량 = 부의 총량

그리고 그 구매력을 사용할 일이 있을 때는 배터리에 담을 당시의 가격이 얼마였는지는 아무런 의미가 없다. 여기서 인간의 고질적인 심리오류 중 '매몰비용'이 등장한다. 매몰비용이란 '이미 사용되어 사라져 버린 비용'을 얘기한다.

여러분이 너무 보고 싶은 음악회가 있어 10만 원이라는 거금을 들여 티켓을 구매했다고 하자. 두근거리는 마음으로 음악회에 갔는데 저런, 너무 서두른 나머지 티켓을 집에 두고 나와버린 것이다…! 집에 다녀오기에는 이미 시간이 늦었고, 다행히 현장에서 여전히 티

켓을 팔고 있다. 안도하며 티켓을 다시 구매하려던 순간, 여러분은
멈칫하게 된다.

'어? 여기서 10만 원을 주고 음악회를 보게 되면, 결국 20만 원에
보게 되는 거네.'

이런 생각이 들면서 엄청난 손해를 보는 것처럼 느껴지기 때문
이다. 10만 원짜리 음악회를 위해, 그 2배인 20만 원을 지출하게 되
는 것…. 그런데 이게 맞는 계산일까? 당연히 맞는 계산이 아니다. 여
러분이 집에 두고온 티켓값 10만 원은 이미 사라진 금액이다. 거기서
새로 티켓을 구매하여 음악회를 보든, 보지 않고 그냥 집으로 돌아
오든 이전에 지불한 10만 원은 똑같이 이미 떠난 돈이다. 이미 잃어
버린 티켓값 10만 원은 다시 되찾을 수 없다. 티켓을 또 산다고 해서
음악회를 20만 원에 보는 게 아니라는 얘기다. 연주회장까지 이동한
시간과 노력을 생각한다면 오히려 보지 않고 되돌아오는 편이 더 손
해가 될 뿐이다.

하지만 실제로 수많은 사람들이 이러한 선택의 기로에서 '매몰
비용'의 함정에 빠져버리고 만다. 투자도 마찬가지다. 여러분이 지금
가진 자산을 과거에 얼마에 샀는지는 하나도 중요하지 않다. 이미 그
순간에 끝난 거래이며, 지금부터 할 수 있는 가장 최선이 무엇인지를

생각해야 한다. 그런데도 수많은 투자자가 이런 심리적 오류에 빠져 잘못된 판단을 하고 있다.

당신이 어떤 주식을 300달러에 샀다고 가정해보자. 시간이 지나 700달러까지 가격이 올랐고, 다시 시장의 흐름이 나빠져 결국 600달러까지 가격이 떨어졌다. 이때 투자자 대부분은 여전히 심리적으로 평온한 상태를 유지한다. 자신이 산 가격, 300달러와 비교해서 현재 가격이 2배나 높기 때문이다.

'수익률 100%'

이렇게 생각한다면 가격이 조금 내려왔다 하더라도 그렇게 불안하지는 않다. 그런데 이때 친한 친구가 당신에게 아주 기막힌 정보를 알려준다. 자신이 추천하는 다른 주식을 사면 조만간 가격이 크게 오른다는 것이었다. 친구의 말을 믿은 당신은 가지고 있던 주식을 600달러에 즉시 팔아버리고, 친구의 정보를 통해 알게 된 주식 3주를 한 주당 200달러에 구매한다(총금액은 똑같이 600달러이다).

그런데 2주 뒤 기대하던 소식은 잘못된 정보로 밝혀지고, 새로 산 주식의 가격이 160달러까지 하락한다. 당신은 이때부터 조금씩 불안해진다.

'수익률 -20%'

20%의 손실이 났다고 생각하기 때문이다. 공교롭게도 원래 가지고 있던 주식의 가격도 거의 비슷하게 20% 정도 하락했고, 그렇다면 당신은 원래 가지고 있던 주식을 그대로 가지고 있었어도 달라진 점이 아무것도 없다. 그럼에도 손실이 났다고 생각해 불안해하는 것이다. 만약 당신이 원래 가지고 있던 주식을 계속 가지고 있었다면 어땠을까. 수익률은 100%에서 60%로 줄어들었겠지만 지금처럼 불안해하지는 않았을 것이다. 여전히 '수익 중'이기 때문이다.

위의 예시에서 근본적으로 바뀐 것은 아무것도 없다. 그저 당신의 증권계좌에 표시되는 수익률이 +60%에서 -20%로 바뀌었을 뿐이다. 이처럼 사람들은 눈에 보이는 숫자에 집착한다. 바뀐 게 아무것도 없는 상황에서조차 말이다.

팔았다가 다시 사는 주식을 같은 종목으로 생각해보면 더 확실하게 이해가 될 것이다. 실제로 절세를 목적으로 같은 주식을 팔자마자 다시 사는 경우가 있다. 그런데 이 경우에도 팔기 전에는 +50% 정도여서 주가가 조금 내려가도 아무렇지 않았는데, 다시 사고 난 이후로는 평단가가 올라갔기 때문에 조금만 떨어져도 마이너스로 표시되어 불안함을 느끼는 사람들이 많다. 같은 주식을 같은 가격에 팔았다가 다시 샀으니, 실제로는 달라진 게 아무것도 없는데도 말이다. 그럼에도 사람들은 증권 앱에 표시되는 +/- 와 같은 수익률 앞에서 일희일비한다.

잘 생각해보길 바란다. 여러분이 갖고 있는 지금의 부는 결국 예전에 무언가를 팔았기에 갖게 된 부이다. 그게 주식이었든 물건이었든 여러분의 시간이었든, 태어날 때부터 가지고 온 것은 아닐 테니까 말이다. 결국은 스케일에 따른 차이가 있을 뿐, 대부분은 위의 예시와 비슷하다.

제2장

매몰비용과 앵커링 효과

평단가에 사로잡혀 잘못된 판단을 하게 되는 가장 흔한 케이스가 바로 '존버'와 '물타기'다. 투자에서 말하는 존버는 '내가 산 자산의 가격이 아무리 하락해도, 팔지 않고 끝까지 버틴다'라는 뜻이다. 본인이 신뢰하는 자산의 단기적인 가격변동에 휘둘리지 않고 오래 장기투자할 수 있는 능력과는 성격이 조금 다르다. 존버는 그저 손해 보면서 팔기 싫어 끝까지 버티는 것이기 때문이다. 장기투자와는 다른 개념으로 봐야 하며, '강제 장기투자'라고도 부른다.

나의 평단가보다 가격이 내려가면 계속 수량을 늘려 평균 매수단가를 지속해서 하락시키는 투자방법을 물타기라고 한다. 이 물타기 역시 정상적인 장기투자의 저가매수가 아닌, 어떻게든 손해를 만회하려고 가격이 내려가는 자산에 무지성으로 추가 투자하는 개념이라고 보면 된다.

사람들이 '존버'와 '물타기'를 하게 되는 이유 역시 앞에서 설명한 '매몰비용'에 있다. 투자에 있어 매몰비용은 자산을 사는 데 투입된 금액을 얘기하는데, 이 매몰비용이 아까워 제대로 된 자산가치 검증 없이 무지성으로 장기 보유하거나 추가 투자하는 것이다.

우선 존버부터 제대로 살펴보자. 자신이 산 평단가와 비교했을 때 손해를 보고 있다는 생각이 들면 사람들은 존버를 한다. 100원에 산 주식이 50원이 되면 곧 죽어도 100원이 될 때까지 기다리는 것이다. 다른 선택지는 아예 눈에 들어오지도 않는다. 심지어 훨씬 좋은 선택지가 있어도 내가 산 주식이 다시 원래 가격으로 돌아오지 않으면 거들떠보지도 않는다.

여기서 조금 냉정하게 생각해보자. 100원에 산 주식이 50원으로 하락한 것이 '기업의 실적 전망이 좋지 않아서'(펀더멘털의 붕괴)라고 했을 때, 얼른 그 주식을 팔고 실적 전망이 좋은 다른 주식을 다시 사야 한다. 실적 전망이 좋지 않아 주가가 반토막 난 A 기업의 실적이 다시 좋아져 주가가 100원으로 돌아갈 확률보다, 실적 전망이 좋아 주가 흐름이 좋은 B 기업이 100원을 먼저 달성할 확률이 높기 때문이다. 원칙적으로 100원에서 50원으로 내려간 A 기업의 주식이

다시 2배 올라서 100원이 되나, 50원일 때 A 기업의 주식을 팔고 그 돈으로 산 B 기업의 주식이 2배가 오르나(같은 회계연도에 사고팔아서 세금의 영향이 없다는 전제하에) 완전히 같은 것이다. 그럼에도 사람들은 자기가 입은 손실을 만회하고 말겠다는 일념 하나로 존버를 시작한다. 평단가에 완전히 매몰되어버린 것이다. 언뜻 이해되지 않겠지만, 막상 본인이 이런 상황에 놓이게 된다면 존버의 유혹을 떨쳐내기가 쉽지 않다는 걸 알게 될 것이다.

또 하나의 문제는 물타기인데, 이 또한 평단가의 집착에 의해 생기는 현상이다. 100원에 산 주식이 80원이 돼서 같은 금액만큼 주식을 추가로 사면 평단가가 90원으로 내려온다. 그렇게 되면 25% 올라야 본전이었던 게, 이제는 12.5%만 올라도 본전이 된다고 생각한다. 그래서 가격이 내려갈 때마다 계속 물타기를 하게 되는 것이다. 물타기를 해도 좋은 경우는 펀더멘털이 훌륭한데, 외부 여건이나 시장 상황에 의해 가격이 하락하는 경우뿐이다. 위에서 말한 물타기는 그저 평단가를 낮춰 본전이 되는 가격을 낮추겠다는 일념 하나로 사는 잘못된 투자방식을 가리킨다. 이걸 어떻게 구분하는지 물을 필요는 없다. 가슴에 손을 얹고, 자신에게 물어보면 된다. 남은 속일 수는 있어도 자신을 속일 수는 없는 법이니까.

평단가에 집착해 말이 되지 않는 판단을 하게 되는 또 하나의 이유는 앵커링 효과(Anchoring Effect) 때문이다. 배를 정박할 때 닻(Anchor)으로 고정하는 것에서 유래한 말인데, 사람에게 특정 기준을 심어 두면 판단이 그 기준에 얽매여버리는 '닻 내림' 효과를 의미한다. 이러한 예는 우리 주변에서도 쉽게 찾아볼 수 있다. 마트에 갔을 때 100원이란 원가에 취소선이 그어져 있고, 그 밑에 70원이라는 할인가가 적혀 있으면 싸게 느껴지는 경우가 대표적인 예다. 인간의 DNA에는 숫자의 변화에 민감하게 반응하는 유전자가 담겨 있고, 따라서 사람은 어떤 하나에 가격에 앵커(닻)을 박아 두고 자꾸 그 지점으로부터 비교하려는 습성을 보인다.

투자에 있어 이러한 본능은 결코 이롭지 않다. 이미 지나간 과거는 투자자에게 큰 의미가 없기 때문이다. 모래시계처럼 시계를 뒤집어 과거의 시간에서 다시 거래할 수 없다는 것이다. 그 순간에 얽매여 비이성적인 판단을 하지 말고, 자신이 평단가에 집착한다는 생각이 들 때마다 내가 지금 앵커링 효과와 매몰비용에 집착하고 있는 것은 아닌가 마음속으로 점검해 보기 바란다. 자신의 모습과 상태를 객관적으로 관찰하면, 본능에 이끌린 판단이나 순간적인 감정에 의한 판단을 어느 정도 제어할 수 있을 것이다.

| 제3장 |

수익률에 집착하지 마라

사람은 겉으로 보이는 것에 쉽게 현혹된다. 투자할 때도 눈에 보이는 가격에 현혹될 때가 많다. 가격에 사로잡혀 가격이 살짝만 올라가도 흥분하고, 가격이 조금만 떨어져도 괴로워하게 되는 것이다. 자극에만 반응하는 기계처럼 말이다.

그러나 가격을 넘어, 겉으로 드러나지 않는 본질을 꿰뚫어 볼 수 있다면 머지않아 평범한 사람들과는 완전히 다른 성과를 내게 될 것이다. 나는 이 책을 읽는 모두가 그렇게 되었으면 좋겠다. 돈은 '구매력'이고, 무언가를 사고파는 것은 '한쪽에 있던 구매력을 목적에 따라 다른 쪽으로 옮겨가는 행위'라는 개념을 갖고 있었으면 좋겠다.

여러분에게 100의 구매력이 있고, 그 구매력을 100달러라는 화폐로 가지고 있다고 해보자. 그리고 현재 기준으로 동일한 구매력을 담을 수 있는 주식 1주를 100달러에 산다면, 여러분은 1장의 100달러 화폐에 담겨 있던 구매력을 현재 100달러의 가격을 가진 1주의 주식으로 옮겨 담은 것이 된다. 시간이 지나 그 주식의 구매력은 120이 되었고, 반면 화폐는 구매력이 증발하여 100달러의 화폐가 100의 구매력이 아니라 80만큼의 구매력만 가지게 되었다고 한다면 주식의 가격은 어떻게 될까. 주식의 구매력은 1.2배가 되었고 화폐의 구매력은 0.8배가 되었으니,

$$1.2 \div 0.8 = 1.5$$

그 주식을 교환하기 위해 달러가 1.5배 더 필요해지고, 따라서 가격은 150달러가 된다. 이제 주식에 담긴 구매력을 다시 화폐로 옮겨 담는다고 해보자. 50% 수익이 났다. 정말 50%의 수익이 났을까. 단순히 숫자상으로는 100달러에서 150달러로 화폐를 50% 더 소유하게 된 것이 맞지만, 이런 사고방식은 버렸으면 한다. 이는 구매력을 기준으로 돈을 생각하는 것이 아니라 철저하게 화폐를 기준으로 돈을 생각하는, 기존의 개념이기 때문이다. 이 책을 읽기 전까지 수십 년간 여러분을 세뇌해버린, 돈에 일희일비하게 만든 그 개념으로 다시 돌아가는 것이기 때문이다. 이제 그 낡은 개념은, 놓아주자.

여러분은 그저 주식에 담겨 있던 120이라는 구매력을 화폐라는 껍데기로 옮겨 담은 것에 불과하다. 구매력은 주식에서 화폐로 옮겨 가기 전에도 120이었고, 옮겨 간 후에도 120이다. 단지 화폐의 구매력이 감소하여 달러로 더 많은 돈을 받은 것처럼 느껴질 뿐이다. 모든 돈은 에너지라고 생각하자. 내가 원하는 것을 이루게 해주는 에너지=구매력이다. 따라서 늘 구매력이라는 개념으로 생각하고, 숫자의 집착에서 벗어나라.

특히 구매력을 어느 한 시점에 고정하여 거기서부터 계산하는 습관을 버려야 한다. 수익률 몇 %, 손실률 몇 % 같은 개념 말이다. 삶은 결코 어느 단일 시점으로부터 출발하여 또 다른 하나의 시점에서 마무리되지 않는다. 각자가 가진 구매력을 더 넓은 시간의 축 위에서 너그럽게 볼 수 있는 시야가 필요하다. 화폐에서 자산으로 구매력을 옮겨 담은 시점의 그 구매력은 기존에 있던 곳에서 이미 사라지고 없다. 그걸 나중에 다시 화폐로 옮겨 담았다 하더라도, 이는 어디까지나 현재 자산에 있던 구매력을 새로운 화폐로 옮겨 담은 것에 불과하다. 지금의 화폐가치는 그때의 화폐가치와 다르기 때문에, 옮겨 담던 시점의 구매력을 굳이 끄집어내 손익을 따질 필요가 없다. 예전에는 100의 구매력이었고, 지금은 120의 구매력이 되었을 뿐이다.

화폐를 포함한 모든 자산에 담긴 구매력은 끊임없이 변화하는데, 자꾸만 어느 특정 시점과 비교하려 들면 삶이 피곤해진다. 정 비교하길 원한다면, 그 시간의 축을 굉장히 길게 늘어뜨려 놓고 보길 바란다. 비교하는 시간의 간격이 짧을수록 변동의 폭도 크기 때문에 더 괴로워진다. 돋보기로 사물을 보면 작은 변화도 감지할 수 있지만, 멀리 떨어뜨려 놓고 보면 무감각해지는 것과 같은 이치다. 어차피 우리는 살아가는 내내 어떤 식으로든 구매력을 소유해야 하고, 그 구매력을 어딘가에는 담아 보관해야 한다. 그렇다면 작은 변화에 무심할 수 있어야 하며, 어느 특정 시점과 자꾸만 비교하려는 습관을 버려야 한다. 이게 투자를 오래, 성공적으로 할 수 있는 가장 지혜로운 방법이다.

'당신이 태어난 시점과 비교하면, 현재 수익률은 무한대다.'

|제4장|
행동편향의 오류

가격이 오르든 내리든 주식을 계속 가지고만 있는 장기투자자들을 비난하는 사람들이 있다. 횡보하는 주식은 빨리 팔고 지금 잘나가는 주식으로 갈아타야 기회비용을 낭비하지 않는다는 것이다. 이들이 말하는 투자에서의 '기회비용'에 대해 진지하게 생각해보자.

미국의 가장 유명한 투자은행 중 한 곳인 피델리티는, 피델리티에 계좌를 가지고 있는 투자자 중 가장 뛰어난 실적을 낸 집단을 찾아 분석했다. 과연 어떤 투자자들이 가장 우수한 실적을 냈을까. 열심히 샀다 팔았다 한 투자자들, 존버를 외치며 장기투자하려고 노력한 투자자들… 과연 누구일까? 결과는 터무니없게도 자신이 피델리티에 계좌를 가지고 있다는 사실조차 잊어버린 투자자들이었다.

'어? 비쌀 때 팔아서 쌀 때 사면, 수익이 더 늘어나겠네?'

주식시장을 조금 겪어 본 사람들은 누구나 이런 생각을 한다. 실제로 고점에 팔아 저점에 다시 사기 위해 열심히 트레이딩을 한다. 아이러니하게도 결과는 반대인 경우가 많다. 실제로 개인투자자들의 20년 평균 투자 수익률은 10년물 국채 수익률에도 훨씬 못 미치기 때문이다.

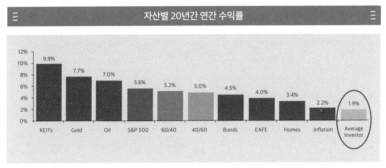

출처 : J.P.Morgan Asset Management

이러한 결과는 인간의 본능이라 할 수 있는 행동 편향 때문에 생겨난다. 더 좋지 않은 결과가 나오더라도 가만히 있는 것보단 행동하는 게 낫다고 판단하는 것이다. 대부분 자기가 적극적으로 거래하면 수익률이 올라갈 거라 생각한다. 그래서 고점에 팔지 않고 장기 보유하고 있는 사람들에게, 이제 주가가 내려가면 한동안 다시 오르지 않을 테니 그 전에 팔고 다른 곳에서 수익을 내라며 비아냥거리기도 한다. 기회비용이란 말을 들먹이면서 말이다.

하지만 내가 주식시장에서 지켜본 바로는, 아마추어 투자자 대부분은 거래를 하면 할수록 손해를 보는 경우가 많았다. 카지노에서 돈을 잃는 가장 좋은 방법은 게임을 오래 하는 것이다. 거래를 자주 할수록 돈을 잃은 확률도 올라가기 때문에, 그들이 말하는 기회비용은 돈을 버는 기회비용이 아니라 돈을 잃는 기회비용이다. 우리는 기회비용을 아껴야 한다. 적극적으로 거래할수록 '돈을 잃는 기회비용'이 증가한다면, 그 거래는 중단하는 것이 좋다.

열심히 트레이딩하면 시장을 이길 수 있다고 생각하는 건 오만이고 착각이다. 수많은 투자자들이 그 오만 속에 파묻혀 좌절했다. 물론 직접 당해보기 전까지는 100% 와닿지 않겠지만 이것만큼은 명심하자. 도박하는 사람들 중에서 돈을 잃을 거라 생각하고 도박장에 가는 사람은 아무도 없다.

제5장

부득탐승

나는 바둑을 좋아한다. 요즘은 시간이 없어 거의 못 두고 있지만, 한때 바둑에 빠져 살았던 적도 있다. 바둑을 두는 사람이라면 무릇 마음에 새기고 있어야 할 '위기십결'이라는 오래된 격언이 있다. 바둑 10계명이라고 할 수 있는데, 그 중 제1계명이 바로 '부득탐승'이다. 직역하자면 '승리를 탐하면 이길 수 없다'가 되겠고, 의역하자면 '이기기 위해서는 이기는 데 집착해선 안 된다' 정도가 되겠다.

이 원리는 투자할 때도 그대로 적용된다. 투자에서 승리를 탐한다는 것은 돈을 탐한다는 것이 되겠고, 돈을 탐하는 자는 반드시 돈에 집착하게 된다. 그 집착이 결국 투자자의 판단력과 자제력을 흐트러뜨려 돈을 벌 수 없게 만드는 것이다. 돈을 벌기 위해 하는 게 투자인데 정작 돈에 집착하면 돈이 더 멀어져 버린다니…. 아이러니다.

'돈이 아닌, 투자하는 대상에 집중하라'

부득탐승이 우리에게 주는 메시지다. 승리를 탐하지 않는, 그러니까 돈에 집착하지 않는 투자를 하면 된다. 그러려면 어떻게 해야 할까? 돈이 아닌 투자하는 대상에 집중해야 한다. 투자하는 대상의 가치가 높아지면 시장에서의 가격 역시 자연스럽게 높아지게 되어 있다. 또한 앞에서 설명한 돈의 본질과 투자의 의미를 완전히 이해한 상태에서, 본인의 사용 용도에 맞게 구매력을 잘 나누어 보관했다면 저절로 돈에 집착하지 않게 된다.

당장 몇 달이나 몇 년은 그렇지 않을 수도 있다. 그러나 투자는 몇 년 하다가 그만두는 게 아니다. 빠르게 가길 원하는 사람은 1~2년 정도는 남보다 앞서갈 수 있지만, 결국 돈에 대한 집착으로 크게 실패하는 날이 올 것이다. 반면 천천히 가는 사람은 1~2년은 남보다 뒤처질지 몰라도, 궁극적으로는 가장 안전하게 목적지에 도달할 수 있게 된다.

제6장

목표가 필요한 이유

자산의 가격변동에 집착하지 않고 바람직한 투자를 오래 해나가기 위해서는 좀 더 고차원적인 사고방식을 갖는 것이 좋다. 얼마를 벌고 싶은지, 어떤 사람이 되고 싶은지, 장기적인 꿈과 소망이 없다면 시야는 좁아질 수밖에 없다. 시야가 좁아지게 되면 눈앞의 가격 같은 자극적인 요소에만 정신이 팔리게 된다. 나 역시 개인적인 소망을 마음에 품으면서부터 이러한 소모적인 상태에서 벗어날 수 있었다.

목표를 세우고 그 목표를 이루기 위해 한 걸음씩 나아가는 과정은, 주식의 가격이 올라 평가 수익이 늘어난 것과는 비교도 되지 않을 만큼의 큰 행복감을 내게 주었다. 처음 유튜브를 시작하면서 2023년까지 구독자 10만 명을 달성하겠다는 목표를 세웠고, 그 목표는 2년 정도 앞당겨 달성하게 되었다. 2025년에 경제적 자유와 함께 퇴사하겠다는 목표 역시 수년 앞당겨 이루게 되었다. 가슴 뛰게 하는 목표들을 하나씩 마음속에 그렸고, 매일 열망했고 매일 걸어갔다. 그리고 거짓말처럼 그 목표들이 조금씩 이루어지고 있다. 머릿속으로 꿈만 꿔오던 일들이 현실이 되어 가는 과정은 자산의 증식보다도 100배, 1,000배 더 큰 기쁨이었다.

내 가슴을 뛰게 하는 일이 생겼고, 그 일에 몰입하다 보니 어느새 돈을 좇지 않게 되었고, 돈을 좇지 않게 되니 돈이 나를 좇아온 것이다. 어떤 때는 돈이 나를 노리고 달려드는 게 아닌가 하는 생각이 들 정도로 많이 벌던 때도 있었다. 명확한 비전과 열정을 가지고 살다 보니 나를 도와주는 사람들이 찾아왔고, 계획했던 모든 것들이 생각했던 것보다 빠르게 달성되었다. 물론 앞으로도 그런 삶이 지속될 거라 확신하고 있다.

투자를 한다고 해서 사고파는 일에만 너무 얽매이지 않았으면 좋겠다. 여행 전에 여행코스를 짜는 것처럼 자신의 꿈과 목표를 나열해 보는 것도 좋은 방법이 될 것이다. 그 꿈과 목표를 하나씩 방문한다고 생각하고 여행하듯 투자와 함께하는 삶을 그려 나가자. 그 과정에서 예기치 않게 운이 좋을 때도 있을 것이고, 반대로 하는 일마다 잘 되지 않을 때도 있을 것이다. 투자도 그렇다. 피하지 말고 받아들이자. 집착하지 말고 멀리 보자. 투자가 행복한 삶의 일부가 될 수 있도록, 장거리 여행하듯 뚜벅뚜벅 걸어가자.

제7장

100억 원의 지혜

만약 당신에게 100억 원의 현금과 100억 원을 번 부자의 지혜, 둘 중 하나를 가질 수 있는 선택권이 주어진다면 무엇을 선택할 것인가? 아마 대부분은 지금 당장 손에 쥘 수 있는 100억 원의 현금을 택할 것이다. 100억 원이라는 현금은 당장 내가 사용할 수 있는 돈이며, 그 돈으로 백화점에 가서 쇼핑을 할 수도 있고 자동차를 살 수도 있다. 그러나 100억 원을 버는 지혜는 그렇지가 않다. 지금 당장 눈에 보이지도 않고, 지혜란 것만 가지고는 원하는 물건을 구입할 수가 없다.

본래 인간은 시간 선호도가 높은 동물이다. 미래에 큰 이익을 얻을 수 있다 해도 당장 눈앞에 있는 확실하고 작은 이익을 선호하는 존재라는 것이다. 몇 년 후 배불리 먹을 수 있도록 씨앗을 뿌리고 나무를 가꾸는 것도 좋지만, 눈앞에 있는 당장 따먹을 수 있는 과일에 더 큰 유혹을 느끼는 것도 같은 이유다.

둘 중 무엇을 선택해도 좋으나, 한 가지 기억해야 할 게 있다. 100억 원을 벌 능력이 없는 사람에게는 100억 원이라는 돈이 주어져도, 그 100억 원을 지킬 수 있는 능력이 없다. 복권 당첨자들이 얼마 못 가 당첨금을 모두 탕진하고 경제적으로 오히려 더 피폐해졌다는 얘기를 많이 들어봤을 것이다. 투기나 도박으로 일확천금을 얻은 사람이 얼마 못 가 파산하는 경우도 많다. 부모로부터 큰돈을 물려받은 자식이 파산하는 경우도 더러 있는데, 결국은 다 같은 이유 때문이다. 그들에겐 자신들에게 주어진 돈을 지킬 능력이 없기 때문이다.

사람은 저마다 부를 담을 수 있는 그릇이 있다. 그리고 자신의 그릇에 넘치는 돈은 결국 다 흘러넘쳐 사라져버린다. 어쩌다 운때가 맞아 큰돈을 벌게 되는 경우도 있지만 그릇에 넘치게 들어온 돈은 결국 그 사람의 품에서 떠나게 된다. 담아둘 그릇이 부족하기 때문이다. 하지만 이 그릇은 키울 수 있다. 우리가 투자를 공부하고 실력을 키운다는 것은 당장 그릇에 물을 채우는 공부가 아니라, 그릇 자체를 키우는 공부가 되어야 한다. 물을 담는 방법을 아무리 배워봐야 그릇이 작으면 아무 소용이 없다.

제8장

경제적 자유

나는 직장생활이 싫어서 돈을 벌고 싶었다. 조금 더 정확히 얘기하자면 내 시간을 내가 원하는 대로 온전히 사용하고 싶어 돈을 벌고 싶었다. 비가 오나 눈이 오나 제시간에 맞춰 출근해야 하고, 가끔은 정말 일하기 싫은 순간에도 로봇처럼 근무시간을 꽉꽉 채워야만 하는 삶이 싫었다. 그래서, 돈을 벌고 싶었다.

물론 회사와 일을 통해 본인의 정체성을 찾고, 행복한 나날을 보내는 사람들도 있겠지만 안타깝게도 나는 그렇지 않았다. 회사에서 보내는 시간마저 온전히 내 시간으로 만들고 싶었다. 월급을 담보로 깨어 있는 시간의 거의 절반에 가까운 시간을 저당 잡히는 것이 너무나 싫었다. 내게 주어진 소중한 시간을 100% 나의 것으로 소유하고 싶다는 생각 때문에 돈을 벌고 싶었다. 정말 간절히 말이다.

하지만 월급을 모아서는 회사를 그만둘 수 있을 만큼의 돈을 모을 수 없을 거란 걸 깨닫고 그때부터 돈 버는 방법들을 알아보기 시작했다. 그러던 어느 날, 마치 운명처럼 그 수단을 발견해내고 만다.

다름 아닌 '투자'였다. 적은 돈으로도 단기간에 큰돈을 벌 수 있다는 희망, 다른 일을 하는 순간에도 돈을 벌 수 있다는 희망, 이런 희망들이 당시의 나에겐 시간의 노예에서 벗어나 경제적 자유를 얻을 수 있는 유일한 탈출구처럼 보였다.

하지만 투자에 대해 아무것도 아는 것이 없었던 나는 우선 친구에게 도움을 요청했다. 도움이라고 해봐야 뻔하다. 어떤 주식을 사야 돈을 벌 수 있는지 알려 달라, 뭐 그런 부탁이었다. 친구는 우리나라 최고의 기업과 연관되어 있고 온라인 교육업을 하는 제법 그럴싸한 주식을 내게 추천해주었고, 겁이 없던 나는 아무 망설임도 없이 모아둔 돈 수백만 원을 잘 알지도 못하는 주식에 투자하게 되었다.

그리고… 그게 대박이 났다. 대박이라고 표현하기엔 민망한 금액이지만, 그 당시의 나에게는 대박이었다. 1주일 만에 50만 원이라는 거액을 벌어버린 것이다. 일도 하지 않았는데 며칠 만에 그 정도의 돈을 벌게 되다니… 새로운 세상을 만나버린 기분이었다. 그 후 초심자의 행운에 눈이 멀어 적금까지 깨서 본격적으로 주식에 큰돈을 넣기 시작한다. 결과는 보나마나였다. 한 달도 안 돼서 몇 달치 월급을 날리게 된 것이다. 이것이 내 투자 스토리의 시작이다. 아마 다른 사람들도 나의 경우와 크게 다르지 않을 거라 생각한다.

하루가 다르게 격변하는 세상에서 오랫동안 지속 가능한 경제적 자유를 얻기 위해서는 무엇이 가장 중요한지 꼽으라고 한다면 나는 망설임 없이 '투자자로서의 신념', 다른 말로 '나만의 확고한 투자 철학'이라고 답하고 싶다. 투자 철학이 없으면 그때그때의 시장 상황과 군중심리에 휘둘려 여기 우르르 저기 우르르 몰려다니는 투자를 하게 된다. 이러한 투자를 반복하다 보면 언젠가는 시장에서 퇴출당할 게 뻔하다.

내가 가진 투자의 신념은 '자산의 현재가치'가 아닌 '미래가치에 투자해야 한다'는 것이다. 또한 화폐가치는 반드시 하락하기 때문에 좋은 자산의 가격은 반드시 오른다는 신념을 가지고 있다. 그 결과 매일같이 바뀌는 숫자에 일희일비하지 않는 확고한 투자 철학을 지켜갈 수 있었다.

내게 있어 자산은 보물이다. 진짜 돈인 것이다. 그리고 국가가 발행하는 화폐는 진짜 돈이 아닌 매년 일정하게 가치가 소실되어가는 빈껍데기다. 그래서 단기적으로 필요한 구매력 이외에 중·장기적인 구매력은 자산으로 보관한다. 돈이 수중에 들어오면 즉시 자산으로 바꾸고 그것을 다시 가짜 돈으로 바꾸지는 않는다. 물론 이것은 나의 철학일 뿐, 당신의 철학이 아니다. 나의 얘기를 참고서 삼아 각자 자신에게 맞는 투자 원칙을 세우기 바란다. 자신만의 투자 철학을 바탕으로 인내심을 가지고 오래 지속할 수 있다면 그 누구라도 '경제적 자유'에 이를 수 있을 것이라 확신한다.

THE
RULES
OF
MONEY

이것만은
알고 가자!

THE RULES
OF MONEY

제1장

좋은 주식 찾는 법

좋은 자산을 찾아낼 때 사용하는 나만의 방식이 있다. 나는 일반적인 주식이나 자산 분석법, 그러니까 대차대조표를 보거나 현금흐름을 보거나 밸류에이션을 측정하는 방식보다는(물론 그런 방식도 사용은 한다) 조금 더 인문학적인 관점에서, 상상력을 동원하여 자산을 분석한다. 10년 후의 '치킨의 가치'를 예측하는 데 있어, 현금흐름을 확인하고 밸류에이션을 측정할 필요가 없다는 것이다.

숫자에만 매달리는 분석은 숫자 자체에 매몰되어 상상력을 발휘하기 어렵게 된다. 인간이 인간일 수 있는 이유는 상상력이다. 인간이 만들어 낸 발명품 역시 상상력으로부터 비롯되었으며 미래 예측에 있어서도 숫자보다는 상상력의 활용도가 높다. 투자는 수학이 아닌 문학이며, 숫자보다 중요한 것은 스토리라고 나는 얘기한다. 미래에는 너무 많은 변수가 도사리고 있기에 숫자만으로 앞날을 예측하기란 쉽지 않다. 경제학자들의 예상이 늘 빗나가는 까닭이다. 약간의 변수만 생겨도 크게 바뀔 숫자를 믿는 것에 무슨 의미가 있을까. 그러므로 수학적 관점보다 인문학적 관점이 우리에게 더 필요하다. 상상의 힘으로, 나열된 '숫자'가 아닌 드넓은 '세상'을 보길 바란다.

디지털 시대를 사는 우리는 대부분의 정보를 쉽게 손에 넣을 수 있다. 기업 스토리를 알아보기 위한 주요 자료들을 잠깐 소개한다.

1) 기업의 홈페이지 – 기업이 스스로 자신들의 비전을 이야기하는 곳이며, 따라서 가장 먼저 살펴봐야 하는 곳이기도 하다.

2) 기업에 대한 기사나 뉴스 자료 – 아주 이름 없는 기업이 아닌 이상 검색을 통해 많은 양의 기사를 접할 수 있다. 관심 있는 기업이라면 꾸준히 기사를 찾아보기를 권한다.

3) 전문가들의 보고서 – 요즘 웬만한 증권사에서는 기업에 대한 보고서를 발행한다. 일반 투자자들을 위해서다. 이것을 통해 애널리스트의 전문적인 기업 분석을 확인할 수 있다.

4) 블로그나 칼럼 – 인지도가 있는 기업의 경우, 그 기업을 주기

적으로 분석하는 블로그나 칼럼들을 인터넷에서 꽤 많이 접할 수 있다. 대부분 아마추어지만 기업에 관심을 가지고 살펴보는 사람들이기에 정보의 수준이 낮다고 보기는 어렵다.

5) 유튜브 – 매체 특성상 영상의 길이가 짧고, 흥미 위주인 경우가 많다 보니, 분석의 질이 다소 떨어질 수 있다. 전반적인 정보를 흡수한다는 개념 정도로 보면 좋을 것 같다. 인지도가 높은 기업의 경우에는 수준 높은 분석 영상을 볼 수도 있다.

6) 책 – 기업이나 주식과 관련된 책이 시중에도 굉장히 많다. 인지도가 높은 기업의 경우 하나의 기업만을 전문적으로 다루기도 한다.

7) 제품이나 서비스 직접 사용 – 해당 기업이 제공하는 제품이나 서비스를 직접 사용해보는 것만큼 정확하고 확실한 방법은 없다. 이를 통해 기업이 세상에 제공하고자 하는 가치를 체험하게 되는 것이다.

8) 평가나 후기 – 제품이나 서비스를 사용해본 다른 사람들의 평가와 후기를 살펴보는 것도 큰 도움이 된다. 기업에 대한 전반적인 인식이나 평판을 가늠해볼 수 있기 때문이다.

이처럼 다양한 방법들을 통해 기업의 스토리를 그려볼 수 있다. 지금부터는 좋은 자산을 찾아나가는 생각의 과정을 글로 풀어볼 것이다. 이 자산이 좋은 자산인지 아닌지를 검증하고 미래를 예측해보자.

그렇다고 오해하지는 말자. 요지는 '이렇게 생각하고 접근한다'인 것이지, '이게 좋습니다. 이걸 사세요'가 아니니까. 이 예시는 참고 사항 정도로만 이해하고, 반드시 철저한 분석과 공부를 한 후에 매수하길 바란다.

제2장

애플, 구글, 아마존, 그리고 테슬라

1. 애플(Apple)

애플의 주식을 사기 위해 리서치를 하고 있다면, 애플이 자산으로서 어떤 매력이 있는지 먼저 살펴보아야 한다.

1) 좋은 자산으로서의 특징

- 확고한 팬덤
- 고객의 높은 충성도
- 꾸준한 수요
- 고유의 쓰임새
- 대체불가능한 아이덴티티

- 시장 내 독점력
- 모던한 디자인
- 브랜드 이미지

이러한 특징들이 모여 '시간이 지나도 보존 가능한 가치'를 애플에게 부여하는데, 이 정도로 일단 서류전형은 통과했다. 그다음으로 주식은 기업의 소유권을 분할한 자산이기 때문에 그 기업이 어떻게 탄생했고 어떻게 지금에 이르게 됐는지 그 스토리를 꼭 살펴보는 것이 좋다. 피 같은 내 돈을 투자할 기업인데, 어디서 어떻게 자라온 기업인지 모르는 건 말도 안 된다.

2) 애플의 기업 스토리

1976년, 스티브 잡스와 스티브 워즈니악이 집과 사무실에서 사용할 수 있는 개인용 컴퓨터를 만들기 위해 차고에 모였다. 애플은, 그렇게 탄생한다. 창립 초기 애플은 맥이라고 부르는 개인용 컴퓨터를 판매하며 빠르게 성장했다. 창립 2년 후인 1978년 780만 달러였던 애플의 매출이, 상장한 1980년에는 무려 1억 1,700만 달러까지 상승하게 된다.

하지만 맥북의 판매량 저하와 함께 사업의 위기도 찾아왔다. 적자 폭이 점점 커지면서 한때 2.6 달러를 넘겼던 주가가 1997년에는 무려 11센트까지 떨어져 25분의 1토막이 난 것이다. 이렇게 주가가 폭락한 상태에서 5년여의 시간이 흐른다. 스스로 확고한 믿음을 가지고 애플에 투자한 투자자가 아니라면 과연 그 시기를 버텨낼 수 있었을까. 불가능했을 것이다. 애플이 힘든 시기를 보내고 있을 때 짜잔, 하고 구세주가 나타난다. 애플의 창업자이자 21세기 최고의 혁신가, 잡스가 애플의 CEO로 돌아온 것이다.

애플은 잡스 복귀 후 1년 만에 기적처럼 적자에서 흑자로 돌아선다. 덕분에 주가도 폭등해 2000년에는 1.25달러를 넘어서며 저점 대비 10배 이상 오른다. 그 후 닷컴 버블이 터지며 기술주들의 주가가 심한 타격을 받게 되고, 애플의 주가 역시 25센트까지 다시 떨어지지만 그런 위기에도 애플은 결국 끊임없는 성장을 이어간다. 2004년 말부터 다시 오르기 시작한 주가는 결국 2005년 말, 염원했던 전고점을 무려 15년 만에 돌파하며 새 시대를 맞는다. 그 후로도 다양한 사건이 있었지만 애플은 끊임없이 성장에 성장을 거듭했고, 잡스 사망 이후 애플의 수장 자리를 이어받은 팀쿡 역시 뛰어난 CEO의 역할을 잘 수행해내며 세계 1위, 굴지의 기업 애플을 만들어낸다.

2000년 이후 애플의 최저 주가는 2003년에 기록한 0.227달러. 2022년 9월 기준 150달러 정도이니 20년이 채 안 되는 사이에 주가가 무려 660배나 올랐다. 성장하는 기업에 제대로 투자하고, 오래 보유했을 때 얻게 되는 마법 같은 성과라고 볼 수 있다

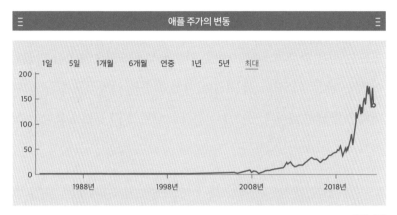

출처 : 구글

이처럼 좋은 자산의 가격은 계속해서 오른다. 그렇기 때문에 쉽게 팔아서는 안 되는 것이다. 더 정확히는, 팔아야 할 이유가 없다. 그 자산이 사람들에게 계속 가치를 제공하고 사랑받는 한 화폐가치의 하락과 맞물려 가격이 계속 오를 것이기 때문이다. 사람들은 너무 쉽게 자산을 판 뒤에 수익실현을 했다고 좋아하지만, 그건 수익을 실현한 게 아니다. 600배 오른 애플 주식을 2배 올랐을 때 팔았다면 그걸 과연 수익실현이라고 볼 수 있을까. 영원히 오를 좋은 자산을 영원히 하락할 화폐와 바꾸는 것은 결코 수익실현이 아니다. 보물을 무가치한 것과 바꾸는 셈이니 오히려 손해실현이라고 봐야 한다.

기업의 스토리까지 살펴보았다면 다음으로 봐야 할 것은 비즈니스 모델, 즉 기업이 현재 어떻게 돈을 벌고 있는가 하는 것이다. 주가는 기업의 현금창출 능력에 비례하여 형성된다. 따라서 기업이 얼마나 돈을 잘 벌고 있는지, 앞으로도 그런 수익을 유지할 수 있는지 확인하는 것은 매우 중요하다. 이걸 확인하기 위해서는 숫자가 나열되어 있는 재무제표보다 이 기업이 어떤 제품과 서비스를 팔고, 그에 대한 사람들의 인식과 평가가 어떤지를 살피는 게 훨씬 중요하다. 모

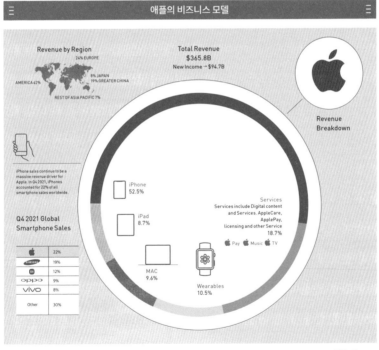

출처 : Gartner

든 가격은 사회적 합의다. 기업의 제품과 서비스에 대한 사람들의 인식과 평가를 살피는 것이 사회적 합의치를 추정하는 방법이라 할 수 있겠다.

애플의 주력 상품은 아이폰이다. 수입의 절반을 이 아이폰이 만들어낸다. 애플은 원래 가정용 맥북을 주력으로 만들던 회사였으나, 책상 위에 올려 둔 거대한 컴퓨터 대신 휴대용 컴퓨터가 각광받기 시작하면서 맥북의 인기도 사그라들게 되었다. 만약 애플이 맥북만을 고집했다면 지금의 애플은 없었을 것이다. 시대의 혁신가 스티브 잡스는 애플이 도태되는 걸 가만히 보고만 있지 않았다. 2007년 1월 9일. 애플의 신제품 발표회에서 인류의 라이프스타일을 바꾼, 전설과도 같은 첫 아이폰이 세상에 공개된다.

나는 인류의 삶이 아이폰 등장 전후로 나뉜다고 해도 과언이 아니라 생각한다. 지하철이든 카페든 집이든 공원이든, 심지어 운전을 하면서도 스마트폰을 들여다보고 있으니 말이다. 언제 어디서나 사용 가능한 인터넷과, 수많은 작업을 할 수 있는 손안의 작은 기계가 인류의 라이프스타일을 통째로 바꾸어놓았다. 원조답게 아이폰은 스마트폰 시장의 절대 강자로 군림하고 있다. 전체 스마트폰 시장에서 애플은 20% 전후의 점유율을 차지하고 있으며, 최근 이 비율이 거의 내려가고 있지 않다. 따라서 근미래에 애플의 위상이 흔들릴

가능성은 그리 높지 않다고 볼 수 있다.

성장이 멈춘 뒤 새로운 성장 동력을 찾아내지 못하면 기업은 성숙기로 접어들게 되고, 내리막길을 걷다 결국 쇠퇴기를 맞이한다. 그러나 애플은 아이폰의 힘으로 기업의 수명을 늘렸다. 스마트폰이라는 새로운 성장사업을 발굴해내며 성장기를 지속하게 된 것이다. 기업은 사람의 육체와는 달라서 몇 번이고 성장기를 맞이하고, 또 새로 이어나갈 수 있다. 이것이 기업의 장점이고, 이런 기업을 찾아 투자하는 것이 주식의 즐거움이다.

3) 기업의 성장 단계

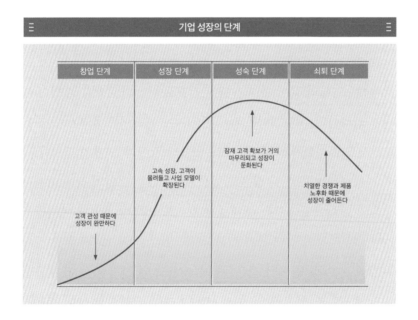

기업 성장의 단계

| 창업 단계 | 성장 단계 | 성숙 단계 | 쇠퇴 단계 |

잠재 고객 확보가 거의 마무리되고 성장이 둔화된다

고속 성장, 고객이 몰려들고 사업 모델이 확장된다

치열한 경쟁과 제품 노후화 때문에 성장이 줄어든다

고객 관성 때문에 성장이 완만하다

그러나 한 회사의 매출이, 한 가지 제품 혹은 한 가지 서비스에만 집중되어 있으면 조금 위험할 수 있다. 그 제품에 문제가 생길 경우, 수입이 급격히 줄어들 수 있기 때문이다. 애플은 아이폰 외에도 최초 주력 사업이었던 맥북을 꾸준히 개발, 발표하고 있으며 이는 전체 매출의 10% 정도를 차지하고 있다. 그리고 스마트패드인 아이패드도 빼놓을 수 없다. 특히 맥북과 아이패드는 코로나19로 재택근무가 일상에 자리 잡으면서 최근 판매량이 급증하고 있다.

애플의 이런 제품들은 서로 유기적으로 연동되어, 여러 제품을 동시에 사용하면 더욱 편리해지는 특성을 가지고 있다. 이른바 애플 생태계라 불리는 이 특성은 사용자의 경험을 개선하는 효과를 발휘하며 아이폰을 사용한다면 아이패드를 사용하고, 아이패드를 사용한다면 맥북을 사용해야 할 것만 같은(?) 환경이 조성된다. 타 회사의 제품으로 갈아타기가 왠지 불편해지는 것이다. 이러한 생태계는 소비자들이 다른 기업으로 이동하는 걸 막아주고, 애플 제품에 대한 고객 충성도를 높여준다. 이 고객들의 수요를 기반으로 기복 없는 수익을 거둘 수 있는 것이다.

최근 애플의 서비스 사업이 새로운 캐시카우로 떠오르고 있다. 서비스 사업이란 앱스토어의 소프트웨어 판매, 애플뮤직이나, 아이클라우드 같은 구독 서비스 등의 무형자산 매출을 말한다. 이런 무형자산은 생산비용이 정해져 있고, 매출이 증가한다고 해서 비용이 증가하는 건 아니기에 많이 팔릴수록 많은 이익을 얻는다. 게임 하나를 만들어 앱스토어에 올려놓기만 하면 고객 1명이 다운로드 하든, 고객 1,000명이 다운로드 하든 비용에는 별 변화가 없기 때문이다.

서비스 사업 매출이 중요한 이유는 꾸준하고 예측 가능한 수입을 가져다준다는 것이다. 애플뮤직, 애플TV+, 애플 아케이드처럼 최근 애플의 서비스는 대부분 구독형이다. 구독형 모델은 이번 달에 결제한 고객이 다음 달에도, 그다음 달에도 결제할 가능성이 높기에 일정한 매출을 기대할 수 있다. 예측 가능한 수입이 꾸준히 들어오면 사업을 운영하는 데 엄청난 힘이 된다. 지출 계획에 큰 어려움이 없고, 새로운 투자도 진행할 수 있기 때문이다. 새로운 투자를 하면 또다시 수익성이 증대되고 그것으로 선순환의 구조를 만들 수 있게 된다. 애플이 시가총액 세계 1위 기업이 될 수 있었던 이유가 바로 여기에 있다.

이처럼 기업의 스토리를 살펴보는 것만으로도 이렇게나 다양한 정보를 얻을 수 있다. 물론 잘 모르는 기업에 대해 이 정도로 알아내는 것은 아마추어 투자자들에게는 쉬운 일이 아니다. 그럼에도 인문학적 상상력에 근거하여 기업에 대해 알아보고, 마음에 들면 재무제

표도 확인하는 것이 좋다. 숫자는 그 이후에 확인해도 늦지 않다.

중요한 것은 항상 상상력을 발휘해야 한다는 것이다. 다른 사람이 다 분석해 놓은 분석자료는 여러분에게 그리 유익하지가 않다. 거기에는 여러분의 생각이 녹아들어 있지 않기 때문이다. 자신의 관점에서 분석하되, 상상력을 버려서는 안 되겠다.

2. 구글(Alphabet)

남녀노소 불문, 대한민국에서 유튜브를 보지 않는 사람은 아마 거의 없을 거라 생각한다. 유튜브뿐만 아니라 검색엔진, 안드로이드, 지메일과 같은 수많은 혁신 IP를 소유하고 있는 세계 최대 테크 기업 중 하나가 바로 구글이다. 구글은 세계에서 가장 많이 사용되는 검색엔진, 유튜브는 세계에서 가장 많이 시청되는 비디오 스트리밍 서비스, 안드로이드는 세계에서 가장 많이 사용되는 모바일 운영 체제, 지메일은 세계에서 두 번째로 많이 사용되는 이메일 클라이언트이다. 구글은 이렇게 압도적인 점유율을 가진 여러 플랫폼에서 광범위하게 광고를 진행하고 있으며, 그것으로 막대한 수익을 창출하고 있다.

구글은 전 세계에서 광고 수익이 가장 많은 회사다. 매년 2천억 달러가 넘는 엄청난 광고수익을 거두고 있고, 이는 회사 전체 매출의 80% 이상을 차지한다. 광고로 이렇게 큰 수익을 올릴 수 있는 이유는 다음과 같이 정리해 볼 수 있다.

(1) 점유율이 높은 플랫폼 다수 보유

(2) 많은 이용자 확보

(3) (2)를 통해 천문학적인 양의 사용자 정보 수집 가능

(4) 뛰어난 인공지능 기술 보유

(5) 플랫폼 이용 시간을 늘리고, 타깃에 맞는 적절한 광고 송출 가능

인터넷과 디지털 시대에서 '정보'는 돈으로 환산할 수 없을 만큼 소중한 가치를 지닌 자원 중 하나이다. 구글은 전 세계 수십억 명의 사람들로부터 막대한 양의 정보를 끊임없이 수집하고 있으며, 심지어 우리가 뉴스를 보고 정보를 검색하고 메일을 보내고 쇼핑을 하고 동영상을 보는 그 모든 정보가 구글로 모여든다. 이슈가 무엇인지, 사람들이 무엇을 원하고 무엇을 얻고자 하는지, 또 여가 시간은 어떻게 보내는지, 이런 모든 정보를 손에 넣을 수 있다는 얘기다.

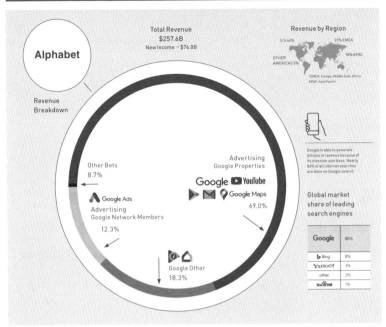

출처 : Statista

　정보의 양이 아무리 방대하더라도 그걸 깔끔하게 정리해 적재적
소에 활용할 수 없다면, 그건 정보가 아니라 노이즈에 불과하다. 사
람이 이 모든 정보를 정리하고 분류해야 한다면 구글로 모여드는 정
보는 대부분 사용되지 못하고 버려지겠지만 구글에게는 사람이 미
처 다 할 수 없는 일을 해줄 절대적 우군, '인공지능'이 있다.

　2016년 3월 바둑기사 이세돌과 인공지능 프로그램 알파고의 대결을 모두 기억할 것이다. 그때까지 바둑은 경우의 수가 너무 많아 컴퓨터가 정복할 수 없는 절대 영역으로 알려져 있었고, 실제로 프로기사가 컴퓨터에게 패배한 기록이 없었기에 당시 최고의 바둑기사였던 이세돌 9단이 알파고에게 패한다는 건 상상조차 할 수 없는 일이었다. 그러나 결과는 1:4, 이세돌 9단의 참패로 끝이 났다.

이 승부를 계기로 특이점, 그러니까 인공지능이 인간을 곧 뛰어넘을 거라는 얘기가 여기저기서 나오게 된다. 인공지능의 능력은 날이 갈수록 발전되고, 구글은 그런 인공지능의 능력을 아주 훌륭하게 활용하고 있다. 전 세계 수십억 명의 사람들로부터 매일같이 들어오는 막대한 양의 정보를 압도적인 인공지능 기술을 통해 분석하여 활용하고 있으니 말이다.

사람들이 원하는 것, 좋아하는 것을 파악해 적합한 검색 내용과 콘텐츠를 제공한다면 이용 시간과 이용 빈도가 증가하는 것은 당연한 일이다. 또한 각 사람에게 필요한 광고를 골라 제공한다면 광고가 매출로 이어질 확률 역시 높아진다. 그렇게 되면 많은 기업들이 광고비를 비싸게 주고서라도 구글을 광고 플랫폼으로 이용할 것이다. 이처럼 구글은 압도적인 점유율의 플랫폼과 그로 인해 읽게 되는 막대한 양의 정보, 그리고 그 정보를 정확히 활용할 수 있는 인공지능 기술을 갖추고 있기에, 가치를 가늠하기도 힘든 세계 일류 기업이라 할 수 있겠다.

3. 아마존(Amazon)

아마존은 미국 최대 이커머스 기업이자 세계 최대의 온라인 쇼핑 기업이다. 1994년, 훗날 전설이 될 기업가 제프 베이조스는 월스트리트 회사인 'DE Shaw & Co'의 부사장직을 내려놓고 자신의 차고에서 아마존을 창립한다.

출처 : CBS 〈60 Minutes〉

'아마존'이라는 이름에는 자신이 만든 온라인 서점을 아마존처럼 거대한 기업으로 키워내겠다는 제프 베이조스의 포부가 담겨 있다. 제프 베이조스는 머지않아 인터넷 시대가 올 것임을 직감하고 온라인으로 판매하기 좋은 품목을 물색했다. 그러다 온라인을 통한 책 주문 수요가 굉장히 많다는 것을 알아채고 회사의 비즈니스를 온라인 서점으로 정한다. 베이조스의 예상은 적중했다. 아마존의 사업은 처음부터 크게 번창했고, 창업 후 3년 만에 나스닥의 초기기업 공개(IPO)를 하는 쾌거를 이룬다. 아마존의 주가는 상장하자마자 매우 빠르게 상승했다. 2000년까지 단 3년 만에 80배가 넘게 오른 것이다.

하늘 높은 줄 모르고 치솟던 아마존의 주가는 '닷컴 버블'의 붕괴라는 엄청난 시련과 맞닥뜨리게 된다. 초기 인터넷 열풍에 휩싸여 인터넷과 아무 관련 없는 회사라도 이름에 '닷컴'만 붙이면 주가가 떡상하는 역대급 거품이 기어이 터지고 만 것이다. 이 사건은 온라인 서점을 운영하던 아마존의 주가에도 엄청난 영향을 미치는데, 주가가 90% 이상 하락하는 그야말로 대폭락의 상황에 놓이게 된다. 그러나 베이조스는 포기하지 않는다. 알파벳 A부터 Z까지, 모든 품목을 다루겠다는 포부를 내세우며 회사 로고에 A와 Z를 잇는 스마일 모양을 추가하고 아마존을 단순 온라인 서점에서 종합 온라인 쇼핑 회사로 변혁시킬 준비를 한다.

그리고 이 계획 역시 대성공을 거둔다. 2002년부터 아마존의 사운은 다시 흥하기 시작하고, 주가도 다시 급격하게 상승해 2007년에는 닷컴 버블 당시의 주가를 돌파해버린다. 이후로도 주가는 끊임없이 올라, 2022년 2월 기준 아마존의 주가는 상장 25년 만에 2,000배 이상 상승하는 믿을 수 없는 쾌거를 이룬다.

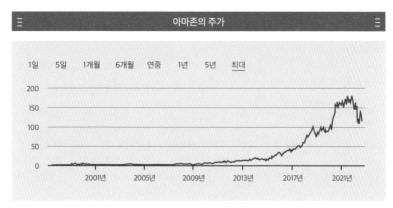

출처 : 구글

아마존의 비즈니스 모델은 크게 3가지로 나뉜다.

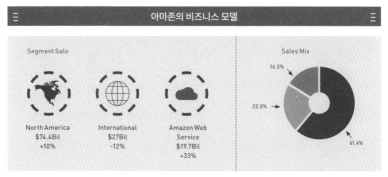

출처 : alphastreet

1) 북미 사업부

미국과 캐나다 지역에서의 온라인 쇼핑(이커머스) 사업이다. 최근에는 회원제 구독 서비스인 아마존 프라임과 아마존 프라임 비디오와 같은 사업이 크게 성장하고 있으며, 일부 오프라인 매장도 포함하고 있다. 가장 주가 되는 것은 역시 온라인 스토어가 되겠다.

아마존은 50%에 가까운 점유율을 가지고 있는 북미 지역에서 가장 큰 온라인 쇼핑 기업이다. 이러한 독점에 가까운 압도적인 점유율은 높은 마진과 직결된다. 사실 온라인 쇼핑과 같은 유통 사업은 기본적으로 마진이 적은 구조다. 가격 경쟁이 치열한 특성 때문에 마진을 최소한으로 가져갈 수밖에 없기 때문이다. 온라인에서 무언가를 사기 전 열심히 최저가를 알아보는 우리의 모습을 떠올리면 이해가 될 것이다. 이럴 때 조금이라도 유리한 위치를 점하는 곳이 결국은 대량 판매에 성공할 수 있다.

가령 우리가 치킨집을 운영한다고 해보자. 식재료를 한 번에 조금씩 들여오는 업소와 대량으로 들여오는 업소, 둘 중 어느 쪽이 더 싸게 재료를 들여올 수 있을까. 당연히 대량으로 들여오는 쪽이 너 싸게 재료를 구매할 수 있다. 또한 가게의 월세, 전기세, 인건비 등 가게 운영에 들어가는 비용은 손님이 많으나 적으나 크게 차이가 나지 않는다. 그래서 똑같은 가게를 운영하더라도 대량 구매, 대량 판매를 해야 그만큼 마진율이 높다. 이것이 '규모의 경제'가 갖는 특징인데, 아마존과 같은 유통기업은 기본 마진이 적기에 규모의 경제 효과가 아주 크게 나타나는 비즈니스 분야라고 할 수 있다.

2) 글로벌 사업부

한 번이라도 아마존에서 물건을 구입해본 사람이라면 아마존이 북미 지역에서만 물건을 팔고 있지 않다는 것을 알 것이다. 세계 약 13여 개국에서 온라인 쇼핑 사업을 직접 운영하고 있고, 우리나라처럼 직접 사업을 하지 않는 국가라 해도 100여 개국에 '직구'와 같은 방법으로 물건을 판매하고 있다. 이렇게 북미 외 지역에서 발생하는 수입은 아마존 글로벌 사업부가 담당한다(아마존에서는 글로벌이 아닌 인터내셔널이라고 부르고 있다). 이 글로벌 사업의 규모 역시 결코 작지 않다. 매출 규모로는 아마존 전체 매출의 4분의 1에 해당하는데, 물론 북미지역처럼 마진이 높은 건 아니다.

3) 클라우드 서비스(AWS)

앞의 설명을 듣고 '마진도 적은 기업이 어떻게 수익을 올린다는 거야?'라며 의아해하는 사람이 분명 있을 것이다. 아마존은 온라인 쇼핑 사업에 있어 큰 마진을 올리기보다는 점유율을 올리는 데 중점을 두고 있다. 한 번 구매한 곳에서 계속 구매하는 소비자들의 특성을 이용, 일단 점유율을 높여 놓으면 수익은 결국 따라온다는 마인드로 사업을 하고 있는 것이다. 아마존은 눈앞의 작은 이익이 아니라 멀리 있는 거대한 이익을 바라보는 천재 기업가 제프 베이조스의 야망이 담긴 비즈니스 모델이라고 할 수 있겠다.

아무리 그렇다 해도 당장의 현금흐름을 담당할 주요 수익원은 있어야 하지 않겠는가. 이런 걸 캐시카우라고 하는데 아마존의 캐시카우를 담당하고 있는 사업이 바로 클라우드 서비스 사업, 아마존 웹 서비스(AWS)다. 개인 또는 기업에게 온라인으로 컴퓨팅 파워나 데이터베이스 스토리지를 제공하는 서비스이며, 클라우드 서비스라고도 한다. 아마존은 이 클라우드 서비스 분야에서 30%가 넘는 점유율을 가지고 있는 업계 1위 기업이다(2위는 마이크로 소프트, 3위는 구글).

클라우드 서비스는 마진율이 굉장히 높은 사업이다. 시스템을 한 번 구축해 놓으면 추가적인 지출은 거의 없고 지속적인 수입만 발생한다. 덕분에 AWS가 아마존 전체 매출에서 차지하는 비중은 10%~15%에 불과하지만 수익에서 차지하는 비중은 절반이 넘는다. 매출 대비 압도적인 마진율을 가지고 있다는 것이다. 이러한 이유로 투자자들은 아마존 웹 서비스의 성장에 관심이 높다. 회사의 주요 수익원인 캐시카우가 성장률이 떨어진다면 회사 전체의 수익성이 크게 나빠질 수 있기 때문이다. 아마존에 투자를 원하는 분들이라면 이러한 특성을 이해할 필요가 있다.

이제, 온라인 쇼핑은 거를 수 없는 대세이다.

클릭 한 번으로 원하는 것을 살 수 있는 시대에 완벽하게 적응한 사람들은, 온라인 쇼핑 시장이 이미 커질 대로 커져 더 이상 성장할 수 없다고 느낄 수도 있다. 그러나 실제로 전체 소매시장에서 온라인 구매가 차지하는 비중은 2021년 기준 20% 정도로 그리 크지 않다. 아직도 먹을 수 있는 파이가 많이 남아있다는 뜻이다. 성장 가능성이 무궁무진하다고 볼 수 있다. 그런 온라인 쇼핑 분야에서 독보적인 위치를 점한 기업이 아마존이라면 설명은 충분히 되었다고 본다.

4. 테슬라

테슬라는 한국인이 가장 많이 투자한 미국 주식 순위에서 최근까지만 해도 늘 최상위권을 유지해왔던 기업이다. 동서양을 막론하고 개미들이 가장 사랑하는 주식이며 2020년에는 주가가 무려 8배나 상승, 미국 주식의 다크호스로 급부상했다가 2022년 후반에 다소 심각한 하락을 겪었다. 그럼에도 화끈했던 주가 상승세만큼이나 많은 팬을 거느리고 있으며, 최근의 주가 침체로 거품 또는 과대평가라는 안티팬들의 비난도 많이 잦아들었다.

테슬라가 2022년 기준 130만 대 조금 넘는 차량을 판매한 데 비해 폭스바겐, 토요타와 같은 자동차 강자들은 매년 900만 대 정도의 차량을 판매한다. 7분의 1 정도의 판매량이다. 한국의 자랑이라 할 수 있는 현대자동차와 비교해도(2021년 기준 390만 대) 3분의 1 정도밖에 안 되는 수준이다. 그러나 시가 총액으로 본 테슬라의 가치는 이들 자동차 회사들의 가치를 모두 합친 것보다도 비쌌다. 상황이 이렇다 보니 과대평가 논란이 일어났던 것도 당연한데, 테슬라의 주가가 이토록 높이 평가받았던 이유는 다름 아닌 '주식의 특성'이다.

'주가는 늘 미래를 반영한다.'

어떤 주식도 이 논리를 벗어날 수 없다. 과거에 아무리 높은 실적을 거둔 기업이라 해도 미래가 밝지 않다면 주가는 하락한다. 반대로 현재는 변변찮은 실적을 내고 있지만, 미래가 밝다면 주가는 상승한다. 테슬라가 많은 투자자들로부터 큰 기대를 받고 주가가 현재 실적 대비 과대평가받고 있는 이유도, 지금의 실적이 아니라 미래의 실적에 대한 기대 때문이라 할 수 있다.

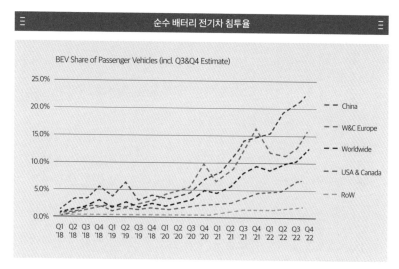

순수 배터리 전기차 침투율

BEV Share of Passenger Vehicles (incl. Q3&Q4 Estimate)

- - - China
- - - W&C Europe
- - - Worldwide
- - - USA & Canada
- - - RoW

자료: EV-volumes

2022년 전기차의 신차 기준 점유율은 이제 막 10%를 넘긴 정도이지만, 2025년에는 25%~30%, 2030년에는 50% 정도가 될 거라 예상할 만큼 점유율이 급격히 증가하고 있다. 테슬라 주가가 미래 성장성을 크게 인정받는 이유 역시 여기에 있다. 미래에 벌 돈이 지금보다 훨씬 많고 그로 인해 현재 주가에 프리미엄이 붙는 것이다.

그렇다고 해도 전기차만 팔아서 주가에 걸맞은 높은 현금흐름을 창출하기는 힘들다. 테슬라에게는 다른 자동차 기업에게는 없는 압도적인 강점이 있으니, 다름 아닌 자율주행 능력이다. 이 자율주행은 인공지능 시스템이 관장하며, 자가학습이 인공지능 개발의 핵심이 된다. 딥러닝을 통해 인공지능의 능력을 개선하기 위해서는 수많은 데이터가 필요하다. 도로 위에서는 어떠한 일이 발생할지 예측할 수 없으며, 사람의 목숨이 달려 있는 중대한 사항이기 때문에 특히 AI의 자율주행 능력 개선을 위해서는 실제 도로주행에 기반한 데이터가 필요하다.

그래서 자율주행 능력을 위한 AI 개발에는 실제 도로주행을 기반으로 한 자율주행 데이터의 양이 중요한데, 바로 이 부분에서 테슬라는 압도적인 데이터량을 가지고 있는 것이다. 자율주행을 통한 테슬라의 총 주행거리는 현재 50억 킬로미터에 달한다. 반면 테슬라를 제외하고 자율주행 기술에 있어 가장 선두기업이라 할 수 있는 웨이모의 자율주행 학습 거리는 4,000만 킬로미터가 채 되지 않는다. GM의 자율주행 거리도 2,000만 킬로미터 정도인데 웨이모와 GM을 제외한 다른 자동차 기업의 자율주행 데이터는 나열하는 게 무의미할 정도로 미미한 수준이다. 이렇게 압도적인 주행 데이터 차이는 자율주행을 담당할 AI의 학습에 지대한 영향을 미치며, 이러한 차이로 인해 테슬라는 자율주행 능력에 있어 타사 대비 압도적 우월함을 자랑한다.

이러한 테슬라의 자율주행에 있어 기술적 우위를 최대한으로 이끌어낼 수 있는 분야가 자율주행 택시다. 많은 전문가들이 자율주행 능력이 일정 수준에 도달하면 더 이상 사람의 개입이 필요 없는 도로 주행이 가능할 것으로 예상한다.

단계	LEVEL 0 비자동화 No Automation	LEVEL 1 운전자보조 Driver Assistant	LEVEL 2 부분자동화 Partial Automation	LEVEL 3 조건부 자율주행 Conditional Automation	LEVEL 4 고등 자율주행 High Automation	LEVEL 5 완전 자율주행 Full Automation
제어 주체	인간	인간+시스템	인간+시스템	시스템	시스템	시스템
주행 책임	인간	인간	인간	시스템	시스템	시스템
	운전자 항시 운행	시스템이 차간 거리 조향등 보조	특정 조건에서 시스템이 보조 주행	특정 조건에서 자율주행 위험시 운전자 개입	운전자 개입 불필요	운전자 불필요

자율주행 단계

출처 : EVPOST

자율주행 능력을 5단계로 구분해 사용할 수 있는데, 대략 4단계 정도 수준에 다다르면 더이상 인간의 개입이 필요 없게 된다. 사람이 운전하지 않는 자율주행차량이 도로 위를 달리게 된다는 얘긴데 그렇게 되면 택시나 버스 같은 운송업 기업에서는 인건비가 들지 않는, 즉 운전사가 없는 차량을 운용하려 들 것이다. 지금도 정해진 노선을 따라 움직이는 소형전철이나 모노레일에서는 인공지능이 주행을 하는 무기관사 차량을 쉽게 볼 수 있는데, 자율주행이 일정 수준에 도달하면 택시나 버스가 그렇게 바뀌는 것도 시간문제다. 이로써 현재 타사 대비 압도적인 자율주행 능력을 가진 테슬라를 기대하지 않을 수 없는 것이다.

혁신기업 전문 투자 펀드인 ARK 인베스트에서는 2025년 테슬라의 자율주행 택시 비즈니스 매출을 약 330억 달러로 보고 있다. 같은 해 테슬라가 전기차를 팔아 벌게 될 매출을 370억 달러 정도로 보고 있으니, 자율주행으로 인한 수익이 차량을 판매하여 얻게 되는 수익과 비슷해질 거라는 전망이다. 물론 ARK의 전망이 지나치게 낙관적이라는 사실도 부정할 수는 없지만, 테슬라의 미래 성장 가치에는 전기차에 대한 기술적 우위와 선도적 브랜드 이미지 외에도 자율주행 기술의 우월함이라는 또 하나의 압도적인 가치가 포함되어 있다는 사실을 잊어서는 안 된다.

2025년 테슬라 매출 전망

	2020	Example Bear Case 2025	Example Bull Case 2025
Car Sold (millions)	0.5	5	10
Average Selling Price (ASP)	$50,000	$45,000	$36,000
Electric Vehicle Revenue (billions)	$26	$234	$367
Autonomous Ride-Hail Revenue (net, billions)	$0	$0	$327

출처 : Ark Investment

자율주행은 소프트웨어 서비스이기 때문에 차량 판매와는 비교도 되지 않을 만큼 마진율이 높을 수 있다. 애플의 경우 소프트웨어 서비스의 마진율이 약 80%에 달하며, 테슬라의 경우 아직 제대로 서비스가 시행되고 있지 않은 현재 시점에서 마진율을 함부로 짐작할 수는 없지만 차량 판매 매출의 절반 정도만 된다고 해도 순이익은 오히려 차량 판매로 얻는 수익보다 많을 수 있다.

제3장

성장주 투자의 타이밍

성장주란 말 그대로 가파른 성장세를 보이는 단계의 기업을 뜻한다. 또한 대부분 현재 실적 대비 주가가 비싼 경우가 많다. 예컨대 A라는 회사의 순이익이 1달러인데 주가가 100달러라면 대부분의 사람들은 주가가 비싸다고 생각할 것이다. 주가가 이익의 100배나 되기 때문이다. 하지만 5년 후 이 기업의 순이익이 100달러가 된다면, 그때는 이 100달러가 전혀 비싼 가격이 아니게 된다. 올라간 순이익에 맞춰 주가는 더욱 비싸져 있을 테니 말이다. 성장주 투자는 바로 이런 기대감을 토대로 기업의 미래와 시간에 투자하는 것이다.

하지만 아무리 미래를 사는 성장주 투자라 하더라도, 꽃 피는 봄이 언제 올는지 전혀 알 수 없는 막연한 투자라면 자금을 선뜻 투입하기가 어렵다. 좋은 타이밍이 있다면 기업이 적자에서 흑자로 전환

되는, 바로 그 시기다. 여기서 말하는 흑자전환이란 1분기~2분기 정도의 일시적인 흑자전환이 아니라, 비즈니스가 안정화되고 수익구조가 확고해져서 기업이 지속적으로 흑자를 보는 시기를 말한다. 기업이 적자인 동안은 제아무리 미래가 유망한 성장주라도 어느 정도의 가격에 사서, 어느 정도의 가격에 팔아야 하는지 계산하기가 쉽지 않다.

하지만 흑자전환으로 이익을 보기 시작하는 기업이라면, 현재의 수익구조를 기반으로 미래의 기업가치를 평가하기가 훨씬 수월해진다. 조금 더 확실한 근거를 가지고 투자에 임할 수 있게 되는 것이다. 만약 성장주 투자가 너무 막연하게 느껴지는 분들이라면 투자 대상을 현재 3분기 이상 지속적인 흑자를 내는 기업으로 한정해보는 것도 방법이 될 수 있다. 그보다 적은 기간이라면 지속해서 수익을 낼 수 있는 구조인지 판단하기 어렵고, 흑자전환 이후 1년이 넘게 지났다면 이미 가격이 많이 올라 있을 가능성이 크므로 3분기 이상 연속으로 흑자를 낸 기업이 투자하기 가장 적절하다. 좋은 시기의 성장주를 매수해 오래 보유한다면 시간이 흘러 기업가치가 꽃피는 시기가 왔을 때 입이 떡 벌어질 정도의 놀라운 수익률을 거둘 수 있을 것이다.

제4장

주식의 밸류에이션 방법

주식의 잠재적 가치를 평가하는 밸류에이션 방법은 다양하지만 그 원리는 궁극적으로 하나다. 투자하려고 하는 기간에 기업의 내재가치가 얼마나 성장할지를 측정하여, 그것을 현재의 가치로 환산하는 것이다.

테슬라를 예로 들어보자. 테슬라의 향후 3년~4년 정도의 기업가치는 대부분 전기차 판매에 달려 있다. 그 이후로 자율주행, 차량공유, 휴머노이드 로봇 등 미래사업에 영향을 받기야 하겠지만, 이런 비즈니스 모델들은 아직 정확한 측정 근거가 없기에 현재 시점에서 기업가치 측정에 넣는 것은 조금 애매하나. 결국 전기차 사업만으로 미래를 측정할 수 있는 가장 합리적인 기간, 2026년 즈음의 현금흐름을 보면 가까운 미래의 테슬라의 기업가치를 예측할 수 있다.

테슬라가 발표한 공식적인 가이던스는 앞으로 수년간 매년 50%의 인도량 성장이다. 문제는 이 가이던스가 조금 모호하다는 건데, 성장 기간을 언제까지로 봐야 할지 알 수 없다는 것이다. 다만 아직도 테슬라가 공식 가이던스로 이 방침을 유지하고 있기에 2026년까지 인도량과 성장률이 떨어진다 하더라도 연평균 40% 정도의 성장은 충분히 달성할 수 있을 거라 예측하고 있다.

전 세계 차량 가운데 전기차의 점유율은 10% 초반이다. 이것은 현재 테슬라가 가져간 파이보다 앞으로 가져갈 파이가 10배 가까이 많다는 뜻이기도 하다. 승용차 시장에서 테슬라의 점유율은 2%가 채 되지 않는다. 아직 달성 가능한 시장 규모를 생각해봤을 때 2026년까지 연평균 40% 정도의 성장은 충분히 실현 가능하다고 볼 수 있겠다. 그렇게 계산하면 2026년 테슬라는 약 500만 대 정도의 전기차를 판매할 수 있다는 결론이 나온다.

이후 계산은 간단하다. 500만 대의 판매량에 차량의 평균 가격을 곱하면 매출이 나온다. 현재 테슬라의 평균 판매가격은 5만 5,000달러가 조금 넘는다. 하지만 전기차가 현재의 얼리어답터 시장에서 벗어나 향후 보급률이 늘어나면서 가격이 낮아지는 것이 일반적일 것이다. 보수적으로 현재 수준에서 10% 정도 추가로 오른다고 가정하면 판매가격은 대략 6만 1,000달러이고, 이 경우 매출은 약

2,500억 달러가 된다. 2026년, 테슬라의 매출이다. 여기서 순이익을 구하고 주식 수로 나누면 주당 순이익을 알 수 있다.

우선 2022년 테슬라의 예상 순이익률은 조정된 순이익 기준 대략 17~18% 정도인데, 테슬라는 현재 각종 비용 절감과 판매 대수 증가, 규모의 경제를 통해 효율을 높이면서 이익률을 계속해서 상승시키는 중이다(20년 7.7%, 21년 14.2%). 다만 계속되는 비용상승의 압박과 향후 출시될 저가형 차량 등을 고려했을 때 여기서 더 폭발적으로 상승할 것이라 보기는 어려울 것이다. 현재의 흐름을 그대로 따라간다고 가정하고 20% 정도로 우선 잡아보자. 그렇다면 2026년 테슬라의 매출은 약 2,500억 달러, 순이익은 약 500억 달러, 주당 순이익은 약 13.9달러가 된다. 2026년 이후에도 테슬라는 여전히 고성장 기업에 속할 것이므로 순이익 대비 주가 비율을 40 정도로 생각해 보자. 그렇게 하면 2026년의 테슬라의 적절한 주가는 약 555달러가 된다.

*2026년 테슬라의 예상 실적 (전기차 BM만 고려 시)

차량 판매 약 500만 대 X 평균 판매가격 5만 달러 = 매출 약 2,500억 달러

매출 2,500억 달러 X 순이익률 20% = 주당 순이익 13.9달러

주당 순이익 13.9달러 X 순이익 대비 주가 비율 40 = 555달러

이걸 지금의 가치로 끌어온 후 현재 주가와 비교하면 된다. 4년 후의 주가를 현재가치로 환산하는 할인율을 대입, 역복리로 계산하는 것이다. 주가는 대부분 1년 후의 기대수익을 기본으로 하기에 4년 후 주가를 현재가치로 환산하려면 3년 역복리 계산을 한다(역복리 계산하려는 '희망년수-1'). 미래가치를 현재가치로 끌어오는 역복리 할인율은 '무위험 이자율'과 '기대 수익률'로 이루어지는데 어렵게 생각할 필요는 없다.

할인율 : 무위험 이자율 + 기대 수익률

무위험 이자율이란 아무런 리스크가 없이 이익을 거둘 수 있는 투자의 수익률을 말하는데, 일반적으로는 10년물 국채의 수익률을 사용한다. 기대 수익률은 각자의 투자 철학에 따라 달라진다. 기관에서 대중을 상대로 목표주가를 발표하는 게 아니라면, 자신이 원하는 만큼의 투자가치가 있는 것인지 판단하고 철저하게 자신이 원하는 수익률을 대입하면 된다. 만약 내가 원하는 수익률을 대입하여 원하는 만큼의 성장 가능성이 나오지 않는다면, 남들이 좋다고 하는 주식도 나에게는 아무 의미가 없는 것이다.

나는 테슬라의 기대 수익률을 20% 정도로 잡아보겠다. 그리고 향후 3년 정도의 무위험 이자율, 즉 명목금리를 4% 정도로 잡겠다.

그렇다면 할인율은 24%, 이걸 555달러에서 3년간 역복리로 계산하면 약 290달러가 나온다(역복리 계산식: (미래가격 ÷ 할인율) X 연수). 현재 테슬라의 가격이 이보다 낮다면 할인가의 주식을 구매할 수 있다는 결론이 나오는 것이다.

2026년 : 555달러
2025년 : 448달러
2024년 : 360달러
2023년 : 290달러(목표주가)

대부분의 자산은 미래가치를 현재가치로 환산한 가격보다 낮을 때가 많다. 이유는 간단하다. 불확실성 때문이다. 위의 계산은 모든 것이 순조롭게 이루어졌을 때 나올 수 있는 결과다. 하지만 미래에 어떤 일이 일어날지는 아무도 모르기에 평균적인 투자자들은 그 불확실성만큼 가격에 역프리미엄을 반영한다. 그렇게 기댓값보다 현재 값이 낮아지게 되는 것이다.

하지만 불확실성을 더 분명하게 간파할 수 있는 사람, 그러니까 해당 자산에 대한 정보와 지식이 분명한 사람은 시장이 평균적으로 보고 있는 불확실성보다 더 정확하게 해당 자산의 가치를 계산할 수 있다. 그러나 시장은 평균적으로 '정확한' 정보가 없기 때문에 환산

가격의 차이가 발생하고 이 괴리로부터 이익을 취할 기회가 발생한다. 게다가 거시적인 경제환경이 안 좋아지면 사람들은 비관적으로 변하기 때문에 모든 자산의 현재가격이 내려가게 된다. 불확실성의 증가가 역프리미엄을 만드는 것이다.

하지만 장기투자자에겐 오히려 이때가 기회다. 시장의 심리는 보통 수개월에서 길어야 1년을 생각하지만, 장기투자자의 타임라인은 그것보다 훨씬 길기 때문에 시장 심리로 가격이 하락하면 좋은 할인 찬스가 생기는 것이다.

결과적으로 내가 바라보고 있는 자산의 현재가치가 미래가치와 대비했을 때 더 싸다면 돈이 허락하는 한 계속 사는 것이 좋다. 또한 그 괴리가 심해질수록 더 공격적으로 사도록 한다. 미래가치와 시장가격의 괴리가 커진 만큼 안전 마진이 증가했기 때문이다. 성장주 투자자는 미래가치와 시장가격의 괴리인 역프리미엄이 곧 투자의 안전 마진이 된다.

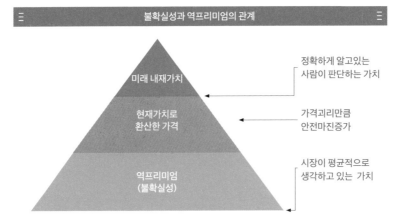

불확실성과 역프리미엄의 관계

미래 내재가치 ── 정확하게 알고있는 사람이 판단하는 가치

현재가치로 환산한 가격 ── 가격괴리만큼 안전마진증가

역프리미엄 (불확실성) ── 시장이 평균적으로 생각하고 있는 가치

이러한 방법을 통해 누구나 자신이 투자하고자 하는 자산의 미래가치를 계산하고 현재 가격과 비교하여 투자 여부를 결정할 수 있다. 다만 이 과정에서 대입할 수 있는 여러 정보는 해당 자산에 대한 공부가 깊어질수록 더 정확해진다. 따라서 더 많이 아는 투자자가 미래가치와 시장가격의 괴리를 더 정확하게 파악해 낼 수 있다.

그러므로 차트나 경기상황을 읽고 어느 타이밍에 들어갔다가 어느 타이밍에 나올지를 파악하는 것보다, 좋은 자산을 알아내 그 자산의 미래가치를 꿰뚫어 보고 힘을 기르는 것이 진정한 투자 공부라 할 수 있겠다. 남에게 부탁하거나, 남이 한 계산에 의존한다면 결코 정상적인 투자를 유지할 수 없다. 매일 가격만 들여다보며 일희일비하는 가장 큰 이유가 자신만의 뚜렷한 기준이 없기 때문이다.

|제5장|

자산 가치 구하기: 주식

개미 투자자들에게 인기가 많은 자산 몇 개를 좀 더 구체적으로 다뤄보도록 하자!

세계 1위 기업 애플은 한국에서도 굉장히 인기가 많은 기업이다. 그렇다 보니 애플의 주식 역시 인기가 매우 높다. 애플의 경우 다양한 분야의 사업을 추진하고 있어 각각의 비즈니스를 분석하여 수년 후의 매출을 예상하는 것은 아마추어 투자자에겐 상당히 버거운 일이다. 이럴 때, 약 5년 후의 실적을 예측할 수 있는 엄청난 '꿀팁'을 하나 소개한다(무려 무료다!).

우선 구글에 접속하여 'yahoo finance'를 검색한다. 그리고 검색창에 내가 검색하고 싶은 기업의 이름을 적는다. 애플을 검색했다고

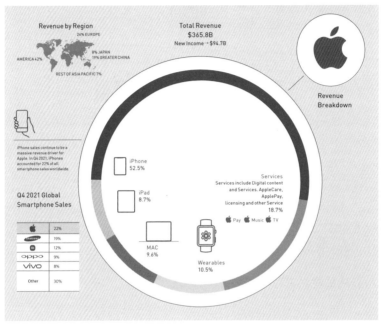

출처 : Gartner

해보고, 메뉴 중 'Statistics'를 선택한다.

중간에 보면 Trailing P/E와 PEG Ratio가 있는데, 이걸 통해 향후 5년 정도의 순이익 성장률을 예측할 수 있다. 우선 Trailing P/E는 12개월 전부터 지금까지 애플의 순이익 대비 주가가 몇 배인지를 나타내는 수치이며(참고로 그 밑에 있는 Forward P/E는 지금부터 1년 후까지 예상되는 순이익 대비 주가 배율을 나타낸다), 위 사진에서는 23.55이라고 되어있

Apple Inc. (AAPL)

NasdaqGS – NasdaqGS Real Time Price. Currency in USD

142.48 –7.36 (–4.91)
At close: 04:00PM EDT

142.41 –0.07 (–0.05%)
After hours: 07:59PM EDT

Summary	Chart	Conversation	Statistics	Historical Data	Profile	Financial	Analysis	Options	Holders	Sustainability

Currency in USD

Valuation Measures4		Trading Information	
Market Cap (intraday)	2.29T	Stock Price History	
Enterprise Value	2.36T	Beta (5Y Monthly)	1.23
Trailing P/E	23.55	52-Week Change 3	-0.12%
PEG Ratio (5 yr expected)	22.57	S&P500 52-Week Change 3	-16.45%
Price/Sales (ttm)	2.56	52 Week High 3	182.94
Price/Book (mrq)	6.05	52 Week Low 3	129.04
Enterprise Value/Revenue	39.41	50-Day Moving Average 3	160.08
Enterprise Value/EBITDA	6.09	200-Day Moving Average 3	160.04

출처 : 야후

으니 순이익 대비 주가가 23.55배 높다는 뜻이다. 그리고 PEG Ratio
는 P/E를 향후 5년간의 예상 성장률로 나눈 것인데 이 예상 성장률
은 야후 파이낸스가 증권 애널리스트들에게 설문조사로 구한 평균
값이다. 즉, 전문가들의 평균 예상치라고 보면 된다. PEG는 2.56인데
이걸로 5년 후 예상 실적 구하는 방법을 알려드릴 테니 잘 따라오길
바란다(여기서부터는 조금 복잡하다).

우선 PEG Ratio(5 yr expected)는 'P/E ÷ 5년간 EPS 성장률'이라는
뜻이다. 반대로 'P/E ÷ PEG'를 계산하면 5년간 EPS 성장률이 나온
다. 애플의 경우 대략 9.2%가 되며 (EPS는 주당순이익을 뜻하고 이것은 향후

애플이 자사주 매입을 통해 주식 수를 줄이는 것에 대한 예상이 포함된 수치이다),

애플의 현재 EPS에 5년간 예상 성장률을 대입한다면 5년 후 애플의

EPS를 구할 수 있다. 현재 EPS는 가장 앞에 있는 'Summary' 탭을 클

릭하면 볼 수 있다.

5년 후 애플의 주당순이익 예측 방법(2022년 9월 말 기준)

Apple Inc. (AAPL)
NasdaqGS – NasdaqGS Real Time Price. Currency in USD

142.48 –7.36 (–4.91)   142.41 –0.07 (–0.05%)
At close: 04:00PM EDT   After hours: 07:59PM EDT

Summary	Chart	Conversation	Statistics	Historical Data	Profile	Financial	Analysis	Options	Holders	Sustainability

Previous Close	149.84	Market Cap	2.29T	
Open	146.10	Beta (5Y Monthly)	1.23	
Bid	0.00 x 800	PE Ratio (TTM)	23.55	
Ask	0.00 x 800	EPS (TTM)	6.05	
Day's Range	140.68 - 146.71	Earnings Date	Oct 26, 2022 - Oct 31, 2022	
52 Week Range	129.04 - 182.94	Forward Dividend & Yield	0.92 (0.61%)	
Volume	126,965,448	Ex-Dividend Date	Aug 05, 2022	
Avg. Volume	78,043,444	1y Target Est	183.06	

출처 : 야후

위 그림에서 애플의 EPS(주당순이익)는 6.05달러다. 그렇다면 EPS

X 5년간 평균 성장률 '6.05달러 X 1.092(5제곱) = 9.39달러'의 계산을

통해 5년 후 애플의 주당 순이익이 9.39달러란 걸 예측해볼 수 있다.

그럼 여기에 적절한 PER을 곱하면 2027년 애플의 주가가 나오는 것

이다. 나는 지금보다는 애플의 성장률이 떨어질 거라 예상해서 PER

은 지금의 23.55보다 낮은 20으로 해보겠다. 그렇게 했을 때 2027년

애플의 예상 주가는 대략 188달러가 된다. 이것을 앞서 시도한 테슬라의 계산과 동일하게 현재가치로 환산하자. 환산할 때 사용하는 할인율은 아래와 같이 설정했다.

*애플의 할인율

3.5%(무위험 이자율) + 8.5%(기대 수익률) = 12%

그렇다면 5년 후 애플의 예상 주가 188달러에서 이 할인율을 적용해 현재가치로 끌어오면 적절한 현재가격이 나온다.

2027년 : 188달러

2026년 : 168달러

2025년 : 150달러

2024년 : 134달러

2023년 : 119달러(목표주가)

계산 결과 애플의 현재가치는 119달러 정도가 되는데, 사진상의 현재 시장가(142달러)는 미래가치의 현재 환산값보다 비싼 것으로 나온다. 이 계산을 따른다면 애플은 미래가치 대비 현재가격이 비싸다는 뜻이 될 것이다. 물론 이러한 계산은 애플에 대한 정보가 얼마나 정확한가에 따라 얼마든 바뀔 수 있다. 미래 EPS 예상치가 달라지고, 기대 수익률이 달라지기 때문이다. 결국 각자가 자기만의 뚜렷한 공부와 투자 철학 안에서 스스로 답을 구해나가야 하는 것이다.

|제6장|

자산 가치 구하기: 비트코인

많은 사람들이 비트코인을 투기성 자산으로 알고 있다. 이는 비트코인을 제대로 알지 못하기 때문에 갖게 되는 생각이다. 비트코인이 무엇이고 어떤 가치가 있는 한두 시간 정도만 공부해봐도 '비트코인은 돈 놓고 돈 먹기'와 같은 무지한 발언은 하지 않게 된다. 하지만 이 짧은 시간조차 아까워하는 분들을 위해 비트코인에 대해 최대한 간략하게 설명하겠다.

비트코인이 가지는 최대의 가치는 '최종 결제 수단의 디지털화'이다. 금에 대한 얘기를 하면서 금이 인류 역사상 가장 오랜 기간 '진짜 돈', 그러니까 어떤 담보도 필요 없이 그 자체로 최종 결제의 수단이 되어 왔다고 앞서 말했다(여기서 말하는 돈은 우리가 실생활에서 사용하는 화폐만을 지칭하는 것이 아니라 구매력을 가지고 교환의 수단으로 쓰일 수 있는,

사회적으로 통용되는 모든 돈을 의미한다).

이토록 오랫동안 사용된 이유는 금 자체가 구매력만큼의 가치를 지니기 때문이다. 금은 희소하다. 여기서 말하는 희소성은 그저 수량이 적다는 의미가 아니다(수량이 너무 적으면 돈으로 사용하기에 오히려 부적합하다). 돈에서 '희소'가 갖는 의미는 생산하는 데 많은 비용이 들어간다는 걸 뜻한다. 금은 돈으로 사용하기 좋은 조건을 가진 것들 가운데서도 가장 희소하고, 그 때문에 최고의 돈으로 군림할 수 있었다.

다른 돈의 지지를 받을 필요가 없는 최종 결제수단은 반드시 이러한 희소성(높은 생산비용)을 가지고 있어야만 한다. 왜냐하면 돈은 진정한 부의 원천인 '생산의 결과물'을 상징하는 존재이기 때문이다. 따라서 그것과 동일한 가치를 스스로 지니지 못하면 반드시 다른 무언가로 뒷받침되어야 한다. 법정화폐는 그 자체로는 아무런 가치를 지니지 못한다. 때문에 금이나 국가의 신용 같은 다른 요소의 지지가 있어야만 비로소 돈으로 작용한다. 그게 아니라면 한낱 종이 쪼가리에 지나지 않는다. 이러한 이유로 금은 최근까지도 유일한 '진짜 돈'으로 여겨져 왔고, 불과 50년 전인 1971년까지도 인류는 금본위제(금을 담보로 화폐를 발행하는 제도)를 사용한 것이다.

과거라면 모를까. 천하의 금도 21세기로 넘어오면서 돈으로써의 역할을 조금씩 빼앗기게 되었다. 크고, 무겁고, 나누기 어려웠던 것이다. 금본위제에서 거래할 때도 실제 금으로 거래하는 경우는 드물었다. 대부분 금은 창고에 모셔두고, 금에 대한 어음을 발행하거나 (화폐) 금의 소유권만 바꿔가면서 거래를 했다. 가령 창고에 'A 씨의 금'이라고 되어있던 것을 'B 씨의 금'이라고 소유권만 바꾸는 식이다. 크고, 무겁고, 나누기 어려운 금을 일일이 주고받는 것은 현대 인류에게 있어서는 원시시대의 물물교환만큼이나 불편한 행위이니 말이다. 바로 이 지점에서 비트코인의 역할이 빛나게 된다. 금을 완벽하게 대체할 수 있는 돈의 좋은 조건들을 고루 갖추고 있기 때문이다. 기본적으로 돈의 조건은 다음과 같다(앞의 내용과 중복되는 부분이 많지만 그만큼 중요한 개념이니 한 번 더 읽자).

*돈이 갖춰야 할 5가지 속성

내구성: 돈이 가치를 저장하는 수단으로 사용되려면 반드시 뛰어난 내구성이 요구된다. 썩거나 쉽게 변질한다면 돈으로 사용하기 어렵다.

휴대성: 돈은 작고 가벼우며, 또 휴대하기 편해야 한다. 크고 무거운 돌을 돈으로 사용한다면 가지고 다니는 것 자체가 일이 될 것

이다.

분할 가능성: 돈은 가격을 재는 '가치의 척도'이기 때문에 분할이 쉽고 균등해야 한다. 쪼개기 어렵다면 돈으로 사용할 수 없다. 과거 어느 문명에서는 살아있는 소가 돈으로 사용되었다. 하지만 소는 쪼개는 순간 가치가 사라지기 때문에 분할 가능성이 매우 떨어진다. 분할 가능성은 대체 가능성의 의미를 포함하며, 분할된 돈이 서로 같은 가치를 지녀야 한다는 뜻이기도 하다. 가령 내가 가진 1만 원과 여러분이 가진 1만 원이 서로 완벽하게 대체되는 것처럼 말이다.

인식 가능성: 진짜인지 가짜인지 쉽게 식별할 수 있어야 한다. 식별이 어렵다면 진위를 따질 수 없기에 서로 완전한 신뢰가 있는 관계가 아니라면 거래가 불가능해진다. 진위를 식별할 수 없다면 복제의 문제 또한 심각해질 것이다.

희소성: 돈의 5가지 속성 중 가장 중요한 속성이다. 돈으로서 희소성을 갖추려면 공급이 고정되어 있어야 하고, 생산비용이 높아야 한다. 법정화폐는 돈이 갖춰야 할 가장 중요한 덕목인 희소성이 '0'으로 수렴되는 화폐다. 중앙은행이 공급량을 마음대로 조절할 수 있고, 생산비용도 거의 없기 때문이다. 따라서 무엇인가로 뒷받침되지 않으면 가치를 지니지 못한다.

이렇게 돈의 속성을 두고 생각했을 때, 비트코인은 금이 할 수 없는 굉장히 많은 일을 해낼 수 있다. 금과 비교한 비트코인의 속성 별 장점을 알아보자.

*금과 비교했을 때 비트코인이 가지는 장점

내구성: 금은 내구성이 뛰어난 광물이기는 하지만 완전하지는 않다. 각종 재난이나 사고, 전쟁 등으로 얼마든지 손상되거나 파괴될 수 있다. 하지만 비트코인의 내구성은 절대적이다. 전 세계 모든 통신망이 일시에 중단되지 않는 한 비트코인은 인터넷으로 연결된 블록체인 네트워크상에서 영원히 파괴되지 않고 보존된다.

휴대성: 금이 비교적 휴대성이 뛰어난 돈이었음에도 비트코인이 가진 궁극의 휴대성을 뛰어넘을 수는 없다. 디지털 세계에만 존재하기에 가지고 다닐 필요조차 없기 때문이다. 재난이나 전쟁으로 피신하더라도, 그래서 아무것도 휴대하고 있지 않아도, 전 재산을 가지고 있는 게 가능하다.

분할 가능성: 야금술의 발달로 금은 아주 정확한 단위까지 나눌 수 있지만 그러기 위해서는 전문 인력, 전문 장비, 시간과 에너지, 비용 등이 필요하다. 하지만 비트코인은 1억분의 1까지 어떠한 노력 없

이 균등하게 나눌 수 있다.

인식 가능성: 금은 비교적 진위 구별이 쉽지만 그렇다고 모두에게 해당하는 얘기는 아니다. 진짜 금과 가짜 금을 구별할 수 없는 사람이 더 많다. 반면 비트코인은 블록체인 네트워크에서 구동되기 때문에 위조나 복제, 변조가 불가능하다. 완벽한 인식 가능성을 갖고 있다.

희소성: 금은 생산에 많은 비용이 들며, 매년 1.5~2% 정도의 새로운 금이 채굴된다. 그럼에도 수요에 대한 공급이 탄력적이라는 단점이 있는데 예컨대 가격이 오르면 생산량도 함께 늘어난다는 것이다. 반면 비트코인은 생산량이 철저하게 제한되어 있다(2022년 현재 10분마다 6.25개). 수요에 대해 탄력적이지 않으며, 비트코인의 가격이 오르면 오를수록 생산비용이 함께 증가한다. 채굴 가능한 수량은 정해져 있는데 경쟁자가 늘어나기 때문이다. 수요에 대한 공급측 반응이 '0'이라고 생각하면 된다. 심지어 이 채굴 가능 수량은 4년마다 한 번씩 절반으로 줄어드는 반감기를 거친다. 따라서 잠재적 희소성(공급 가능량 & 생산비용)에 있어 금을 압도한다.

이처럼 비트코인은 압도적으로 뛰어난 돈의 성능을 가지고 있다. 위에 열거한 속성 말고도 다양한 요인에서 금을 포함한 모든 돈과 비교했을 때 가장 뛰어나다.

*비트코인의 추가적인 장점

탈중앙성: 비트코인은 주인이 없다. 따라서 자기 의지대로 공급량을 늘릴 수 없으며, 그러한 세력도 없다. 파괴하려 해도 파괴할 주체가 없다. 그 누구도 주인이 아니면서, 모두가 주인이 된다.

검열 저항성: 금, 상품, 화폐는 대부분의 경우 중개인이 있다. 따라서 그들을 신뢰해야 하며, 때에 따라 그들의 통제를 받아야 하고, 허가를 요청해야 한다. 여러분이 신용카드로 결제한 모든 내역을 신용카드 회사는 알고 있다. 국가와 은행은 필요하면 언제든 여러분의 통장을 '정지'시킬 수도 있다. 하지만 비트코인은 신뢰할 제3자가 필요 없기에 누구의 허락도, 통제도, 검열도 받지 않는다.

안전성: 인류의 역사는 약탈의 역사라 불러도 과언이 아니다. 약탈은 지금 이 순간에도 세계 곳곳에서 벌어지고 있다. 내가 가진 재산 역시 당장 누군가에게 빼앗길 수도 있으며, 심지어 그런 약탈을 국가가 자행하기도 한다. 그러나 비트코인은 물리적으로 존재하지 않기에 누구도 빼앗을 수 없다. 비트코인 지갑의 암호가 머릿속에 있다면, 전 재산을 지닌 채로 전 세계를 돌아다녀도 빼앗길 위험이 없다.

비트코인에 대해 잘 모르는 사람들은 '실체가 없다'며 비트코인을 비난한다. 그들이 말하는 '실체'는 무엇일까. 이 책을 여기까지 읽은 분들이라면 5만 원짜리 화폐에 새겨진 신사임당이 돈이 아님을 완전히 이해했을 것이다. 비트코인은 한마디로 '최종 결제수단이 디지털화된 것'이다. 물리 세계에 실재하지 않는다는 사실이 단점이 되는 게 아니라, 오히려 장점이 된다. 인터넷이 디지털이기에 가치가 있는 것과 같은 이치다. 금은 앞서 설명한 수많은 단점 때문에 현대 사회에서 최종 결제수단으로 사용되지 않는다. 하지만 비트코인은 그 단점들을 모두 극복함으로써 최종 결제수단이 될 수있다.

한번 검증해보자. 비트코인은 돈이 가져야 할 가장 중요한 요소를 가지고 있을까? 생산비용이 높아 그 자체로 교환하려는 것과 동등한 가치를 지닌 '최종 결제의 수단'이 될 수 있을까? 비트코인의 생산비용은 다른 말로 채굴 비용이라고도 한다. 어려운 수학 문제를 컴퓨터가 풀도록 하여 가장 먼저 문제를 해결하는 자가 비트코인을 보상으로 가져간다. 이때 대량의 비용이 발생한다. 우선 문제를 풀기 위한 고성능 채굴용 컴퓨터가 필요하다. 그리고 이 컴퓨터를 가동하기 위해서는 막대한 전기(전기세)가 필요하다. 현재 비트코인 채굴에 사용되는 전기는 웬만한 국가 하나가 사용하는 전기량과 맞먹는다. 거기다 이런 장비들을 가동할 넓은 공간과 운영하는 사람들도 필요하다. 여러모로 막대한 비용이 들어갈 수밖에 없는 구조다. 하지만 이렇게 큰 비용이 든다는 것이 아이러니하게도 비트코인의 최대 장점이 된다. 높은 생산비용으로 인해 비트코인 그 자체가 엄청난 가치를 품게 되는 것이다.

2023년 기준, 비트코인 1개를 채굴하는 데 드는 비용은 2만 달러가 넘는다고 한다. 이렇게 생산하는 데 막대한 비용이 들기 때문에 비트코인은 금과 마찬가지로 그 자체로서 어떠한 담보 없이 최종적인 결제의 수단이 될 수 있다. 자기자신이 교환하려는 것과 등가의 가치를 가지고 있기 때문이다. 바로 이런 부분이 생산에 아무런 비용이 들어가지 않는 법정화폐와 차별화되는 점이다.

그리고 가장 중요한 것은 비트코인의 생산비용이 시간이 지날수록 증가하도록 설계되어 있다는 데 있다. 약 4년마다 반감기를 가지며, 생산되는 양이 절반씩 줄어든다. 수요가 동일하다는 전제하에 공급이 절반이 되니 비트코인의 생산비용은 4년마다 2배씩 늘어나는 것이다. 생산비용이 증가하면 가치가 오르고 가격이 상승한다. 그렇게 가격이 상승하면 수요가 증가하고, 수요가 증가하면 공급이 증가해야 하는데 비트코인은 수요가 증가한다고 해서 공급을 증가시킬 수는 없다. 따라서 가격은 더 오르고, 경쟁에 의해 생산비용 역시 증가한다. 생산비용이 증가하면 비트코인의 가치 역시 함께 증가하게 된다.

그리고 모든 가치는 등가교환이 되므로 비트코인의 가치가 오르면 비트코인이 품을 수 있는 가치도 함께 증가한다. 궁극적으로 비트코인은 2140년경 최대수량인 2,100만 개에 도달하면서 생산이 완전히 중단된다. 생산이 완전히 중단되면 생산비용이 무한대가 되며, 자체적으로 품을 수 있는 가치 역시 무한대가 된다. 따라서 모든 것의 가격을 결정하는 사회적 합의치가 곧 비트코인의 가격이라고 하면, 얼마가 가격이 되더라도 그 가격은 거품이 아니라고 볼 수 있다. 이처럼 비트코인은 궁극적으로 무한한 잠재력을 가지고 있다.

비트코인은 돈을 전자화하여 디지털 세계로 치환한 존재이다. 디지털 시대에 최종 결제 수단으로 사용하기 가장 적합한 돈이라는 뜻이다. 이 모든 의미를 종합해봤을 때 향후 10년~20년 사이에 비트코인은 돈으로서 금의 위치를 위협하게 되지 않을까 생각해본다. 2022년 말 기준 금의 시가총액은 비트코인의 약 25배이다. 비트코인의 가치가 상승하며 금의 가치가 줄어들게 될지, 금의 가치는 유지되고 비트코인의 가치만 오르게 될지 알 수 없지만, 비트코인의 미래가치는 금과의 격차를 10년~20년 내로 충분히 위협할 수준으로 성장할 것이라 생각한다.

여기서 질문! 비트코인은 내재가치가 없지 않나요?

내재가치란 그 물질이 가지고 있는 본연의 가치를 말한다. 금으로 생각해보자. 뛰어난 전도성과 내구성을 가지고 있어 산업용으로 사용할 수 있다는 것이 금의 내재가치일까. 그렇다면 금의 현재 가격은 10분의 1 정도가 되어야 할 것이다. '가격'이란 '사회적 합의'라고 앞에서 얘기했다. 이는 곧 사람들이 인정하는 값의 평균이 곧 가격이란 뜻인데 여기에 답이 있다. 가격의 주체는 누구인가. 물질인가. 아니다.

'가격의 주체는 사람이다.'

가격은 사회적 합의이고, 그 합의치를 내는 주체가 사람이기 때문에 가격의 주체는 사람이다. 금은 광택이 있고 심미적으로 아름다우니 보석으로서의 내재가치를 지닌 걸까. 보석으로서 가치를 매기는 주체 역시 사람이다. 금의 내재가치라고 하는 모든 것들은 결국 사람으로부터 그 가치가 인정된다. 그 자체로 내재가치 따위를 가지고 있는 게 아니라는 얘기다. 그리고 그 최종 합의치가 곧 가격이다. 만약 비트코인이 많은 사람들에게 디지털 시대의 최종 결제수단으로 인정받게 된다면 그것이 곧 비트코인의 내재가치가 된다. 그 가치는 사람들에게 인정받을수록 더욱 증가할 것이다.

2022년 기준, 비트코인을 인정하는 사람들의 수는 1997년의 인터넷 사용자 수 정도밖에 되지 않는다. 비트코인을 인정하는 사람의 수가 적은 것이 비트코인에 있어 좋은 소식일까, 나쁜 소식일까. 답은 각자가 내야 하지만, 곰곰이 생각해보면 누구나 쉽게 답을 얻을 수 있다. 이 숫자가 계속해서 늘어나고 있으니 말이다.

제7장

환율의 착시효과

2022년 원 달러 환율이 1,400원을 돌파하면서 2008년 글로벌 금융위기 이후 최고 환율을 경신했다. 미국의 강력한 긴축정책으로 달러의 가치가 상대적으로 증가한 것인데, 최근 환율이 급격하게 변동하면서 환율이 계속 오르더라도 미국 주식을 계속 사야 하는지 물어오는 사람들이 있다.

그런데 정작 한화로 표시된 국내 암호화폐 거래소의 비트코인에 대해 묻는 사람은 별로 없다. 국내 거래소의 비트코인 가격은 이미, 달러 가격에 따라 원화로 환산되어 표시되기 때문이다. 반면 애플이나 테슬라 같은 미국 주식의 가격은 달러로 표시되고, 이걸 사기 위해서는 원화를 달러로 직접 환전해야 하다 보니, 달러의 원화 환율에 신경을 쓰게 되는 것이다. 그러나 이것은, 명백한 착시현상이다.

이런 오류는 '돈의 본질'이 '구매력'이라는 개념을 정확히 이해하지 못하는 데서 발생한다. 돈이란 숫자로 표시된 금액과는 아무런 상관이 없다. 내가 원하는 재화나 서비스를 교환하기 위한 구매력, 또는 교환력 그 자체이기 때문이다. 화폐, 채권, 금, 주식, 비트코인과 같은 자산은 모두 그 구매력을 담아두는 껍데기 역할을 한다. 돈을 가지고 있으면 구매력을 화폐라는 껍데기에 담아 보관하는 것이고, 주식을 가지고 있으면 구매력을 주식이라는 껍데기에 담아 보관하는 것이다. 이 개념을 분명하게 인식한 상태에서 다음의 예를 보자.

콜라 1병을 사기 위해 필요한 구매력이 1,000원이라고 하고, 현재 원 달러 환율이 1,000원이라고 가정해보자. 그리고 주식 A의 가격이 1달러라고 한다면 다음과 같은 상대가치를 가진다.

1,000원 = 1달러 = 주식 A 1주(주가 $1)

현재 이 3가지의 자산은 모두 콜라 1병과 교환할 수 있는 구매력을 가지고 있다. 그리고 한화 1,000원은 주식 A 1주를 살 수 있고, 그 반대도 마찬가지다. 달러는 중간에 거쳐가는 교환의 매개체일 뿐이다. 그런데 미국이 금리를 급격하게 인상하면서 달러 가치가 2배가 되었다고 해보자. 그동안 다른 자산들의 구매력은 동일하게 유지가 되었다면, 이제 3가지 자산의 상대가치는 다음과 같이 바뀐다.

2,000원 = 1달러 = 주식 A 2주(주가 $0.5)

달러의 가치가 올라가면서 원화와 주식 A의 가치가 상대적으로 낮아진 것이다. 전에는 한화 1,000원만 있으면 1달러를 살 수 있었지만, 이제는 2,000원을 줘야 살 수 있다. 주식 A의 입장에서도 마찬가지다. 예전에는 주식 A 1주를 주면 1달러를 얻을 수 있었는데, 이제는 주식 A 2주가 있어야 1달러와 바꿀 수 있다. 주식 A 입장에서는 달러의 가치가 상승해 자신의 가격이 상대적으로 낮아지게 된 것이다. 따라서 주가는 $1 -> $0.5로 하락한다. 이때 원화로 주식 A 1주를 사기 위해선 얼마가 있어야 할까? 달러 가치가 오르기 전과 똑같은 1,000원이다.

*환율 1달러 = 2,000원일 때
1,000원 -> 0.5달러 -> 주식 A 1주(주가 $0.5)

달러는 중간에 거쳐가는 매개체 역할을 할 뿐, 중요한 건 내가 지불하는 자산과 사려고 하는 자산 간의 상대적 가치다. 숫자가 아닌 구매력으로 놓고 보면 이해가 빠를 것이다. 달러 가치가 2배가 되었다는 것은 달러의 구매력이 2배가 되었다는 뜻이며, 1달러로 콜라 2병을 살 수 있다는 것이다. 하지만 한화와 주식 A는 구매력이 그대로 이니 여전히 1,000원으로 콜라 1병을 살 수 있고, 주식 A 1주로 콜라 1병을 살 수 있다.

콜라 1병 = 1,000원 = 주식 A 1주

이처럼 돈을 숫자가 아닌 구매력의 개념으로 생각하면 모든 경제 현상을 이해하기 쉬워진다. 구매력은 힘, 즉 에너지를 뜻한다. 눈에 보이는 숫자에 현혹되지 말고, 가시 세계 너머에 있는 에너지의 움직임을 볼 줄 알아야 한다. 세상 모든 것은 고유의 에너지를 가지고 있다. 그리고 에너지는 형태의 전환만이 가능하고 새로 생성되거나 소멸하지 않는다. 따라서 한화를 달러로 바꾸고, 달러를 다시 주식으로 바꾸는 과정도 에너지를 옮기는 과정에 불과한 것이다. 과정이 많아질수록 마찰(수수료, 세금 등)이 발생하여 에너지의 일부가 외부로 새어 나가기는 하지만 본질적으로 에너지의 총합은 변하지 않는다. 콜라 1병을 살 수 있는 구매력을 비슷한 구매력의 주식으로 바꾸고자 한다면 둘 사이에 발생할 구매력의 차이만 생각하면 된다. 중간 매개체가 되는 달러는 신경 쓰지 않아도 되는 것이다.

참고로 애플의 2022년 9월 말 기준 달러 표시가격은 138달러다. 이것은 2021년 7월 당시의 달러 표시가격과 같다(눈치가 빠른 사람은 '달러 표시가격'이 눈에 확 들어올 것이다). 그렇다면 애플은 1년이 넘는 시간 동안 제자리걸음만 하고 있었나? 그렇지 않다는 거다. 애플이라는 기업의 주식으로 살 수 있는 실제 구매력을 봐야 한다. 2021년 7월 당시 원 달러 환율은 약 1,130원이었다. 그리고 2022년 9월 말의 환율은 약 1,430원. 똑같은 애플 1주를 한화로 교환한다면 아래와 같다.

2021년 7월 138달러일 때 애플 1주를 한화로 바꾸면? 15만 5,940원
2022년 9월 138달러일 때 애플 1주를 한화로 바꾸면? 19만 7,340원

2022년 9월 기준 한국의 물가가 6% 정도 상승한 걸 감안하면 실제 애플 1주의 구매력은 15% 정도 증가한 셈이다. 가격이 같은데 구매력이 증가한 이유는 2가지다. 첫째로 달러의 가치가 상승하면서 애플의 달러 표시가격이 하락한 것이다. 실제 애플이라는 기업의 가치는 상승했지만 가격은 1년 전과 같아졌다. 둘째로 내가 지불하는 자산(출발 자산)인 원화와 내가 사려고 하는 자산(도착 자산)의 상대적 가치 비교에서 애플의 가치가 더 증가한 것이다. 따라서 원화와 비교한 애플의 구매력이 상승한 것이다. 만약 달러의 가치가 애플보다 더 증가해서 애플의 달러 표시가격이 하락하지 않았다면 애플의 주가는 훨씬 더 많이 올랐을 것이다.

미국 주식에 투자하는 사람들 가운데 주가는 그대로인데 환율

때문에 이익이나 손해를 보고 있다고 말하는 사람들이 있다. 그러나 지금까지 설명한 개념을 모두 이해한 사람은 더 이상 '환율의 착시 효과'에 속지 않게 된다.

다만 한 가지 주의해야 할 점은 미국 주식이나 해외거래소에서 암호화폐를 살 때 달러가치가 상관없는 경우는, 곧바로 주식이나 암호화폐를 산 경우에만 해당한다. 최종적인 자산을 달러로 들고 있다면 당연히 얘기가 달라진다. 그때는 달러가 매개 자산이 아니라 최종 목적지인 도착 자산이 되기 때문이다. 또한 환전 후에 자산을 사기까지의 시간이 완전한 실시간은 아니므로, 그사이의 환율 변동에 따라 약간의 환차익 환차손이 발생한다는 것도 알고 있어야 한다.

제8장

스태그플레이션

2020년대에 들어 화두로 떠오른 '스태그플레이션'에 대해 알아보자. 스태그플레이션, 정의하자면 경기는 안 좋아지는데 물가는 오르는 상황을 말한다. 저성장 고물가(low growth, high inflation)인 것이다. 당연히 실업율은 오르고, 각종 경제지표는 나빠진다. 경제적인 관점에서는 최악의 상황을 맞게 되는 것이다.

주식시장도 좋을 리가 없다. 저성장 국면이란 건 경기가 얼어붙어 있다는 뜻으로 이는 불경기를 의미한다. 물건을 만들어도 잘 팔리지 않는다. 물가가 오르고 있기 때문에 투자를 하거나 사업을 벌이기도 어렵다. 기업은 빠르게 오르는 물가 이상의 수익을 내야만 하는데 불경기 상황에서 쉽지가 않다. 물가가 오른다는 건 원자재 값도 오른다는 뜻이다. 하지만 경기가 좋지 않으므로 판매가격을 원자재

가격 상승에 맞춰 올릴 수는 없다. 결국 마진율이 내려갈 수밖에 없는 것이다. 진퇴양난, 이럴 때 수익을 낼 수 있는 기업은 극소수다.

또한 물가가 오르는 국면에서 당연히 채권은 안 좋다. 1만 원을 빌려주고 1년 후 3%의 이자를 받아 1만 300원이 되었는데 그동안 물가가 10% 올라서 1만 원이었던 물건의 가격이 1만 1,000원이 되어 있다면 무슨 의미가 있을까. 이런 경우 '실질 수익률이 마이너스다'라고 한다. 따라서 채권은 최악의 선택이다.

그렇다면 어떤 자산들이 상대적으로 유리할까. 전통적으로 스태그플레이션 상황에서 가장 유리했던 자산은 금과 원유였다. 실제 스태그플레이션이 발생했던 1970년대 오일쇼크 시절로 돌아가 보면 1차 오일쇼크가 일어났던 1973년부터 약 2년간 금값이 치솟았고, 2차 오일쇼크가 일어났던 1978년부터 2년간은 '패닉 바잉'에 가까운 급등이 일어났다. 또한 원유가격 1차 오일쇼크 때 2배~3배 뛰었고, 2차 오일쇼크 때 또다시 2배~3배 상승했다. 그 외 모든 원자재들의 가격 역시 급등했다.

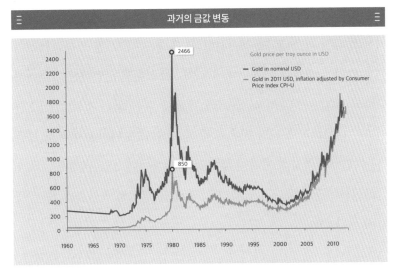

출처 : 미국 노동통계국

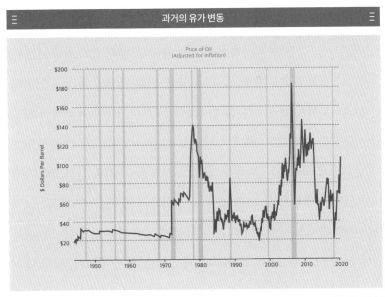

출처 : 위키피디아

사실 1970년대에서 1980년대 초반까지 일어났던 현상이 역사에 기록된 유일한 스태그플레이션이다. 그 후 제대로 된 스태그플레이션은 없었기 때문에 2020년대에 스태그플레이션이 일어난다고 해서 그때와 똑같은 결과가 나올 거라 장담할 수는 없는 것이다. 비슷한 결과가 나오더라도 금과 원유의 값이 또 어떻게 될지는 아무도 모른다는 얘기다. 역사적 기록이 부족하기 때문이다. 2020년대에 스태그플레이션이 발생한다면 달러가 강한 힘을 발휘하지 않을까 하는 생각이 든다.

1970년대 발생한 스태그플레이션은 오일쇼크의 영향도 컸지만, 1971년 시행된 미국의 금태환 중지의 영향도 상당했다. 달러를 금으로 바꿔주던 것을 중지하면서 법정화폐의 금본위제가 철폐되었고, 물가가 천정부지로 치솟은 것이다. 금을 일정 가격의 달러로 교환하던 것을(1온스당 35달러) 더이상 하지 않게 되니 금값이 달러에서 해방되며 급격하게 올랐고, 반대로 달러의 가치는 낮아졌다. 달러의 가치가 급격하게 하락하니 원유를 달러로 거래하는 원유 생산자의 수입 또한 급격하게 줄었다. 그래서 원유 생산자들이 원유의 가격을 크게 올린 것이다. 결국 이런 달러 가치의 급락과 유가의 급등이 경기침체와 물가상승을 일으키며 스태그플레이션을 만든 것이다. 당시 달러는 최악의 투자였고, 금과 원유는 최고의 투자였다. 물론 지금은 상황이 조금 다르다.

현대 자본주의는 미국 중앙은행의 긴축 조정에 완전히 길들어 있다. 따라서 모든 자산의 가격이 미국의 통화정책을 따라가게 되며, 금도 예외일 순 없다. 실제로 금리 인상이 시작된 2022년 3월부터 금 가격이 지속적으로 하락한 것을 볼 수 있다.

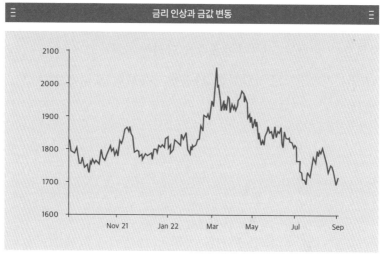

출처 : goldprice

예외적으로 '러시아-우크라이나 전쟁(2022년 2월 발발)'으로 인해 유가가 오르긴 했지만, 이것은 스태그플레이션과는 별 상관이 없다. 만약 경기침체가 길어진다면 원유 수요감소로 인해 가격에 하방 압력을 받을 것으로 예상된다. 반면 달러는 현존하는 최고의 안전자산 이며, 만약 스태그플레이션이 발생해 인플레이션을 잡기 위한 금리 인상이 추진된다면 '단기적으로' 최고의 자산으로 칭송받게 될 가능성도 있다. 여기서 '단기적으로'라고 표현한 것은, 솟구치는 인플레이션을 잡기 위해 금리를 일시적으로(수년간) 올리면서 긴축정책을 펼 수도 있겠지만 결국 모든 자본주의 국가는 다시 화폐를 공급하는 완화정책으로 돌아갈 수밖에 없다는 것을 강조하기 위함이다. 그렇지 않으면 앞에 만든 빚을 뒤에 만든 빚으로 갚는 '돌려막기'가 불가능해지면서, 자본주의가 유지되지 못하게 된다. 결국 다시 완화정책으로 돌아갈 테고, 시간이 흐를수록 달러의 가치는(모든 다른 통화들도 마찬가지) 지속적으로 하락하는 '영원한 가치 하락'을 이어갈 것이다.

|제9장|

장단기 금리역전과 경기침체

장단기 금리역전이란 장기 채권의 금리가 단기 채권의 금리보다도 낮아지는 현상을 말하는데(단기금리와 장기금리를 어떤 기간으로 산정할 것인지에 따라 기준이 달라지기는 하지만), 보통 미 2년물 국채 수익률과 10년물 국채 수익률을 단기금리와 장기금리의 기준으로 삼는 경우가 많다.

일반적으로는 단기금리보다 장기금리가 더 높다. 돈은 시간에 대한 프리미엄을 가지기 때문이다. 투자 기간이 길수록 불확실성이 증가하고 돈이 묶여 있는 기간도 길어지기 때문에, 장기간에 걸쳐 돈을 빌려주거나 투자하는 사람은 단기간 대비 더 높은 수익률을 요구하게 된다. 시간에 대한 프리미엄, 장기부채에 대한 금리가 단기부채에 대한 금리보다 더 높게 설정되는 것은 지극히 당연한 일이다.

그렇다면 단기금리가 장기금리보다 더 높아졌다는 것은 무엇을 뜻하는 걸까. 단기금리는 보통 연준이 정하는 기준금리의 영향을 직접 받는다. 만기가 짧기 때문에 기준금리가 오르면 즉각적으로 상승하는 것이다. 그런데 지난 3월부터 연준은 금리를 올리기 시작했고, 수개월에 걸쳐 2% 넘게 더 올릴 가능성이 큰 상황이다. 이렇게 급격하게 금리를 올리게 되면 단기금리 역시 빠르게 상승할 수밖에 없다.

반면 장기금리는 단기적 금리 예측보다는 장기적인 경기상황과 기대 인플레이션 등의 영향을 받는다. 10년이면 연준이 금리를 2번은 올렸다 내렸다 할 수 있는 기간이며, 그렇기에 단기적인 금리 변동은 장기금리에는 큰 영향을 주지 못한다. 따라서 단기금리는 급격하게 오르는 데 반해 장기금리는 그만큼 오르지 못하는 현상은, 일반적으로 시장의 장기적 경제 전망이 단기적 경제 전망보다 훨씬 좋지 못할 때 발생하게 되는 것이다.

실제로 장단기 금리역전은 과거 여러 차례 있었던 경기침체 당시, 그에 앞서 선행되어 나타났던 경기침체의 지표로 증명이 되었다. 쉽게 말해 광산에서 유독가스가 발생하면 지저귀는 카나리아처럼 경기침체의 바로미터 역할을 했다는 것이다.

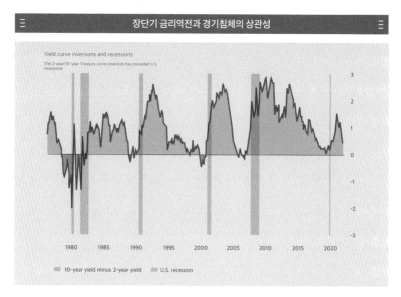

출처 : Refinitiv Datastream

그림을 통해 과거의 경기침체가 있기 전, 거의 빠지지 않고 장단기 금리역전 현상이 일어났다는 사실을 확인할 수 있다. 이러한 역사적 사실 때문에 장단기 금리가 역전되면 경기침체가 뒤따른다는 것이 시장에서는 정설로 받아들여지고 있다.

이 지표들 사이에는 그냥 넘어가서는 안 될 엄청난 인과관계가 숨어 있다. 바로 '물가와 기준금리의 관계'다. 일반적으로 경기가 호황 국면으로 접어들면 물가가 상승하고, 이렇게 높아진 물가를 잡기 위해 연준이 금리를 높인다. 금리가 2년 정도 점진적으로 상승하고 나면, 물가는 내려가고 경기는 위축 국면으로 접어든다. 너무나 당연한 경기순환의 정상적인 사이클이라고 볼 수 있다.

1980년대, 인플레이션이 급격하게 상승하자 연준은 금리를 최대 20%까지 올린다. 이에 따라 단기금리가 급격히 상승하며 장단기 금리가 역전된다. 금리를 이렇게 올리니 경기가 위축되면서 물가가 내려가고, 이에 따라 금리도 내려간다. 1980년대 후반에도 완전히 똑같은 일이 벌어진다. 그리고 1990년대 후반에도, 2000년대 중반에도 마찬가지다.

이것이 의미하는 건 무엇일까. 장단기 금리역전이 경기침체를 알려주는 선행지표라기보다는 그냥 정상적인 경기 순환 사이클 속에서 일어나는 하나의 자연스러운 현상에 불과하다는 것이다.

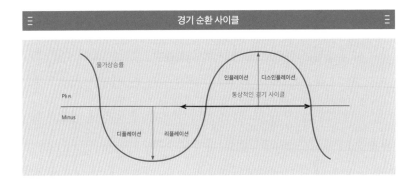

경기 순환 사이클

경기가 확장된다 - 물가가 오른다 - 금리를 올린다 - 일정 시간이 흐른 후 경기가 위축된다 - 물가가 내려간다 - 금리가 내려간다 - 다시 처음으로 돌아간다

장단기 금리의 역전은 이 자연스러운 순환 사이클 중 금리가 오르기 시작하는 바로 그 지점에서 발생하는 부수적인 현상 중 하나일 뿐이다. 이걸 두려워한다는 것은 아침에 뜨는 해를 보면서 저녁에 질 해를 걱정하는 것과 같고, 오는 여름을 보면서 오지도 않은 겨울을 걱정하는 것과 같다.

일반적으로 장단기 금리역전 현상 이후 실제 경기가 위축되기까지는 20개월, 그러니까 대략 1년 반에서 2년 정도의 시간이 걸린다. 이것은 금리가 상승하는 기간 동안 경기의 확장이 동반되면서 주가가 상승하고, 이후 경기가 수축국면으로 전환되기 시작하면서 시장역시 조정을 받는 사이클과 정확하게 일치한다. 그냥 시장 사이클의 일부일 뿐인 것이다.

단기 투자자라면 이러한 시장 지표가 중요할 수 있지만 장기투자자라면 별 상관이 없다. 시장 사이클을 예측하여 바닥에서 샀다가 천장에서 판 후 다시 바닥을 잡아 들어가는 건 장기투자자가 아니기 때문이다. 장기투자자는 선거 전날에도, 선거 다음 날에도, 선

거 결과와 상관없이 돈이 생길 때마다 주식을 사는 투자자이다. 그리고 시장과 상관없이 기업의 가치가 유지되는 한 계속해서 주식을 보유하려 한다. 시장 사이클을 예측하여 주식을 사고판다면 우리 생에 장기투자를 할 수 있는 타이밍은 영원히 존재하지 않는다. 주식을 중간에 팔아야 할 이유가 수천 가지쯤 되기 때문이다.

|제10장|

인플레이션의 진짜 속성

1) 화폐 발행기와 가까운 사람은 이득을 보고, 먼 사람은 손해를 본다.

-> 화폐 발행량이 2배가 되면 상품의 가격이 2배로 오른다. 하지만 바로 가격에 반영되진 않는다. 그래서 이때 구매한 사람은 이득을 보고 판매한 사람은 손해를 본다. 판매자가 나중에 이 돈으로 무언가를 사려고 하면 그제야 가격이 올라 있다는 걸 알게 된다.

결과적으로 인플레이션에 대한 정보를 빨리 안 사람일수록 이득을 보고, 늦게 안 사람일수록 손해를 본다. 가장 빨리 알게 되는 이는 화폐 발행인일 테고, 다음으로는 화폐 발행인과 가까이 있는 부자와 권력자가 되겠다.

2) 자산이 있는 사람은 이득을 보고, 자산이 없는 사람은 손해를 본다.

-> 통화량이 2배가 되면, 작은 마을의 집값은 정확히 2배가 된다.

3) 돈을 빌린 사람은 이득을 보고, 돈을 빌려준 사람은 손해를 본다.

-> 돈을 가장 많이 빌리고 있는 주체는 부자 혹은 신용이 높고 자산이 많은 사람이고, 돈을 빌려주는 주체는 은행이다. 은행의 지급준비금은 예금, 적금이 저축인 줄 알고 돈을 은행에 맡긴 서민들의 돈이다. 결과적으로 은행은 서민들의 돈을 부자들에게 빌려주고 있는 셈이다.

결론) 인플레이션의 재정의

-> 인플레이션은 힘없고 가난한 사람들로부터, 힘있고 부유한 사람들에게로 돈을 옮기는 장치이다. 이것이 인플레이션의 진짜 속성이다.

|제11장|
효율적 시장이론

　주가는 이용 가능한 모든 정보를 반영하고 있으며, 새로운 정보에 즉각 반응한다고 가정하는 것을 '효율적 시장이론'이라고 한다. 만약 시장이 효율적이라면 특정 투자자가 계속해서 시장 평균 이상의 수익을 얻는 것이 불가능해진다. 모두가 정확한 정보를 가지고 있기 때문에 자산들의 가격은 적절한 가격으로 거래가 될 것이고, 오르고 내리는 변동성이 극히 적을 것이기 때문이다.

　성장주 투자는 이러한 효율적 시장이론을 완전히 부인하는 데서 시작한다. 비효율적인 시장 때문에 성장 잠재력을 가진 기업에 대한 가격책정이 제대로 이루어지지 않고 있다는 것이다. 반면 자신은 해당 기업에 대한 정확한 가치를 알고 있기에, 시간이 흘러 비전이 실현되면 가격이 오를 거라는 걸 알고 있다.

당신이 가상의 축구팀을 운영하고 있다고 해보자. 팀 내 주전은 아니지만 교체 선수로 뛰고 있는 34세의 노장 선수의 연봉은 10만 달러이고, 아직은 미숙하지만 앞날이 창창한 18세의 유망주를 마찬가지로 10만 달러에 영입했다고 해보자. 이 유망주의 실력은 아직 교체 선수만큼도 안 돼서 즉시 투입할 수는 없지만, 어느 누구도 이걸 잘못된 판단이라고 하지 않을 것이다. 두 선수의 나이를 확인하고 나면 말이다. 현재가 아닌 미래의 가능성을 보고 투자하는 것, 이것이 성장주 투자다. 시장이 해당 기업에 대한 잠재력을 제대로 평가하고 있지 못하다는 것을 이용하는 것이다.

미국 금융권에서는 사무실 한가운데에 금괴가 놓여 있어도 아무도 주워가지 않는다는 얘기가 있다. 효율적 시장이론을 굳게 믿는 미국의 금융맨들에게 그 금괴가 정말 가치가 있는 것이었다면 누가 가져가도 가져갔을 테니, 적어도 그들에게는 그 금괴의 가치가 그리 크지 않다는 뜻이다. 마찬가지로 효율적 시장을 믿는 사람은 발밑에 5만 원짜리 지폐가 떨어져 있어도 줍지 않는다. 그 지폐에 가치가 있었다면 이미 누군가가 가져갔을 테니 말이다. 이는 실제로 시장에서 일어나는 일이다. 미래가치가 풍부한 자산의 가격이 낮게 평가되는 상황은 눈앞에 돈이 떨어져 있는 것과 별반 다름없다.

만약 당신이 시장의 가격변화에 매일같이 휘둘리고 있다면 무의식중에 효율적 시장이론을 믿고 있는 것인지도 모른다. 효율적 시장 이론을 믿지 않는 투자자는 시장의 변동성에 불안해하지 않는다. 시장이 해당 기업에 대한 가치 평가를 잘못하고 있고, 나의 가치 평가가 옳다는 확신 때문에 흔들리지 않는 것이다. 만약 더 투자할 돈이 있는데 시장이 계속 바보같이 가격을 더 내려준다면 오히려 고마워할 것이다.

벤저민 그레이엄, 워런 버핏, 피터 린치, 캐시 우드, 여러분이 알고 있는 최고의 투자자들은 모두 효율적 시장을 믿지 않는 사람들이다. 그들은 자신들의 비전과 시장의 잘못된 판단의 괴리에서 이익을 취할 수 있었다. 당신이 효율적 시장을 믿는다면 당장 모든 돈을 지수 추종 ETF에 넣어야 하고, 재량 투자를 할 거라면 효율적 시장 대신 자신을 믿어야 한다. 그렇게 되려면 자신을 믿을 수 있을 만큼의 노력을 해야 하고, 그럴 준비가 되었다면 비효율적인 시장이 잘못된 가격을 매기는 것을 즐겁게 감상하길 바란다.

제12장

주가를 예측할 수 있을까?

투자에는 후회가 뒤따르기 마련이다. 그때 팔걸, 이때 살걸, 저걸 팔걸, 이걸 살걸, 하루만 먼저 팔걸, 하루만 늦게 살걸, 투자를 하다 보면 투자자는 수많은 후회와 얼굴을 맞대고 지내게 된다. 내가 선택하지 않았던 과거는 미련으로 남아, 끝없는 고통이 된다. 그리고 이런 고통을 여러 차례 겪다 보면, 불확실한 미래를 조금이라도 더 정확하게 예측할 수 있는 방법을 찾아 사방으로 나서게 된다.

나는 여러분에게 이걸 물어보고 싶다. 주가를 예측할 수 있다고 생각하는가? 대부분의 사람들이 어느 정도는 가능하다고 대답할 것이다. 주가에는 추세라는 게 있고, 거시경제 상황도 어느 정도는 예측 가능하므로 틀린 대답은 아니다. 그렇다고 주가를 예측해 투자를 하는 것이 더 좋은 성적을 내주는 건 아니다. 아주 뛰어난 예측 능력으로 주식을 사고파는 사람들의 성적보다, 주식을 사서 그냥 묻

어둔 사람들의 성적이 좋은 경우가 더 많다.

버턴 멜킬의 《랜덤워크 투자수업》에는 아주 유명하면서도 충격적인 주장이 실려 있다. 눈을 가린 원숭이가 던진 다트로 주식을 선택해도, 투자 전문가와 비슷한 실적을 낼 수 있다는 것이다. 과장인 것 같지만 현실이다. S&P 다우 존스 인디시스의 조사에 따르면 1년, 3년, 5년, 10년 그 어떤 시점으로 조사를 해도 액티브 펀드 매니저의 대부분이 시장을 이기지 못했으며 기간이 길어질수록 시장을 이길 확률은 극적으로 낮아진다는 사실이 밝혀졌다. 다음 장에서 이어가 보자.

제13장

시장 평균 vs 액티브 펀드

액티브 펀드와 패시브 펀드 비교

Active vs Passive : Relative Performance Index

Bear Market
Active managers
S&P 500 Index

출처 : 블룸버그

　　액티브 펀드 매니저들은 대체로 평균을 훨씬 능가하는 학력과

지력을 갖춘, 전문 금융교육을 받은 엘리트이자 전문가이다. 이들은

거래와 시장에 관련된 최신 정보나 비밀 정보를 가장 빨리 입수하며 대부분 개인이 아닌 팀으로 움직인다. 그럼에도 그들의 예측은 자주 빗나가는데, 장기적으로 보면 50% 확률에 베팅한 것과 별반 다를 게 없거나 오히려 그보다 못한 성적을 내기도 한다.

물론 시장을 훨씬 능가하는 수익을 내며 스타로 급부상하는 펀드 매니저도 있다. 그렇다면 아주 뛰어난 능력으로 무장한 몇몇이 시장을 예측할 수도 있다는 얘긴데, 열에 한둘이 시장을 예측할 수 있는 것만으로 '시장을 예측할 수 있다'고 말하기에는 상당한 무리가 있다. 지금 이 책을 읽는 모든 분들이 메타버스 세상에 모여 각자 한 명씩을 붙들고 가위바위보를 한다고 했을 때, 그리고 이 책을 100만 명이 봤다고 했을 때, 몇 번을 이겨야 1등이 될 수 있을까.

20번, 대략 20번을 이기면 최후의 1인이 될 수 있다. 가위바위보에 실력 따윈 없다고 가정하고 이길 확률을 순수하게 50%로 봤을 때 20번을 연속으로 이길 확률은 0.000001%다. 그렇지만 100만 명이 시합을 벌이든 1,000만 명이 시합을 벌이든 최후의 1인은 반드시 나온다. 지구상에 투자를 하는 사람의 수는 셀 수 없이 많고, 그렇게 많은 사람들이 투자를 하다 보면 누군가는 아주 오랜 기간 시장예측에 성공해 큰돈을 벌 수도 있는 것이다. 물론 그렇다고 해서 이게 시장예측이 가능하다는 증거는 되지 못하고, 그 사람이 내가 된다는 보장은 더더욱 없다.

　제아무리 상승할 확률이 높은 우량주식이라 하더라도 당장 내일 주가가 오를지 내릴지 알 수 없고, 한 달 후에 주가가 또 어떻게 될지 알 수 없다. 이것은 동전을 던져 동전의 앞뒤를 두고 배팅하는 것과 다를 바가 없다. 그 확률은 50%에서 크게 벗어나지 않는다. 하지만 인류의 유구한 역사를 놓고 봤을 때, 좋은 기업이나 자산의 가격이 장기적으로 상승할 확률은 100%다. 화폐의 가치가 100%의 확률로 하락하기 때문이다. 따라서 좋은 자산인지 모니터링만 잘하면 된다. 상황이 이러한데도 사람들은 자꾸만 100%의 확률을 놔두고 50%의 확률에 배팅하려 한다. 이런 사람들은 자신만은 시장을 이길 수 있다고 착각하고 있는 듯하다.

제14장

투자를 망치는 주식 격언

'투자는 대응이다!'

투자는 예측이 아니라 대응이라는 말이 있다. 시장은 예측하기 어려우니 예측으로 투자하려 하지 말고 흐름을 보면서 대응하고 응수하라는, '선한 의도'의 격언이긴 하다. 하지만 이 좋은 격언이 개미 투자자들 사이에서는 안타깝게도 매수와 매도를 부추기는 대표적인 상용구로 소비되고 있다.

대응이라고 하는 말 자체에는 아무런 문제가 없다. 이 세상 모든 것은 액션과 리액션으로 이루어져 있기에, 시장이 주는 액션에 따라 적절한 리액션을 하는 것은 당연한 일이 될 것이다. 그런데 안타깝게도 현재의 사람들은 매수와 매도를 잘하라는 의미로 '대응'을 이해하고 있다. 다시 말해 시장의 움직임을 보고 '손절'이나 '저가매수',

'수익실현'을 잘하라는 의미로 받아들이고 있다는 것이다. 이 말에 현혹된 투자자들은 불필요한 거래를 자주 하게 되며, 투자를 투자로 보지 못하고 단기적 '도구'로 여기게 된다는 문제가 있다.

사람의 생각은 언어의 영향을 받는다. '투자는 대응이다'라는 생각을 가지고 있으면 단기적인 가격의 흐름만을 좇게 되고, 결과적으로 단기간의 '사는 타이밍'과 '파는 타이밍'에 집착하기 쉬워진다. 이런 생각들이 투자자를 트레이더로 만들어 버리는 것이다. 그리고 트레이더가 된 개미는 시장의 제물이며, 얼마 안 가 시장에서 퇴출당할 가능성이 크다. 머릿속에서 '투자는 대응이다'라는 문구를 아예 지우길 바란다. 진정한 투자의 의미를 되새겨 보면서 말이다.

제15장

신념이 필요해

한 스님이 당대 가장 유명한 큰스님을 찾아가 이렇게 물었다. "부처란 무엇입니까?" 그러자 큰스님이 대답했습니다. "마음이 곧 부처다" 이 한마디로 큰 깨달음을 얻은 스님은 홀로 산에 들어가 죽을 때까지 속세로 나오지 않았다. 그 스님이 죽을 때까지 수행자로 남을 수 있었던 것은 '마음이 곧 부처이므로, 내 마음만 깨끗이 닦으면 된다'는 확고한 신념이 있었기 때문이다. 이처럼 강한 신념을 가지고 있는 사람은 한 치의 의심 없이 죽을 때까지 뜻을 굽히지 않을 수 있다.

그런데 신념은 지식만으로 얻을 수 있는 게 아니다. 직접 경험하며 생각하고 깨닫고 공부하는 과정에서 체화하는 것이다. 또한 한번 신념을 얻었다 해서 공부를 게을리해서도 안 된다. 바로 위 일화에서의 스님 역시 이미 깨달았지만, 평생 도를 닦으며 살아갔다. 신념이란 것은 늘 새로이 갈고 닦지 않으면 점점 무뎌지는 법이다. 투자자 역시 수행자의 마음으로 늘 탐구하고 정진하는 자세를 잃어서는 안 되겠다.

THE
RULES
OF
MONEY

10

닫기:

돈은 당신의 명령을
기다린다

THE RULES
OF MONEY

돈은 당신의 명령을 기다린다

경제적 자유를 위해선 연 생활비의 25배에 해당하는 순자산이 있으면 된다고 얘기한다. 물론 사람마다 쓰는 돈이 다르고 투자수익률이 다르기에, '25배의 돈만 있으면 누구나 은퇴할 수 있다'라고 말하기는 어렵지만 어쨌든 나는 마흔 살에 그만큼의 돈을 벌고 은퇴했다.

그렇다고 펑펑 놀고만 있는 건 아니다. 지금 여러분이 읽고 있는 이런 책도 쓰고, 유튜브도 하고, 개인적인 사업도 하고 있다. '그것도 일은 일이니까 아직은 경제적 자유를 이루지 못한 거 아닌가요?'라고 묻는 사람들도 있겠지만 뭐, 경제적 자유에 대한 정의는 각자 내리기 나름이니까…. 내가 생각하는 경제적 자유는 그저 돈이 너무 많아서 일하지 않아도 되는 그런 삶과는 거리가 좀 있다.

‘필수’가 아닌 ‘필요’에 의해 일하는 삶, 이것이 내가 생각하는 경제적 자유다. 쉽게 말하면 생계를 위해 하고 싶지 않은 일을, 하고 싶지 않은 때에, 하고 싶지 않은 사람과, 어쩔 수 없이 ‘필수적’으로 하는 것이 아닌, 하고 싶은 일을, 하고 싶은 때에, 하고 싶은 사람과, ‘원해서’ 하는 삶을 말한다.

　여러분이 지금 그러한 삶을 살고 있다면 어떤 기분일지 한 번쯤 생각해봤으면 좋겠다. 나는 지금 그런 삶을 살고 있고, 그리고 여러분 또한 그런 삶을 살 수 있다. 돈의 규칙을 알면 된다. 돈의 규칙을 아는 사람은 돈에게 명령을 내릴 수 있기 때문에 원하는 만큼 돈을 얻게 된다.

　나는 삶의 모든 것이 투자되어야 한다고 생각한다. 투자란 씨앗을 심는 행위이며, 오늘 심은 작은 씨앗이 미래의 커다란 수목이 되는 것이다. 소비는 아무것도 창조하지 못한다. 그저 아까운 가능성을 갉아먹고 허무하게 사라질 뿐이다. 시간과 감정도 다를 게 없다. 그 역시 투자되어야 한다. 아무 의미 없는 시장 잡음을 따라잡는 데 소비하는 시간을, 삶을 바꿔줄 자산을 찾고 공부하는 데 투자해야 한다. 성취라는 열매를 맺기 위한 씨앗으로 사용해야 한다. 돈만이 투자라고 생각하는 건 너무 낡은 생각이다. 여러분의 시간과 감정 또한 투자의 대상이다.

오늘, 씨앗을 심길 바란다. 그리고 그것을 단기간에 수확할 수 없음을 알고, 긴 안목으로 세상을 응시하며 천천히 행동하길 바란다. 빠르게 수확하기만을 바라지 말고 씨앗이 자라는 과정을 즐길 수 있어야 한다. 그런 마음가짐으로 살아가는 사람에게 있어 삶의 모든 것은 투자이며, 그 투자는 결코 고통스럽거나 불행할 수 없다. 여러분의 하루하루가, 더없는 행복이 될 것이다.

나는 이 책을 읽는 모든 분의 삶이 그렇게 되었으면 좋겠다. 그 마음을 온전히 담아 여기, 이 책을 펴낸다. 여기서 배운 돈의 규칙을 숙지하여 마음껏 돈을 지배하는 삶을 살길 바란다. 돈은 이미 당신 곁에 있다. 당신이 돈의 규칙을 몰랐기에 명령을 내리지 못했을 뿐이다. 이제 명령하라, 돈이 당신을 따를 것이다.

돈은 당신의 명령을 기다린다.

THE
RULES
OF
MONEY

돈의 규칙

초판 1쇄 인쇄 2023년 2월 2일
초판 4쇄 발행 2023년 4월 17일

지은이 | 신민철(처리형)
펴낸이 | 권기대
펴낸곳 | ㈜베가북스

주소 | (07261) 서울특별시 영등포구 양산로17길 12, 후민타워 6~7층
대표전화 | 02)322-7241 팩스 | 02)322-7242
출판등록 | 2021년 6월 18일 제2021-000108호
홈페이지 | www.vegabooks.co.kr **이메일** | info@vegabooks.co.kr
ISBN 979-11-92488-25-7 (03320)

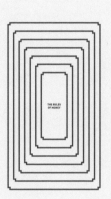

THE RULES
OF MONEY

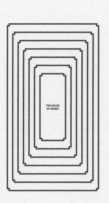

THE RULES
OF MONEY